校企合作职业本科教育精品教材

市场营销基础

主审　汤　池
主编　张　悦　康永嘉

教·学
资　源

时代出版传媒股份有限公司
安徽科学技术出版社

图书在版编目（CIP）数据

市场营销基础 / 张悦，康永嘉主编. -- 合肥 ：安徽科学技术出版社，2025. 1. -- ISBN 978-7-5337-9259-6

Ⅰ. F713.50

中国国家版本馆 CIP 数据核字第 2025M0X711 号

SHICHANG YINGXIAO JICHU

市 场 营 销 基 础 　　主编 张 悦 康永嘉

出 版 人：王筱文　　选题策划：王 利　　责任编辑：胡 铭
责任校对：张 枫　　责任印制：阮怀平　　装帧设计：北京金企鹅
出版发行：安徽科学技术出版社　　http://www.ahstp.net
（合肥市政务文化新区翡翠路 1118 号出版传媒广场，邮编：230071）
电话：（0551）63533330
印　　制：北京时代华都印刷有限公司　　电话：（010）61015014
（如发现印装质量问题，影响阅读，请与印刷厂商联系调换）

开本：787×1092 1/16　　印张：16　　字数：370 千
版次：2025 年 1 月第 1 版　　印次：2025 年 1 月第 1 次印刷

ISBN 978-7-5337-9259-6　　定价：55.00 元

QIANYAN

前　言

随着市场经济的持续深化，企业所面临的市场环境愈发错综复杂且多变。在市场竞争日趋激烈的当下，企业若要实现长远发展，就必须在全面剖析市场营销环境变化并深入开展市场营销调研与预测的基础上，精心制订出一套完备的市场竞争战略与营销组合策略，以期全方位提升自身的市场竞争力。因此，市场营销人才逐渐成为企业竞相争夺的宝贵资源，而市场营销人才的培养问题也日益受到了社会各界的广泛关注。市场营销基础课程作为培养市场营销人才的重要载体，能够助力学生迅速领悟市场营销的精髓，熟练掌握市场营销的各项技能，为其后续的深入学习及顺利融入职场奠定坚实的基础。

为了满足学校对高质量市场营销基础教材的需求，编者广泛听取了企业专家的建议，按照产教融合的思路，结合职业本科院校人才培养方案的要求和学生的就业需求，精心策划和编写了本书。

本书按项目任务编写，共分为 8 个项目，内容涵盖市场营销导论、市场营销调研与预测、市场分析、市场竞争战略、目标市场战略、市场营销策略组合、市场营销的管理过程、市场营销实践的新发展。整体而言，本书具有以下几个特色。

立德树人，培根铸魂

党的二十大报告指出："育人的根本在于立德。"本书有机融入党的二十大精神，积极践行"立德树人"的教育理念，以培养学生正确的世界观、人生观和价值观为己任，设置了"辉煌中国"特色模块，厚植爱国主义情怀，传承中华优秀传统文化，弘扬科技强国、创新发展、绿色低碳环保等主旋律，使学生专业知识、实践能力和综合素质同步提升，以期对学生起到"润物细无声"的教育效果。

校企合作，协同育人

本书由一线"双师型"教师合作编写而成，邀请相关企业专家参与指导，体例结构设计充分考虑教学大纲要求与企业人才需求，内容紧紧围绕岗位要求，提升了教材的职业属性，强调了内容的实用性和针对性。同时，本书符合职业教育教学改革新要求，模块设置更强调学生在整个学习过程中的主导地位，突出了学生参与课堂讨论、开展技能实训等环节。

案例丰富，贴近实际

本书不仅在任务导入中设置了大量真实的企业案例，还在知识讲解中穿插了"典型案例”，让学生在学习理论知识的同时，能够结合具体案例理解和分析相关的市场营销活动。同时，本书紧跟时代步伐，选取的案例具有前沿性、典型性、真实性，能够全面提高学生分析问题和解决问题的能力。

系统全面，体例丰富

本书根据职业本科院校的学生特点构建知识体系，内容既系统全面，又重点突出。此外，本书以岗位职业技能要求为依据，按照学生的认知特点和认知水平精心设计体例结构，以视频微课导入，激发学生学习兴趣，并在知识讲解中穿插了“课堂讨论”“营销视野”等栏目，以丰富课堂教学，活跃课堂气氛，帮助学生加深对知识的理解，拓宽学生的知识面。

数字资源，平台辅助

本书配有丰富的数字资源。读者可以借助手机或其他移动设备扫描二维码获取相关内容的微课视频，从而更方便地理解和掌握本书内容。本书还提供了优质课件、教案和项目考核答案等配套教学资源，读者可以登录文旌综合教育平台“文旌课堂”查看和下载。如果读者在学习过程中有什么疑问，也可登录该平台寻求帮助。

此外，本书还提供了在线题库，支持“教学作业，一键发布”，教师只需通过微信或“文旌课堂”App 扫描扉页二维码，即可迅速选题、一键发布、智能批改，并查看学生的作业分析报告，提高教学效率、提升教学体验。学生可在线完成作业，巩固所学知识，提高学习效率。

本书由辽宁理工职业大学汤池担任主审，辽宁理工职业大学张悦、康永嘉担任主编，辽宁理工职业大学王静、鲁艺伟、靖书博、侯旭芳、张泽熙、苏琬淇及辽宁京邦达供应链科技有限公司丁旭佳担任副主编。

本书由编写团队精心策划编写，书中存在的疏漏或不当之处，敬请广大读者批评指正。

本书配套资源下载网址和联系方式

网址：https://www.wenjingketang.com

电话：400-117-9835

邮箱：book@wenjingketang.com

MULU

目录

项目七 市场营销的管理过程 ……201

项目一

市场营销导论

项目导读

随着市场经济的蓬勃发展，市场营销日益凸显为企业不可或缺的核心职能之一，吸引着众多人才投身其中。面对知识经济及数字时代的全面挑战，社会对市场营销人员的综合能力与职业素养提出了更高的要求。作为市场营销人员，唯有深刻领悟并精准把握市场营销的观念和理论，方能透彻理解市场营销的本质，进而在激烈的市场竞争中脱颖而出，取得卓越的市场营销成效。

学习目标

知识目标

✧ 了解市场的概念和分类，理解市场营销的概念和与市场营销有关的基本概念。

✧ 了解传统市场营销观念、现代市场营销观念和市场营销观念的新发展。

✧ 熟悉几种常见的市场营销理论。

能力目标

✧ 能够树立正确的市场营销观念，增强市场营销意识。

✧ 能够运用市场营销理论分析企业在市场营销中存在的问题，帮助企业制订市场营销策略。

素质目标

✧ 培养创新思维和自主探究学习的意识。

✧ 感受我国经济市场的巨大潜力，增强民族自豪感。

✧ 感受我国坚持绿色、低碳、循环发展的理念，并积极践行绿色环保理念。

任务一 认识市场与市场营销

任务导入

蜜雪冰城主攻“下沉市场”

截至 2024 年 9 月 30 日，蜜雪冰城在全球共拥有超 45 000 家门店，这在很大程度上得益于蜜雪冰城在拓店方面更加注重“下沉市场”的发展。

蜜雪冰城主攻“下沉市场”

蜜雪冰城确定了高品质、平价的产品定位，采取靠热销单品吸引消费者的营销策略，用具有极高性价比的“网红”产品吸引消费者关注和购买，从而赢得了巨大的收益。与其他品牌均价二三十元的产品定价相比，蜜雪冰城的产品价格更实惠，多数产品的价格为 10 元以下，更符合学生、工薪阶层的消费水平。2024 年 1—9 月，蜜雪冰城合计售出 71 亿杯饮品。其中，冰鲜柠檬水卖出 11 亿杯，冰淇淋产品卖出 14 亿支，珍珠奶茶和蜜桃四季春的出杯量均超 3 亿杯。

蜜雪冰城采用“直营+加盟”的运营模式，快速扩张并抢占市场，同时坚持低价策略，不断研制“网红”产品，提升品牌传播力。目前，我国约 70%的人口处在“下沉市场”（即三线及以下城市、乡镇与农村地区市场）。截至 2024 年 9 月 30 日，蜜雪冰城在三线及以下城市门店数达 23 162 家，覆盖了超 300 个地级市、1 700 个县城和 4 900 个乡镇。在广阔的“下沉市场”中，蜜雪冰城无疑更具竞争优势。

思考

你所在地区的蜜雪冰城店铺主要开在哪里？它的产品种类有哪些？它的主要消费人群有哪些？

一、市场

（一）市场的概念

市场的概念有广义和狭义之分。从狭义上讲，市场是指买卖双方交易产品的场所。其具有以下 3 个特点：一是既有买方，又有卖方；二是有一定的交易场所和条件；

三是有较为固定的交易活动。从广义上讲，市场是指一定时间、地点和条件下商品交换关系的总和。

课堂讨论

有人说："我们买菜就要到农贸市场，买家具就要到家具市场，买衣服就要到服装市场，买日用百货就要到商场超市。简单地说，买卖东西的地方就是市场。"

你认为这句话对吗？和同学们讨论，说一说自己的看法。

从市场营销的角度讲，市场包含现实需求与潜在需求，是人口、购买力和购买欲望三要素的总和（市场=人口+购买力+购买欲望），三者缺一不可。

（二）市场的分类

按照不同的标准，市场有多种分类。其中，按照购买者和购买目的不同，市场可划分为消费者市场和组织市场。市场营销学主要研究这一分类角度。

二、市场营销

市场营销是伴随着市场的发展而产生的。在市场起步期，也就是产品品类单一且供不应求的时代，企业不需要开展市场营销，而随着市场发展日益繁荣、产品品类日益丰富，企业不得不主动开展市场营销。

（一）市场营销的概念

市场营销是一门不断发展的学科。在不同阶段，不同的营销学者对市场营销的界定有所不同，对市场营销的认识也呈现出不断发展变化的过程。

按照菲利普·科特勒的定义，市场营销是个人或群体通过创造、提供、出售并同他人交换产品和价值，以获得其所需所欲之物的一种社会和管理过程。他强调营销管理就是企业如何发现、创造和交付价值以满足一定目标市场的需求，同时获得利润的科学和艺术。

简单来讲，市场营销是指企业以消费者需求为中心，立足于市场所进行的有关产品生产、流通和售后服务的一系列经营活动，包括市场调研和预测，产品的定价、分销、促销和售后服务等。其目的在于满足市场需求，实现企业的经营目标。

营销视野

推销与市场营销的区别

推销是市场营销的一部分，与市场营销有以下区别：

（1）起点不同。推销的起点是产品销售，市场营销的起点是市场调研。

（2）目标不同。推销的目标是运用销售技巧达成交易，是一种短期行为。市场营销的目标是通过满足消费者需求来获利，是一种长期行为。

（3）重点不同。推销的重点是产品，推销人员主要考虑如何推销现有产品，而较少考虑消费者是否需要这些产品。市场营销的重点是消费者，市场营销人员主要考虑如何满足消费者需求。

（4）策略不同。推销的策略主要是利用多种渠道加强推销力度。市场营销的策略主要包括产品策略、价格策略、渠道策略、促销策略、营销组合策略等。

（二）与市场营销有关的基本概念

要想全面理解市场营销的研究内容，市场营销人员必须准确把握需要、欲望、需求、产品、效用、价值、满意、交换、交易和关系等基本概念。

1．需要、欲望和需求

消费者的需要、欲望和需求是市场营销的出发点。需要是指消费者的某些基本要求未得到满足的感受和状态。欲望是指消费者想得到能满足基本需要的具体产品的愿望。需求是指消费者有能力购买且愿意购买某个具体产品的欲望。

需要、欲望和需求是关系密切的3个概念。一般来说，人们有需要才产生欲望，有了欲望才产生需求。企业不能创造需要，但能通过开发和销售特定产品来满足人们的特定需要，然后通过努力影响和激发人们的欲望，并通过成本控制和合理定价使产品适应人们的购买力，从而满足人们的需求。

2．产品

产品是指用来满足人类需要和欲望的东西，包括有形体的实物（即实体产品）和无形体的服务，如公共交通、家政服务等。

人们购买产品的最终目的是获得产品所提供的服务。例如，人们购买电视机，不是为了观赏这个实物，而是因为它能提供一种叫“电视节目”的服务。因此，企业更应关心产品所提供的服务；而市场营销人员的任务，就是向消费者展示产品实体中所包含的服务。

3．效用、价值和满意

人们在对能够满足某一特定需要的一组产品进行排序和筛选时，依据的标准是这些产品所具有的效用和为取得这些效用所付出的代价。

效用是指产品满足人们欲望的能力。某产品是否具有效用及效用的大小取决于消费者的主观感受。同一产品对不同消费者来说，效用是不同的；同一消费者在不同状态下对同一产品的主观感受不同，效用也就不同。

价值是指消费者为取得一定效用所支付的费用。在某种程度上，消费者对价值的判断也是主观的。消费者通过搜集多方面的信息对某产品进行比较和评价，最后做出对该产品的价值判断，也就是消费者为取得该产品所带来的效用而愿意付出的代价。当产品价格低于消费者所愿付出的代价时，交易就容易达成；反之，交易就很难达成。

满意是指消费者将产品的可感知效果与自身的期望值进行对比，所产生的愉悦或失望情绪。只有当消费者认为以适当的代价获得了满意的效用时，交易才能达成。

营销视野

"250 定律"——每位客户身后大概有 250 位潜在客户

"250 定律"指出：每一位客户身后，大概有 250 位亲朋好友。如果企业赢得了一位客户的好感，就意味着赢得了250 位潜在客户的好感；反之，如果企业得罪了一位客户，也就意味着得罪了 250 位潜在客户。这一定律有力地论证了"客户就是上帝"的真谛。因此，企业应提高每一位客户的满意度，通过客户的口碑营销帮助企业培养潜在客户群体。

4. 交换、交易和关系

人们满足需要和欲望的方式主要有自产自销、强制取得、乞讨和交换等，而市场营销产生于交换，即当人们通过交换来满足需要和欲望时，市场营销才会出现。交换是市场营销的核心概念。

交换是指通过提供某种东西作为回报，从别处取得所需东西的行为。交换是包含一系列活动的一个过程。市场营销人员在交换过程中所要做的工作包括确认消费者需求、寻找和开发新产品、协调产品生产和运输、促成交易发生及提供售后服务等。

交易是指交易双方以货币为媒介，对特定产品进行买卖的过程。

关系是指企业与与其经营活动有关的各种群体（包括供应商、经销商、消费者等）所形成的交易关系。为了长远的发展，企业应坚持以公平的价格、优质的产品、良好的服务进行交易，并借此与消费者、供应商、分销商和经销商等建立长期的互利互信关系。这些关系能使企业与相关群体构成一个市场营销网络，形成一种企业独有的无形资产。

营销视野

市场交易原则

（1）自愿原则。交易双方虽为不同利益主体，但在交易中都以自愿为原则。交易条件应为双方所接受，不能使一方屈从于另一方的意愿。

（2）平等原则。在市场经济条件下，只有保证交易双方的地位平等、机会均等，才能实现产品的等价交换。交易双方之间是一种平等竞争、平等交换的关系。

（3）公平原则。市场交易活动是否规范和有序决定了市场交易是否公平。

（4）诚信原则。要想使市场经济健康发展、市场机制正常运行，就要坚决抵制失信现象，倡导诚信原则。

任务实施

调研某奶茶店的市场现状

任务要求

调研某奶茶店的市场现状，进一步理解市场营销的本质。

任务流程

（1）学生分组：全班学生以5～8人为一组进行分组，每组选出一名成员担任本组的组长。

（2）展开调研：以小组为单位，选择某一奶茶店，小组成员通过在线搜集资料、实地调研等方式，调研该奶茶店的市场现状。

（3）调研总结：每位同学根据调研情况进行总结，并将表1-1填写完整。

表1-1　某奶茶店的市场现状

奶茶店名称	
主要消费群体	
市场现状	
在市场营销中遇到的问题及解决对策	

（4）展开讨论：以小组为单位，讨论下列问题。

① 本组所选奶茶店的主要消费群体有哪些？其市场现状及市场发展前景如何？

② 本组所选奶茶店在市场营销中遇到的问题有哪些？针对这些问题该奶茶店采取了哪些解决措施？

（5）进行分享：以小组为单位整理相关资料并制作PPT，各组分别派代表在课堂上进行分享。分享结束后，同学们交流讨论，教师点评。

任务二 了解市场营销观念

任务导入

两家啤酒公司应对危机的不同方式

A啤酒公司检测出个别玻璃瓶装啤酒中混有玻璃碴，怀疑已经投放到市场的这批次啤酒混有不合格产品，于是决定回收已投放市场的这批次啤酒。同时，A啤酒公司发布公告，提醒消费者不要购买该批次啤酒。这次事件让A啤酒公司短期内遭受了巨大的经济损失，但也赢得了消费者的信任。这次事件之后，A啤酒公司销量稳步增长。

B啤酒公司投放到市场的瓶装啤酒中屡屡被发现有碎木屑等异物，消费者反应极为强烈。但该公司经理在接受记者采访时一再强调，这是由于其产品供不应求，工人作业时有所疏忽导致的，同时宣告，凡是买到本公司不合格产品的消费者都可申请调换或退赔。事出有因，该公司态度诚恳并进行了一定的处理，因此记者未连番追问。然而市场却是无情的，该公司啤酒内有异物的消息在消费者中传开了，导致该公司啤酒销量严重下滑。

两家啤酒公司应对危机的不同方式

同样都是啤酒，事故原因相似，但是，两家啤酒公司采取的应对措施大不相同。前者付出巨大的代价回收啤酒，但其市场依旧；后者只对不合格产品进行调换或退赔，可谓“精打细算”，却丢掉了市场。在企业营销管理的过程中，市场营销人员对待市场的态度不同，其解决营销问题的方法和手段也就不同，当然，营销结果也会不同。

思考

这两家啤酒公司的市场营销观念分别是什么？

一、传统市场营销观念

传统市场营销观念是在卖方市场条件下和市场从卖方市场向买方市场转变的过程中形成的，主要表现形式有生产观念、产品观念和推销观念。

（一）生产观念

生产观念是一种最古老的营销管理观念。生产观念认为，消费者喜欢可以随处买到且价格低廉的产品，因此企业营销管理的核心是致力于拓宽分销渠道，并提高生产效率以降低生产成本。以生产观念指导营销管理活动的企业，称为生产导向企业，其营销思想为“我们生产什么，就卖什么”。

（二）产品观念

产品观念认为，消费者喜欢高质量、多功能和具有某些特色的产品。因此，企业营销管理的核心是致力于生产优质产品，并不断精益求精。以产品观念指导营销管理活动的企业，会过度关注产品，且在设计产品时只依赖工程技术人员而极少让消费者介入，容易忽视市场需求。

生产观念和产品观念都是在卖方市场条件下形成的，并几乎在同一时期流行。与生产观念一样，产品观念也是典型的“以产定销”观念。由于过度重视产品而忽视消费者的需求，这两种观念最终将导致“营销近视症”。

营销视野

营销近视症

营销近视症是著名的市场营销专家西奥多·莱维特教授在1960年提出的一个理论。营销近视症就是不适当地把主要精力放在产品或技术上，而不是放在消费者的需求上，导致企业丧失市场，失去竞争力。

这是因为产品只不过是满足市场消费需求的一种媒介，一旦有更能充分满足消费需求的新产品出现，现有的产品就会被淘汰。同时，消费者的需求是多种多样的，并且是不断变化的，并不是所有的消费者都偏好于某一种产品或价高质优的产品。西奥多·莱维特认为，市场的饱和并不会导致企业目标市场萎缩，造成企业目标市场萎缩的真正原因是营销者目光短浅，不能根据消费者的需求变化而改变营销策略。

营销近视症的具体表现：自认为只要生产出最好的产品，不怕顾客不上门；只注重技术的开发，而忽略消费需求的变化；只注重内部管理，不注重外部市场环境和竞争。

（三）推销观念

推销观念又称“销售观念”，是在市场从卖方市场向买方市场过渡的过程中形成的，盛行于20世纪30—40年代。这一时期，由于科技进步，科学管理和大规模生产盛行，商品产量迅速增加，社会生产已经由商品不足阶段进入商品过剩阶段，卖方之间的市场竞争日益激烈。

推销观念认为，消费者通常有一种购买惰性或抗衡心理，若听任自然，消费者就不会大量购买本企业的产品，因而企业营销管理的中心是积极推销和大力促销。以推销观念指导营销管理活动的企业，称为推销导向企业，其营销思想为“我们卖什么，就让人们买什么”。

生产观念、产品观念和推销观念均是建立在以企业为中心，“以产定销”，而不是满足消费者真正需求的基础上的。

二、现代市场营销观念

（一）市场营销观念

市场营销观念产生于 20 世纪 50 年代，是一种以消费者需求为导向的营销思想，追求以整体营销手段获得消费者满意，从而实现企业获利并促进企业长远发展的目标。市场营销观念认为，要实现企业目标，关键是正确确定目标市场定位与需要，并且比竞争者更有效地满足消费者的需要。以市场营销观念指导营销管理活动的企业，称为市场导向企业，其营销思想为“消费者需要什么，我们就卖什么”。

市场营销观念的特点是以市场为中心，以消费者需求为导向，主要表现为消费者需求至上、市场定位决定成败、采用整体营销、注重长远利益 4 个互相关联的理念。

1．消费者需求至上

市场营销观念认为，市场营销的关键是满足消费者的真正需求，使消费者满意；倘若企业的营销不能使消费者满意，企业必将面临失败。

2．市场定位决定成败

市场营销观念认为，任何企业都不可能兼顾每个细分市场和满足所有消费者的不同需求，只有选定若干力所能及的目标市场（图 1-1），并制订有针对性的营销策略，才能发挥企业优势，从而获利。因此，企业应把选择目标市场、进行市场定位作为自身发展的战略。

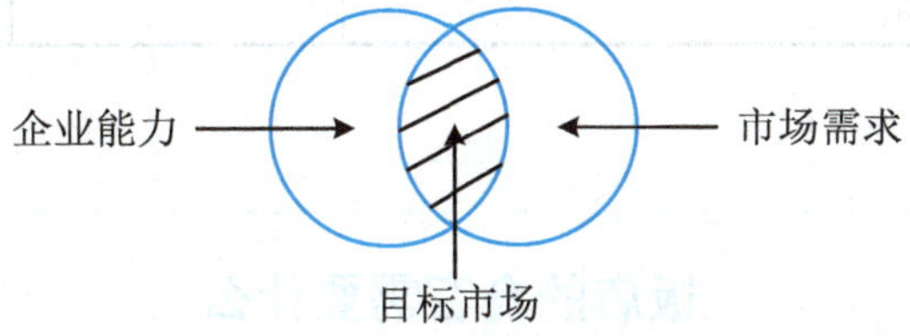

图 1-1　选择目标市场

3．采用整体营销

市场营销观念与传统市场营销观念不同的是，传统市场营销观念往往突出市场营销活动的某一方面。例如，产品观念注重产品本身，推销观念则强调利用推销手段；而市场营销观念主张从产品设计、定价、分销渠道、促销和储运等方面入手，采用整体营销模式和综合性营销策略。市场营销观念认为，营销策略可归纳为产品策略、价格策略、渠道策略和促销策略 4 种，而每种策略又包含一系列具体的手段。

4. 注重长远利益

市场营销观念认为，企业不应追求一时的产品利润，而应通过长期行为谋求长久经营和获取长远利益。也就是说，企业在营销产品或服务时，不应先考虑利润再考虑消费者需求，而应先看这种产品或服务对满足消费者需求有什么效用，然后再根据需求被满足的程度确定产品或服务的研发思路及企业的长期发展路线。

（二）社会营销观念

社会营销观念产生于 20 世纪 70 年代，是对市场营销观念的深化和发展。社会营销观念认为，企业的任务是确定各个目标市场的需要、欲望和利益，并以保护或提高消费者和社会福利的方式，比竞争者更有效、更有利地向目标市场提供能够满足其需要、欲望和利益的产品或服务。社会营销观念要求企业在制订市场营销策略时，要统筹兼顾 3 方面的利益，即企业利润、消费者需要的满足和社会利益。

现代市场营销观念的产生与发展是市场营销观念的重大革命，不仅改变了传统的思维方式，还改变了传统市场营销观念指导下的企业经营策略和经营手段。现代市场营销观念与传统市场营销观念的区别如表 1-2 所示。

表 1-2　现代市场营销观念与传统市场营销观念的区别

营销观念	内　容	出 发 点	导　向	方　法	目　的
传统市场营销观念	企业只需根据自身特点决定生产什么、生产多少和产品价格的高低	企业自身特点	以生产为导向	单一营销策略	通过提高销量获得利润
现代市场营销观念	企业应通过调研了解消费者需求，进而决定生产什么、生产多少和产品价格的高低	消费者的需求	以市场为导向	整体营销策略	通过使消费者满意获得利润

典型案例

饭店的食客需要什么

许老板在 108 国道旁边开了一家饭店，名叫北方饭店。原以为靠近国道，会有许多过路的司机停下来吃饭，谁知 3 个月过去了，北方饭店的生意还是冷冷清清。

有一天，饭店里来了两位客人，他们结账时说：“老板，我们是做楼板吊运车生意的，我留些名片给你，麻烦你给客人介绍一下，介绍成功的话付给你中介费。”这还不是小事一桩？许老板是一位热心人，觉得帮帮客人也是应该的。于是，他就将名片贴到了墙上。

说来也巧，几天后一位客人看到了这张名片，竟十分高兴，原来他早就想买这种楼板吊运车，但一直不知在哪里可以买到。他按照名片上的电话号码联系了对方，一笔生意就这样做成了。当然，许老板也获得了300元的中介费。

渐渐地，北方饭店墙壁上的名片越来越多了，来来往往的生意人希望借此拓展自己的客源（或货源），寻找自己的市场机会。被贴得花花绿绿的墙壁，不但影响美观，而且让人找起名片来也费劲。细心的许老板想，何不干脆设一面“名片墙”呢？此举果然奏效，冲着这面“名片墙”，越来越多的人成了饭店的常客。

饭店生意日益红火，收到的名片也越来越多。一年后，许老板收到的名片已达6 000张。欣喜的同时，许老板也有了苦恼，这么多名片，怎样才能全部贴墙上呢？思考之后，许老板亲自设计并制作了一面十多平方米的移动式“名片墙”，将名片分类后贴到墙上，然后摆放到饭店门口。“名片墙”每星期更换一次，这样一来，每张名片都可以得到展示。饭店门口的“名片墙”吸引了更多的路人，一时间，北方饭店名声大噪。

试想，许老板的做法体现了哪种营销观念？为什么北方饭店的生意能红火起来？

三、市场营销观念的新发展

（一）大市场营销观念

20世纪80年代以来，由于国际市场竞争日益激烈，各国政府为了保护本国的本土产业，加强了对经济的干预，贸易保护主义盛行。在这种情况下，即使企业产品适销、价格合理，分销渠道和促销策略都得当，企业也未必能够进入特定的市场。在这种形势下，菲利普·科特勒提出了“大市场营销观念”，提出企业为了打破贸易壁垒，成功进入特定市场，需要运用政治权力和公共关系等手段，以赢得参与者的支持和合作。

大市场营销观念突破了“市场营销环境是不可控制因素”的传统看法，认为企业不应消极、被动地适应和服从外部环境，而应积极、主动地改变环境，促使外部环境朝企业有利的方面转化，从而促进企业的发展。

辉煌中国

中国经济市场潜力巨大

近年来，全球经济整体疲软，但中国经济是个“例外”。

中国经济的“例外”并不“意外”，因为中国经济基本盘依然强韧稳固。中国经济总量稳居世界第二，外汇储备余额稳居世界前列……多项重要宏观经济指标和先行数据都在预示，中国经济韧性强、潜力大、空间广且长期向好的基本面没有改变，发展基础更牢、发展质量更优、发展动力更加充沛的态势更趋明显。

中国经济的“例外”并不“意外”，因为中国经济增长内生动力持续强劲。人口超 14 亿、中等收入群体超 4 亿的超大规模市场和中国政府扩大内需战略的配套实施，共同构成了中国经济增长的内生动力。

中国经济的“例外”并不“意外”，因为中国经济治理稳健态势始终如一。

中国经济的“例外”并不“意外”，因为开放的生态自会孕育蓬勃的生机。

（二）绿色营销观念

绿色营销是为了适应 21 世纪的绿色消费需求而产生的一种新型营销观念。肯·毕提提出绿色营销是一种能辨识、预期及符合消费的社会需求，并且可带来利润及永续经营的管理过程。绿色营销观念认为，企业应顺应时代可持续发展战略的要求，注重地球生态环境保护，促进经济与生态环境协调发展，将企业利益、消费者利益、社会利益及生态环境利益协调统一起来，并以此为中心，对产品和服务进行构思、设计、制造和销售。

辉煌中国

我国绿色发展取得的成就举世瞩目

近年来，我国坚定不移走生态优先、绿色发展之路，促进经济社会发展全面绿色转型。绿色产业成为推动我国经济社会高质量发展的重要动力，并初步实现了 3 个转变。

（1）从全方位、全地域、全过程加强生态环境保护，站在人与自然和谐共生的高度，谋划发展。生态保护已成为高质量发展的应有之义，绿色成为高质量发展最鲜明的底色。工业、农业、服务业绿色化水平全面提升。绿色供给能力显著增强。

（2）从纵深推进污染治理攻坚到协同推进降碳、减污、扩绿、增长的转变。我国产业结构调整取得明显成效，能源资源利用效率持续提升。产业绿色化、循环化、低碳化发展迈出坚实步伐。

（3）从加快节能环保产业发展到全面构建绿色低碳产业体系转变。绿色产业已经成为经济增长的新动能，产业规模持续扩大，特别是新能源产业发展迅猛。

任务实施

分享企业营销故事

任务要求

以“引领营销，创造价值”为主题组织营销故事分享会，进一步理解市场营销观念。

任务流程

（1）学生分组：全班学生以 5～8 人为一组进行分组，每组选出一名成员担任本组的组长。

（2）展开调研：以小组为单位，选择某一企业，小组成员通过在线搜集资料、实地调研等方式，调研该企业的营销故事，分析其市场营销观念。

（3）调研总结：每位同学根据调研及分析情况进行总结，并将表 1-3 填写完整。

表 1-3　某企业的营销故事及市场营销观念

企业名称	
营销故事	
市场营销观念	

（4）展开讨论：以小组为单位，讨论下列问题。

① 本组所选企业有哪些市场营销故事？

② 本组所选企业秉持的市场营销观念是什么？这种市场营销观念有什么特点？

（5）进行分享：以小组为单位整理相关资料并制作 PPT，各组分别派代表在课堂上进行分享。分享结束后，同学们交流讨论，教师点评。

任务三 熟悉市场营销理论

任务导入

数据+营销+全域触达=最短 to B 获客路径

基于“数据+营销”双引擎驱动的目标客户营销（account based marketing, ABM）策略，能够帮助 to B 企业（面向企业客户的企业）打造最短营销获客路径，成为支撑 to B 行业快速发展的中坚力量。企业开展有效的 ABM 营销活动需要具备 3 个必要条件：高质量企业数据库、营销自动化工具、无边界全场景智能触达。

数据+营销+全域触达=最短 to B 获客路径

（1）数据是 ABM 精准营销的基础。

全面而完善的企业数据库是开展 ABM 的基础。利用数据维度非常丰富的 B2B 数据管理平台，并结合企业的客户关系管理系统，企业可以智能挖掘出符合客户画像的目标客户及相关联系人。

（2）营销自动化工具是将数据转化为有价值线索的关键。

数据并不等于结果，绝大多数的企业流量不会注册并留下企业资料。to B 企业要想更高效地进行营销获客，就需要挖掘出访客背后的企业情报，利用营销自动化工具进行大规模、个性化的客户触达及培育。

当然，线索的转化不是一蹴而就的，它需要过程的积累，具体过程可分为目标挖掘、线索获取、培育转化和成单几个阶段。在不同的阶段，企业利用营销自动化工具，结合内容营销等方式，通过目标线索的不同互动情况进行追踪及优先级排序，从而最大化营销资源的分配及利用率。

具体做法是，首先识别目标客户，形成客户及联系人的数据库，其次通过一般营销行为激活目标客户形成精准商户及联系人名单（信息合格的线索），通过特定营销行为产出有初步意向客户的线索（市场合格的线索），再次经过培育后产出销售可触达客户的线索（销售合格的线索），最后促成签单客户。

(3) 全渠道触达让 to B 企业在公网构建自己的私域流量。

私域流量，单从字面意思来看，就是企业自身渠道（如微信公众号、客户关系管理系统等）中的流量，可进一步延伸为稳定、及时、低成本、可追踪的触达。所以，如果 to B 企业具备这种触达能力，他们其实可以在公网中构建自身的私域流量，将自身的私域池无限扩大。例如，在产品构建的早期阶段，通过 AI 技术可实现跨平台识别和全渠道触达，帮助 to B 企业捕捉无所不在的客户踪迹。

思考

企业开展有效的 ABM 营销活动需要具备的必要条件是什么？大数据时代，企业应如何基于市场营销理论开展有效的市场营销活动？

一、杰罗姆·麦卡锡的 4P 理论

4P 理论产生于 20 世纪 60 年代，是随着市场营销组合理论的提出而出现的。1953 年，尼尔·博登提出了“市场营销组合”（marketing mix）这一概念，其意是指市场需求或多或少在某种程度上受到了所谓的“营销变量”或“营销要素”的影响。1960 年，杰罗姆·麦卡锡教授在其《基础营销》一书中提出 4P 理论，将营销要素一般地概括为 4 类，即产品（product）、价格（price）、渠道（place）和促销（promotion），如表 1-4 所示。

菲利普·科特勒的 6P 理论与 10P 理论

表 1-4　4P 理论

营销要素	内　容
产品	产品代表企业提供给目标市场的物品和服务的组合。企业不仅要提供适应消费者需要的形式产品和核心产品，还要提供更多的延伸产品，以满足消费者需求
价格	价格代表消费者购买产品时的价格，是影响消费者行为和市场需求的关键因素之一。企业在定价时既要考虑企业自身的因素（如成本、利润等），又要考虑消费者的价格接受能力
渠道	渠道代表企业为将其产品送达目标市场（或目标消费群体）所进行的各种活动，包括分销渠道模式的选择，中间商的选择、调整及协调管理等
促销	促销代表企业为宣传介绍其产品的优点和说服目标消费群体购买其产品所进行的各种活动，包括人员推销、广告促销等

二、罗伯特·劳特朋的 4C 理论

随着经济的发展，市场营销环境发生了很大的变化，消费个性化、人文化、多样化的特征日益凸显。随着“以消费者为中心”时代的来临，罗伯特·劳特朋于 1990 年在传统 4P 理论的基础上，提出了新的观点，即 4C 理论。4C 理论的营销要素分别为消费者（customer）、成本（cost）、便利（convenience）、沟通（communication），如表 1-5 所示。

表 1-5 4C 理论

营销要素	内 容
消费者	消费者是企业一切市场营销活动的核心；企业重视消费者要甚于重视产品
成本	从企业的角度说，成本主要包括生产成本、销售成本、库存成本、经营费用等；从消费者的角度说，成本主要包括货币成本及消费者到店购物的时间成本、精力成本等
便利	便利是指为了方便消费者，维护消费者权益，为消费者提供的全方位服务
沟通	沟通强调企业应重视与消费者的双向交流，及时了解消费者需求并迅速提供优质的产品与服务

三、唐·舒尔茨的 4R 理论

4R 理论是在 4C 理论的基础上由唐·舒尔茨提出的新营销理论。4R 理论是以关系营销为核心，注重企业和客户关系的长期互动，重在建立客户忠诚的一种理论。它既从企业的利益出发又兼顾消费者的需求，是一个更为实际、有效的营销制胜术。4R 理论的营销要素分别为关联（relevance）、反应（reaction）、关系（relationship）、回报（retribution），如表 1-6 所示。

表 1-6 4R 理论

营销要素	内 容
关联	在充满竞争的市场中，消费者具有不稳定性，其对品牌的忠诚度是不断变化的。要想提高消费者的忠诚度，赢得长期而稳定的市场需求，企业就要采用有效的营销策略在业务、需求等方面与消费者建立互助、互求、互需的紧密关系
反应	面对瞬息万变的市场，企业面临的最紧迫的问题不是如何控制、制订和实施计划，而是如何及时地倾听消费者的心声和诉求并快速反应，从而满足消费者需求
关系	在企业与消费者的关系发生了本质性变化的新营销环境中，抢占市场的关键是要与消费者建立长期、稳固的关系，从交易双方变成伙伴，那么实施管理营销组合策略的落脚点就是维护和管理客户关系
回报	获得回报是市场营销的出发点，企业开展市场营销活动的真正目的在于为企业带来收入和利润

四、吴金明的 4V 理论

20 世纪 80 年代以后，随着高科技产业的迅速崛起，高科技企业、高科技产品和服务不断涌现；随着互联网、移动通信工具和先进信息技术的发展，沟通渠道更加多元化，原来那种企业和消费者之间信息不对称状态得到改善。在此基础上，营销观念、营销方式不断丰富和发展，我国学者吴金明于 2001 年创造性地提出了 4V 理论。

4V 理论的营销要素分别为差异化（variation）、功能化（versatility）、附加价值（value）、共鸣（vibration），如表 1-7 所示。差异化体现了企业产品和服务的创新性与独特性，功能化和附加价值体现了企业产品和服务的渗透性与扩展性，共鸣体现了消费者与企业之间的一种紧密的心理联系，这些都是企业核心竞争力的构成要素。

表 1-7 4V 理论

营销要素	内 容
差异化	差异化是指企业凭借自身的技术优势和管理优势，生产出性能和质量优于市场平均水平的产品，或者通过有特色的宣传活动、灵活的推销手段、周到的售后服务，在消费者心目中树立起不同于一般企业的良好形象
功能化	功能化是指企业根据消费者的不同需求，提供具有不同功能的系列化产品，由消费者根据自己的消费习惯和经济能力自主选择
附加价值	附加价值是指从产品的价值构成来看，劳动和资金成本在价值构成中的比例逐步下降，而技术、品牌、企业文化、营销等的附加值在价值构成中的比例显著上升
共鸣	通过与企业品牌的情感互动，消费者会感觉到该品牌能够反映自己的情感，并且可以以该品牌为媒介与其他人进行交流，从而增强了对该品牌的认同和依赖。让消费者形成强烈的情感共鸣，是企业品牌建设的目标和品牌资产形成的基础

五、4 种市场营销理论的比较

总的来说，4P 理论是从企业的角度考虑问题，提供了最初的市场营销基本框架，4C 理论是从消费者的角度考虑问题，两者都是对营销要素进行静态描述。4R 理论是以竞争为导向，提出了新的市场营销框架，体现并落实了关系营销的思想，4V 理论则强调了企业的核心竞争力，两者都是对传统市场营销理论的进一步创新与发展。4P 理论、4C 理论、4R 理论和 4V 理论 4 种市场营销理论的比较如表 1-8 所示。

表 1-8 4 种市场营销理论的比较

市场营销理论	4P 理论	4C 理论	4R 理论	4V 理论
营销要素	产品、价格、渠道、促销	消费者、成本、便利、沟通	关联、反应、关系、回报	差异化、功能化、附加价值、共鸣
营销导向	生产者	消费者	竞争者	竞争者
营销模式	推动型	拉动型	供应链	供应链
满足需求	相同或近似	个性化	感觉、感受	情感共鸣
营销方式	规模化	差异化	整合营销	整合营销
营销关系	被动	驱动	积极主动	双向兼顾

续表

消费者沟通	"一对一"单向	"一对一"双向	"一对一"双向、多向	"一对一"双向、多向
营销目标	企业利润	顾客满意	顾客忠诚	独特价值

营销视野

关系营销和整合营销

（1）关系营销又称"顾问式营销"，是把营销活动看成一个企业与消费者、供应商、中间商、竞争者、政府机构及其他利益相关者产生互动、建立关系的过程。关系营销追求的是多赢的效果，其核心是在多方合作共赢的基础上，建立和发展与这些利益相关者的长期、稳定的良好关系，进而与客户建立亲密的关系，培育客户忠诚度，并在与客户保持长期关系的基础上开展营销活动，实现企业的营销目标。

（2）整合营销理论产生和流行于20世纪90年代，是由唐·舒尔茨提出的。整合营销就是根据企业的目标设计战略，并支配企业各种资源以达到战略目标的过程。整合营销倡导更加明确的消费者导向理念，把消费者整合到整个营销过程中来，从产品设计、渠道选择到用户体验，实现消费者全流程参与。

任务实施

调研某企业应用的市场营销理论

任务要求

调研某企业应用的市场营销理论，了解各种市场营销理论侧重的营销要素。

任务流程

（1）学生分组：全班学生以5～8人为一组进行分组，每组选出一名成员担任本组的组长。

（2）展开调研：以小组为单位，选择某一企业，小组成员通过在线搜集资料、实地调研等方式，调研该企业侧重的营销要素，分析其应用的市场营销理论。

（3）调研总结：每位同学根据调研及分析情况进行总结，并将表1-9填写完整。

表 1-9 某企业应用的市场营销理论

企业名称	
侧重的营销要素	
应用的市场营销理论	
在市场营销中遇到的问题及解决对策	
取得的成效	

（4）展开讨论：以小组为单位，讨论下列问题。

① 本组所选企业在市场营销环节更侧重于哪些营销要素？

② 本组所选企业主要应用的市场营销理论是什么？该企业取得了怎样的营销效果？

（5）进行分享：以小组为单位整理相关资料并制作 PPT，各组分别派代表在课堂上进行分享。分享结束后，同学们交流讨论，教师点评。

项目实训

实训目标

通过实训练习，学生应进一步认识市场营销活动的本质，树立正确的市场营销观念，能够站在企业的角度去发现和寻求市场机会，初步设计市场营销策略，并形成自己的营销管理思想。

实训要求

全班学生以 5～8 人为一组进行分组，每组选择某一企业，小组成员通过在线搜集资料、实地调研等方式，了解该企业的产品、营销观念和营销策略，撰写企业营销报告。然后，各组分别派代表在课堂上分享实训过程及成果。

实训过程

将实训任务的具体完成情况记录在表 1-10 中。

表 1-10　实训过程

时间安排	实训步骤
	（1）选定企业 企业名称：
	（2）展开调研，了解企业的产品、营销观念和营销策略 产品： 营销观念： 营销策略：
	（3）撰写企业营销报告 完成情况：
	（4）进行分享 完成情况：

实训评价

学生、教师根据各组项目实训的完成和分享情况，结合表 1-11 中的内容进行评价。

表 1-11 实训评价

项目名称	评价标准	分 值	评价分数		
			自 评	互 评	师 评
素养评价（20%）	能够积极、认真地参与项目实训	6 分			
	具备团队精神，积极与他人合作	6 分			
	具备创新思维和自主探究学习的意识	8 分			
技能评价（40%）	具有较强的分析能力和洞察能力	10 分			
	调研内容详细，分析全面深入	10 分			
	能够站在企业的角度去发现和寻求市场机会，初步设计市场营销策略	20 分			
成果评价（40%）	撰写的企业营销报告逻辑清晰、内容翔实、分析深入	20 分			
	分享效果良好	20 分			
合计		100 分			
总评	自评（20%）+互评（20%）+师评（60%）=		教师（签名）：		

项目考核

一、选择题

（1）市场由（　　）、购买力和购买欲望 3 个要素构成。

A．人员　　B．人口

C．人数　　D．人们

（2）许多冰箱生产厂家近年来高举“环保”“健康”旗帜，纷纷推出无氟冰箱。这些企业所奉行的市场营销观念是（　　）。

A．推销观念　　B．生产观念

C．市场营销观念　　D．绿色营销观念

（3）从营销学角度来看，“酒香不怕巷子深”是一种典型的（　　）。

A．生产观念　　B．产品观念

C．推销观念　　D．社会营销观念

（4）属于 4R 理论的营销要素的是（　　）。

A．差异化　　B．沟通

C．产品　　D．关联

（5）属于 4C 理论的营销要素的是（　　）。

A．共鸣　　B．消费者

C．渠道　　D．关系

二、判断题

（1）市场营销等于推销。（　　）

（2）需求是指消费者有能力购买且愿意购买某个具体产品的欲望。（　　）

（3）绿色营销是为了适应 21 世纪的绿色消费需求而产生的一种新型营销观念。（　　）

（4）市场营销观念突破了“市场营销环境是不可控制因素”的传统看法，认为企业不应消极、被动地适应和服从外部环境，而应积极、主动地改变环境，促使外部环境朝企业有利的方面转化，从而促进企业的发展。（　　）

（5）4V 理论强调了企业的核心竞争力，其营销要素分别为差异化、功能化、附加价值、共鸣。（　　）

三、思考题

（1）如何理解市场与市场营销的概念？

（2）传统市场营销观念和现代市场营销观念的区别有哪些？

（3）比较分析 4P 理论、4C 理论、4R 理论和 4V 理论 4 种市场营销理论，你认为企业如何更好地应用市场营销理论？

项目二

市场营销调研与预测

项目导读

市场营销调研与预测是企业了解市场的主要手段之一，市场营销调研是市场营销预测的前提和基础，市场营销预测又是市场营销调研的必要延续。基于市场营销调研与预测，企业可以有效地把握市场现状及未来发展趋势，进而辅助企业经营管理者做出合理的经营决策。市场营销调研与预测就像指南针，能在激烈的市场竞争中为企业指明方向。

学习目标

知识目标

- 了解市场营销调研的概念和类型，掌握市场营销调研的方法和程序。
- 了解市场营销预测的概念和内容，掌握市场营销预测的方法和程序。

能力目标

- 能够开展市场营销调研活动。
- 能够开展市场营销预测活动。

素质目标

- 以发展的眼光看待问题，认清机遇和挑战，养成未雨绸缪、系统策划的好习惯。
- 感受国货崛起与中国制造的力量，增强民族自信心。

任务一 熟悉市场营销调研

任务导入

小米公司成功进军印度市场

国际数据咨询公司发布的资料显示，2011 年至 2016 年，三星公司一直处于印度手机市场的统治地位。

小米公司成功进军印度市场

印度市场的特点如下：① 印度是人口大国，市场潜力巨大，但其产业结构不均衡，第二产业（如制造业）占 GDP 的比重较低；② 印度的网络建设发展缓慢，基础设施落后，导致物流系统落后，电商环境尚不成熟；③ 印度的国家官方语言只有英语和印地语两种，但各邦还有 22 种地方语言；④ 印度没有经历 PC 互联网时代，而是直接进入移动互联网时代，所以印度人对智能手机的需求量非常大；⑤ 2014 年，印度总理莫迪启动“印度制造（Made in India）”计划，移动设备关税随之提高。

2014 年 7 月，小米公司首次打入印度市场。2015 年 8 月，小米公司与富士康合作，在印度开设第一家手机工厂。2017 年，小米公司打破了三星公司 6 年来在印度市场的统治地位，首次获得“印度第一”的称号。

2019 年年底，小米公司在印度的工厂已达 7 家。在印度销售的小米手机中有 99%产自本地，一方面，小米手机的本土化生产避开了高昂的关税，节省了运营成本，缩短了交付周期，为小米公司的低价策略提供了保障；另一方面，小米手机的本土化生产做到了招聘本地员工、采购本地产品，这不仅给印度创造了更多的就业机会，而且有利于小米公司更好地适应印度市场的发展。

2018—2022 年，小米公司在印度智能手机市场中始终保持着第一大手机品牌的地位。2024 年的第二季度，小米公司凭借 670 万台的出货量和 18%的市场份额位列印度智能手机出货量及市场份额第一，重新夺回了印度市场头把交椅的位置。

面对印度这个充满活力与挑战的市场，小米公司的成功进军为其在全球范围内的扩张积累了经验。

思考

小米公司为什么能在印度市场取得成功？企业应如何进行市场营销调研？市场营销调研对企业营销活动有什么意义？

一、市场营销调研的概念

市场营销调研是指有目的地对一系列信息资料进行系统收集、筛选、分类和分析的过程。市场营销调研的意义在于从市场信息中发现事物发展的规律、市场运行的逻辑，从而帮助营销管理人员深入了解营销环境，把握市场需求，发现其中的机遇与挑战，为市场预测和营销决策提供依据。

二、市场营销调研的类型

根据不同的标准，可以将市场营销调研划分为不同的类型，如表 2-1 所示。

表 2-1 市场营销调研的类型

划分标准	类 型	概 念
市场营销调研对象的范围	全面调研	又称“市场普查”，是指对调研对象逐个进行的调研。其目的是对市场状况做出全面、准确的描述，从而为制订决策提供可靠的依据。全面调研的结果虽然全面可靠，但调研花费的人力、物力、财力较多，且调研时间较长，难以满足一般企业的要求
	非全面调研	是指对一部分调研对象进行的调研，包括典型调研、重点调研和抽样调研。非全面调研的调研对象少，可以集中力量做深入、细致的调研，从而提高统计资料的准确性；还可以节省人力、物力和财力，缩短调研期限，从而提高调研的效率
市场营销调研的性质和目的	探索性调研	是指在市场情况不明时，企业为了找出问题的症结，明确进一步深入调研的具体内容和重点的调研。探索性调研的主要作用是帮助企业发现问题和发掘市场机会，即回答“是什么”的问题
	描述性调研	是指对特定的市场信息和数据进行搜集与汇总，从而准确、客观地描述市场情况的调研。其主要回答“怎么样”的问题
	因果性调研	是指在描述性调研的基础上，对市场现象的因果关系进行调研，说明市场上某个因素的变化是否会影响其他因素及影响程度的调研。其主要回答“为什么”的问题
	预测性调研	是指在描述性调研和因果关系调研的基础上，运用科学的预测方法，分析未来一定时期内市场变化趋势的调研。其主要回答“将来怎么样”的问题
市场营销调研的方法	间接调研法	又称“二手资料调研法”或“文案调研法”，是指调研人员利用现有资料收集所需信息的调研方法。资料的搜集是间接调研法最核心的问题
	直接调研法	又称“一手资料调研法”或“实地调研法”，是指调研人员直接向调研对象收集第一手资料的调研方法。包括询问调研法、观察法及实验调研法

典型案例

失败的抽样调研

准确地定义调研总体是保证抽样调研成功的前提，如果调研总体定义错误，将会影响数据收集的准确性，不利于企业做出正确的经营决策。

上海某狗粮生产企业希望通过改良狗粮产品的配方来增加销售量。为了获取更为准确的市场信息，该企业打算实施一次市场营销调研。基于调研效率和成本的考虑，其最终选择抽样调研。该抽样调研设计的过程如下。

（1）将最近一个月内进入A超市购买狗粮产品的全部消费者定义为总体。

（2）选择方便抽样的方式进行样本的选取。

（3）确定的样本量为1 000人。

按照上述设计方案，他们对产品的价格、包装、规格、口味、配料等方面进行调研，并根据消费者的建议改进产品的配方。产品在投入市场初期，销售量飞速增长。但数月后，销售量却停滞不前。于是，这家企业在讨论研究后，邀请了十多位新产品的购买者前来座谈，他们大多拒绝再次购买，原因是宠物不喜欢吃。狗粮的最终消费者并不是“人”，人只是购买者，该企业错误地定义了市场营销调研方向，最终导致调研结论错误。

这次失败的经历使该企业认识到市场营销调研的两面性：正确的市场营销调研可以增加商战的胜算，但错误的市场营销调研对企业来说就是一场噩梦。

试想，该企业市场营销调研为什么会失败？该企业应如何开展这次市场营销调研活动？

三、市场营销调研的方法

（一）文案调研法

文案调研法又称“资料分析法”，是指利用企业内部和外部现有的各种信息资料，对调研内容进行分析研究的一种调研方法。

文案资料的来源主要有两个：一是企业内部的资料，主要包括企业业务资料、统计资料、财务资料及企业积累的其他资料等；二是企业外部的资料，主要包括新闻媒体资料、政府统计资料、行业统计资料、咨询公司的情报、学术研究成果、金融机构资料和网络资料等。

文案调研法能够超越时空的限制，获取资料较多且相对容易，调研花费的时间比较短，调研成本较低，因此它一般是企业常用的市场营销调研方法。但是，文案调研法受限于资料的时效性，调研准确性难以保证，调研人员很多时候无法找到所需要的资料。同时，文案调研法对调研人员的素质要求很高，调研人员不但要有专业的知识和技能，还要有足够的耐心和创造性思维。

（二）询问调研法

询问调研法是指将所拟调研的事项，通过当面、电话或书面邮寄等形式向调研对象提出询问，以获得所需调研资料的一种调研方法，这是最常用的直接调研法。

按照调研人员与调研对象接触方式的不同，询问调研法可分为人员调研法、电话调研法、邮寄调研法、留置调研法、网上问卷调研法。

1. 人员调研法

人员调研法是指调研人员与调研对象进行面对面交谈，从而获得所需信息资料的一种调研方法，其形式主要有入户访问和街头拦截访问两种。

入户访问是到调研对象家中进行的访问。入户访问是私下的面对面的访问，适合于调研内容量较大或者访问时间较长的调研。它的优点主要包括访问环境轻松，调研人员可以直接得到反馈并可做深入询问，还可以观察调研对象的反应，发现新问题，访问质量较高，所获得的信息比较可靠，客观性较强；它的缺点主要包括入户困难，拒访率较高，访问成本高，需要大量的人力和时间，调研结果还容易受调研人员询问技巧及其他主观因素影响。

街头拦截访问是指在固定场所（如交通路口、生活小区、商场等）拦截调研对象，对符合条件的人员进行面对面访问的调研方式。街头拦截访问一般是在公开环境下的面对面的访谈，适用于调研内容量较小或者访问时间较短的调研。它的优点主要包括访问地点比较集中，访问效率高，调研成本比入户访问低，调研对象当面回答问题，双方相互启发，能得到比较准确的答案；它的缺点主要包括拒访率较高，较难得到有代表性的样本，调研对象容易受到调研人员的影响。

2. 电话调研法

电话调研法是指调研人员通过电话向调研对象询问有关问题，以获取所需信息资料的一种调研方法。这种方法取得信息快，回答率也比较高，费用较低；缺点是调研对象仅限于可通电话者，对问题只能得到简单的回答，有时不易得到调研对象的合作。

3. 邮寄调研法

邮寄调研法是指调研人员将所要收集的资料设计成问卷寄给调研对象，要求调研对象填写后寄回，从而获得所需信息资料的一种调研方法。这种方法的优点是调研面较宽，调研对象也有充分的时间来考虑，不易受调研人员的影响；缺点是问卷回收率低，调研耗时长，有时因调研对象不认真回答而造成较大误差。

调研问卷的设计要求如表 2-2 所示。

表 2-2　调研问卷的设计要求

方　面	要　求
问卷说明	问卷说明应阐述调研的意图、填写问卷须知等内容。问卷说明应言简意赅，强调调研工作的重要性，消除调研对象的疑虑，使之产生兴趣
调研问题	调研问题的具体内容应根据调研目标和任务而定，调研问题表述应简洁、客观、意思明确，调研人员应保持立场中立，避免提出具有引导性的问题
基本信息	问卷涵盖了调研对象的基本信息，如年龄、性别、职业、住址、教育程度、婚姻状况、家庭人口等，因此，调研人员应谨慎保管，注意保护调研对象的隐私

4. 留置调研法

留置调研法是指调研人员将调研问卷当面交给调研对象，详细说明填写要求并留下调研问卷，请调研对象自行填写，再由调研人员定期收回问卷，从而获得所需信息资料的一种调研方法。这种方法的优点是问卷回收率高，调研对象可以当面了解填写问卷的要求且有充分的时间考虑，不易受调研人员的影响；缺点是调研面较窄，调研费用较高。

5. 网上问卷调研法

网上问卷调研法是将调研问卷在网上发布，调研对象通过网络填写问卷完成调研，其类型如表 2-3 所示。它是最常用的网上直接调研法。

表 2-3　网上问卷调研法的类型

方　法	定　义	做　法
网站问卷调研法	又称“站点法”，是通过在网站上刊登调研问卷的形式进行网上调研的方法	实际运用时，在线问卷既可以放在企业自己的网站上，也可以放在第三方网站上，或者两种方式混合使用
电子邮件问卷调研法	简称“电子邮件法”，是一种把调研问卷制作成简单的 E-mail 形式，发送给已知的调研对象，由其回答完毕后将问卷回复给调研人员的调研方法	企业可以直接向用户发送电子邮件问卷，征询用户对产品、服务、促销、企业形象等方面的看法，让用户向企业提出建议

（三）观察法

观察法是指由调研人员直接或通过仪器在现场对调研对象的情况有目的、有针对性地进行观察记录，以研究调研对象的行为和心理的调研方法。观察法多是在调研对象不知晓的情况下进行的，除人员观察外，也可利用机器记录处理。观察法所得信息资料比较客观，实用性很强，但是往往只能了解到事态外部现象，无法得知调研对象的购买动机、意向及态度等内在因素。

（四）实验调研法

实验调研法是指从影响调研对象的许多可变因素中选出一个或两个，将它们置于一定的条件下进行小规模的实验，采用适当的方法收集、分析实验数据资料，进而观察企业营销活动效果的调研方法，如包装实验、新产品实验、价格实验等。这种方法的关键是要保持环境因素不变，因此，在实验时调研人员必须先排除无关的因素，再将调研对象分为若干对照小组，引入不同的变量，然后观察不同小组反应的差异性。由于无关因素被排除和控制，所以观察效果只与变量相关，从而可以得出变量与实验结果之间的因果关系。实验调研法的具体步骤如图 2-1 所示。

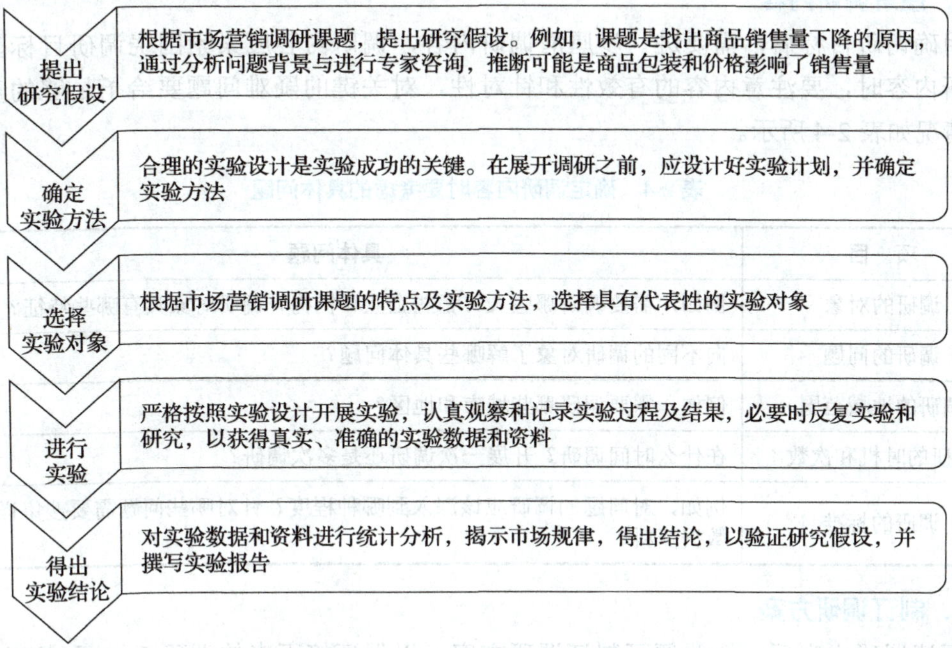

图 2-1　实验调研法的具体步骤

实验调研法的优点是实验数据客观性强，应用范围广；其缺点是实验的时间较长、保密性较差、成本较高。

四、市场营销调研的程序

一般说来，完整的市场营销调研程序包括调研准备阶段、调研实施阶段、调研资料整理与分析阶段、调研总结阶段。

（一）调研准备阶段

1. 明确调研目标

明确调研目标既是市场营销调研的第一步，也是极为重要的一步。调研目标应该是可实现的、清楚的、具体的、有针对性的。确定调研目标，可分两步进行：第一步，提出调研问题，即根据企业决策者的要求或当前存在的问题提出需要调研的问题；第二步，对提出的问题进行初步分析，然后根据分析结果确定需要搜集的信息资料。例如，企业考虑是否应该推出新产品，市场营销人员通过对该问题进行分析，最终确定调研目标为“确认消费者对新产品的偏好和购买意愿”。

2. 厘清调研内容

明确调研目标后，需要进一步厘清调研内容，调研内容应紧紧围绕调研目标。在确定调研内容时，要注意内容的有效性和针对性，对关键的疑难问题要给予足够的重视，具体情况如表 2-4 所示。

表 2-4　确定调研内容时要考虑的具体问题

项　目	具体问题
调研的对象	例如，需要调研哪些人、哪些企业和机构？调研对象具有哪些特征？
调研的问题	向不同的调研对象了解哪些具体问题？
调研的地域范围	例如，需要调研哪些城市和地区？
调研的时机和次数	在什么时间调研？开展一次调研还是多次调研？
调研的标准	例如，对问题的调研应该深入到哪种程度？针对哪些问题需要搜集详细的数据资料？

3. 制订调研方案

厘清调研内容后，企业便可制订调研方案，以保证接下来的调研工作顺利进行，避免出现重大疏漏。调研方案是整个市场营销调研工作的行动纲领，其主要阐述调研目标、调研内容、调研方法、调研组织方式、调研团队建设、调研进度安排、调研费用预算等事项。

4. 组织并培训调研人员

调研人员的选择、培训和分工，是组建调研团队需要做好的工作。首先，对调研人员的选择要求较高，如观察能力、应变能力、语言表达能力等都有一定要求，如果调研人员的素质和能力达不到要求，可能会影响调研的整体效果。其次，在开展市场营销调研前，要对调研人员进行培训，使他们对调研目标、调研内容、调研方法，以及相关的经济、法律常识有一定的了解。最后，要做好调研人员的分工，强调团队合作，提高整体调研效果。

（二）调研实施阶段

调研的准备工作就绪后，企业便可以开始组织实施市场营销调研活动。调研实施阶段是调研工作中最费时、费力和花费最大的阶段。它要求经过培训的调研人员，按照调研方案中确定的调研方法、内容等对调研对象进行调研并对资料进行收集。能够收集到真实有用的信息资料，是市场营销调研取得成功的最根本条件。

（三）调研资料整理与分析阶段

市场营销调研获得的信息资料往往分散而凌乱，有些信息比较片面，甚至是虚假的。因此，调研人员须根据调研目的，运用科学方法，对调研所得的各种资料进行审核、整理与分析，从而得出更准确的调研结果，为制订营销决策提供依据。

从天猫母婴行业数据
洞察母婴品牌发展新机会

（四）调研总结阶段

1．撰写调研报告

调研人员对特定的市场问题进行深入调研后会以书面形式表现市场营销调研结果，这就是市场营销调研报告，它是市场营销调研活动的最终成果，也是决策者做决策时的重要依据。

2．认定调研报告的价值

调研报告完成后，调研人员要了解调研报告的建议是否被决策者重视和采纳，采纳的程度如何，采纳后的实际效果如何。调研人员根据了解的信息，判断调研报告的价值。

3．总结调研工作

调研人员对调研的每个阶段、每个工作环节进行总结，积累成功的经验，吸取失败的教训，为今后更好地进行市场营销调研打下基础。

营销视野

市场营销调研报告的结构和内容

市场营销调研报告作为一种特殊的应用文，其格式总的特点是开门见山，准确简练。从一般结构上看，一篇完整的调研报告由扉页、目录、摘要、引言、正文和附录等几部分组成。

（1）扉页。

扉页主要是指市场营销调研报告的封面，其内容一般包括调研报告的标题、所属单位及报告人名称、提出报告的日期。其中，标题要简明扼要，即标题要准确、简洁，一目了然。

（2）目录。

目录是市场营销调研报告的检索部分，应当完整地罗列报告各章节的标题、附录及其页码，以便阅读对象对报告结构有清晰的了解，并能够迅速地确定自己想看信息的页码。

（3）摘要。

摘要是市场营销调研报告的内容提要，是对调研目标、调研内容、调研范围、调研方法、调研工作的起止日期、调研过程、调研成果及结论的综合论述。摘要不能过长，一般不超过半页。

通过阅读摘要，阅读对象就能大致了解“调研什么”“如何调研”“得到的结果”“结果说明什么”等内容。撰写摘要时，要求内容简洁、高度概括，语言文字通俗、精练，尽量避免使用太多专业术语。

（4）引言。

一般来说，引言应当对调研背景及发展状况、文献综述、调研意义等内容做详细介绍，而对调研目标和内容可以做简略介绍。引言主要包括以下内容：

① 调研背景及发展状况，如某调研对象整体呈现的水平和发展状况。

② 对相关领域的文献进行回顾和综述，包括历史调研成果、已经解决的问题，以及对该部分内容进行适当评价。

③ 介绍目前尚未解决的问题或亟须解决的问题，以及解决这些问题的方法和思路，进而引出调研目标与意义。

（5）正文。

正文是市场营销调研报告的主体部分，包括调研目标、调研内容、调研方法、调研结果、结论和建议。在撰写这部分内容时，必须注意报告内容的充分性、真实性和次序性。

① 调研目标：在正文开头，应简明扼要地指出调研活动的目的，以便阅读对象准确把握调研报告的内容。

② 调研内容：包括调研对象、调研范围及调研标准等。

③ 调研方法：说明调研类型、具体的调研方法等。

④ 调研结果：介绍调研结果时，应按一定的逻辑顺序紧扣调研目标和一系列调研发现进行客观叙述，不可夸大。

⑤ 结论和建议：结论是报告人基于调研结果给出的意见，而建议是报告人给出的行动提议。结论与建议是阅读对象最关注的部分。编写结论部分时，报告人应用简洁明了的语言对委托方所提出的问题做出明确答复。编写建议部分时，报告人应针对调研结论提出具有可行性和可操作性的对策。结论与建议常见的结构安排为，首先综合说明调研报告的主要观点，然后在此基础上提出建议和可行性方案，最后

展望未来的发展前景。

（6）附录。

附录是对市场营销调研报告正文内容的补充，也是对原始资料、调研问卷、统计数据图表、参考资料等内容更详尽的说明。附录包括的内容主要有：① 访问提纲；② 调研问卷；③ 有关抽样的补充说明；④ 工作进度及安排；⑤ 原始资料的来源；⑥ 原始数据图表。

任务实施

调研某地区小米之家的市场发展现状

任务要求

调研某地区小米之家的市场发展现状，进一步理解市场营销调研的方法和程序。

任务流程

（1）学生分组：全班学生以5～8人为一组进行分组，每组选出一名成员担任本组的组长。

（2）展开调研：以小组为单位，选择某一地区，小组成员通过在线搜集资料、实地调研等方式，调研该地区小米之家的市场发展现状。

（3）调研总结：每位同学根据调研情况进行总结，并将表2-5填写完整。

表2-5 某地区小米之家的市场发展现状

地区名称	
门店数量	
客流量	
客户体验	
服务内容	
服务态度	

（4）展开讨论：以小组为单位，讨论下列问题。

① 本组所选地区小米之家的门店数量和客流量如何？

② 本组所选地区小米之家给客户带来的客户体验如何？你认为本组所选地区小米之家的服务有哪些地方需要改善？

（5）进行分享：以小组为单位整理相关资料并制作 PPT，各组分别派代表在课堂上进行分享。分享结束后，同学们交流讨论，教师点评。

任务二 掌握市场营销预测

任务导入

2024—2043 年我国民用飞机市场预测

2024 年 11 月，中国航空工业集团有限公司发布了《2024—2043 年民用飞机中国市场预测年报》，对未来 20 年我国民用飞机市场进行了预测。2023 年，我国航空运输业完成客运量 6.19 亿人次和货运量 735.4 万吨，同比分别增长 146%和 21%。我国经济的稳定增长和旅游业的强势复苏对航空运输业的发展形成重要支撑。截至 2023 年底，我国航空运输业机队规模达到 4 270 架，其中客机 4 013 架，货机 257 架，飞机总量净增 105 架。

2024—2043 年我国民用飞机市场预测

未来，我国经济仍将长期保持稳定增长，商贸和旅游业的发展将推动我国航空运输市场持续增长。为了满足航空运输市场的需求，我国航空运输机队规模将继续保持增长。

基于对未来我国航空运输发展环境的综合评估，中国航空工业集团有限公司预计未来 20 年我国航空运输市场将继续保持增长，旅客周转量年均增速为 5.8%，货邮周转量年均增速为 4.6%。预计到 2043 年末，我国航空公司客机机队规模将达到 8 905 架，其中宽体干线飞机 1 577 架，窄体干线飞机 6 787 架，支线飞机 541 架；货机机队规模将达到 621 架。预计 2024—2043 年间，我国需要补充各型民用客机 8 278 架，其中宽体干线飞机 1 546 架，窄体干线飞机 6 246 架，支线飞机 486 架。

思考

什么是市场营销预测？企业应如何进行市场营销预测？市场营销预测对企业营销活动有什么意义？

一、市场营销预测的概念

市场营销预测是指在市场营销调研的基础上，运用科学的预测方法，对市场未来的发展趋势进行预测，从而为科学决策提供依据。市场营销预测能降低企业决策的盲目性和风险性，提高企业适应市场环境的能力。

课堂讨论

市场营销调研与市场营销预测有什么关系？

二、市场营销预测的内容

市场营销预测的内容十分广泛，因市场营销预测的主体、预测目的及要求有所不同，营销预测的侧重点也有所不同。就普通企业来说，市场营销预测的内容主要包括市场需求预测、市场供给预测、产品生命周期预测、市场价格预测、市场占有率预测和企业营销能力预测。

（一）市场需求预测

市场需求预测是预测消费群体在一定时期内能够且愿意购买某种产品的数量。其中，生产资料的需求量受产品质量、技术变化等因素的影响；生活资料的需求量则受消费者购买力水平、消费者购买力投向、消费者购买行为等因素的影响。下面以消费者购买力水平预测、消费者购买力投向预测、消费者购买行为预测为例，简单介绍市场需求预测。

1. 消费者购买力水平预测

消费者购买力水平预测是预测一定时间内消费者购买力水平的高低。一般情况下，消费者购买力水平越高，市场产品的总需求量越大。消费者购买力水平的影响因素包括人口数量及变化、消费者收入和支出等。

（1）人口数量及变化。人口数量及其变化在很大程度上影响着消费者的购买力水平。

（2）消费者收入和支出。消费者收入往往决定其购买力水平，而消费者支出往往反映其购买力水平。

2. 消费者购买力投向预测

消费者购买力投向预测是预测一定时间内消费者购买力投向的变动，其影响因素包括购买力水平、人口结构、家庭规模、品牌忠诚度等。购买力投向的变动直接影响消费者需求总量。例如，随着中国制造、中国品牌的崛起，以及中国情怀、中国自信的彰显，国货越来越受到年轻人的追捧。

辉煌中国

中国的潮流新思路

目前，国潮已经迈入 3.0 时期，早已不局限于新国货，而是文化、科技等各个领域背后中国力量的全面崛起。

从经典国货到中国智造，再到文化、科技全面开花，国潮走过了 3 个阶段，其内涵不断拓展。国潮 1.0 时期，一众老字号商品回春，此时的国潮尚处于萌芽阶段，集中于服装、食品、日用品等生活消费范畴；国潮 2.0 时期，国货通过品质升级、品牌化运营，在手机、汽车等更多高科技消费领域开花，打造出更高品质的商品；国潮 3.0 时期，国潮内涵再扩大，中国品牌、中国文化和中国科技引领了全面全新的国潮生活，此时的国潮不仅限于实物，还有民族文化与科技骄傲的潮流输出。如今的国潮正在向世界输出来自中国的潮流新思路，是国人对于中国经济、文化、科技实力的全面自信。

3. 消费者购买行为预测

消费者购买行为预测是预测一定时间内消费者购买行为的变动，包括预测消费者的购买动机变动、购买方式变动、购买心理变动等。例如，某市场咨询公司发布研究报告称，近年来我国居民线上消费趋势明显，未来越来越多的人会在网络平台上购物，以及通过看直播购物等。

（二）市场供给预测

市场供给预测是预测一定时间内市场可供应量的变动，其影响因素包括投入市场的产品资源总量、产品资源构成等。将市场供给预测与市场需求预测结合起来，可以预测未来市场供求矛盾的变化趋势。

市场供给预测的实施步骤如下：首先，了解有关产品的历史情况，包括产品过去几年的销售价格、产量等；其次，了解同类产品的现有情况，包括现有生产企业的数量、生产能力及原材料供应情况等；再次，了解生产企业所处的经营环境，包括当地的经济政策、技术发展、基建规划等；最后，在预测生产情况及变动的基础上，测算生产产品所用原材料的数量、产品生产满足市场需求的程度及变化趋势。

（三）产品生命周期预测

任何产品从投放市场到完全被市场淘汰，都要经历导入期、成长期、成熟期和衰退期 4 个阶段。每个阶段都有不同的特征，在不同的阶段，产品的成本、销量、利润等存在显著差异，企业需要通过产品生命周期预测掌握产品每个阶段的发展情况，及时调整产品策略、价格策略、渠道策略和促销策略等，从而使企业在激烈的市场竞争中占据主动。

产品生命周期预测是对产品销量、企业获利能力的周期性变化趋势进行预测。不同阶段的预测重点有所不同。在导入期，企业重点预测产品投入市场的风险大小、试销情况、消费者能承受的价格、产品市场前景等；在成长期，重点预测产品需求的增长情况、产品销量的增长趋势、消费者购买动机、营销策略及效果等；在成熟期，重点预测消费者心理变化、消费者重复购买率、产品市场规模、产品最高销量、产品可降价的幅度等；在衰退期，重点预测产品需求的下降情况、消费者对新产品的需求情况等。

（四）市场价格预测

市场价格预测是预测一定时间内某类产品或某种产品的市场价格形势或走势，其影响因素包括市场物价总水平、分类产品价格水平、替代产品价格水平、供求关系、劳动生产率、产品生产成本、产品批发零售差价、企业利润等。

市场价格预测的根本目的是认识和掌握市场价格变化趋势及规律，为企业制订价格策略提供决策依据。

（五）市场占有率预测

市场占有率预测是预测企业未来在市场中的位置，包括预测企业盈利情况、企业产品销售情况、企业市场份额等，其影响因素包括市场规模、企业产品结构、销售网点、目标消费者数量、企业营销水平、竞争战略、品牌知名度、消费者满意度及产品的质量、价格、成本等。

市场占有率预测的根本目的是认识和掌握市场动态和市场竞争规律，为企业做出经营决策提供依据。

（六）企业营销能力预测

企业营销能力预测是对企业的资源、产品设计能力、资源调动能力、营销能力的变化趋势进行预测，需要用到企业的内部数据和有关的营销调研资料。

企业营销能力预测的目的是认识和掌握企业营销情况及规律，为企业适应市场变化、积极引导消费者、争取竞争优势提供支持。

三、市场营销预测的方法

市场营销预测的方法有很多，主要分为定性预测法和定量预测法两大类。

（一）定性预测法

定性预测法又称“判断分析预测法”，是指预测人员根据已经掌握的资料信息，利用个人经验、知识和判断分析能力预测市场未来发展趋势的方法，包括集合意见法和专家意见法等。当问题涉及的因素很多，预测人员所掌握的资料又难以进行统计处理时，这类方法会起到较好的效果。

1．集合意见法

集合意见法是指将管理人员及负责设计、策划、推广实施等工作的相关人员集中起来，大家共同探讨市场的变化趋势并提出预测方案的方法。例如，预测产品销量时，企业可组织管理人员、设计人员、策划人员、销售人员等共同分析研究并提出预测方案。再如，预测进货批量和次数时，企业可组织管理人员、仓储人员、销售人员等共同分析研究并提出预测方案。

集合意见法的优点是在市场剧烈变动的情况下，这种方法能够考虑到各种非定量因素的作用，从而使预测结果更接近现实。在缺少历史资料或缺乏其他预测方法经验的情况下，集合意见法是首选。集合意见法的实施步骤如下：

（1）选定预测人员，并向其提出预测目标、预测期限和预测要求。

（2）预测人员根据预测要求，凭个人的经验、知识和分析判断能力，提出自己的方案。方案中应当包括定性分析和定量描述，即在定性分析的基础上，将判断结果以数据的形式表示出来。

（3）分别计算各个预测人员的期望值。根据各个预测人员的最高和最低预测值，计算出每个人的期望值。期望值的计算公式为：

$$期望值=最高值\times概率+最低值\times概率$$

（4）计算各类预测人员的综合期望值。计算综合期望值的方法一般有简单算术平均数法、加权平均数法或中位数统计法。

（5）确定最终预测值。

典型案例

集合意见法的应用

某汽车企业运用集合意见法对下一年度产品的销售额进行了预测，实施过程如下。

第一步，企业共选定9名预测人员，包括2名经理、3名中层管理者、4名汽车销售人员。

第二步，预测人员根据预测要求进行定性分析，包括分析企业的历史生产趋势和销售趋势，目前的市场状态，消费者消费心理的变化，市场上同类汽车、替代汽车的销售及供应情况，企业流动资金的数额及使用情况等。

预测人员对自己的预测结果进行定量描述，包括确定本企业汽车未来的最高销售额和最低销售额，估计不同情况出现的概率等。各类预测人员的预测结果如表2-6、表2-7与表2-8所示。

表 2-6　经理的预测结果

经　理	销 售 额	预 测 值/万元	概　率
A	最高销售额	1 800	0.8
	最低销售额	1 200	0.2
B	最高销售额	1 600	0.9
	最低销售额	1 000	0.1

表 2-7　中层管理者的预测结果

中层管理者	销 售 额	预 测 值/万元	概　率
C	最高销售额	1 500	0.7
	最低销售额	1 000	0.3
D	最高销售额	1 400	0.6
	最低销售额	1 100	0.4
E	最高销售额	1 600	0.8
	最低销售额	1 200	0.2

表 2-8　汽车销售人员的预测结果

汽车销售人员	销 售 额	预 测 值/万元	概　率
F	最高销售额	1 300	0.8
	最低销售额	900	0.2
G	最高销售额	1 200	0.7
	最低销售额	800	0.3
H	最高销售额	1 400	0.9
	最低销售额	1 000	0.1
I	最高销售额	1 250	0.8
	最低销售额	950	0.2

第三步，分别计算经理、中层管理者和汽车销售人员各自的期望值，填入表 2-9 的第 3 列中。例如，经理 A 的期望值=1 800×0.8+1 200×0.2=1 680（万元），经理 B 的期望值=1 600×0.9+1 000×0.1=1 540（万元）。

第四步，由于预测人员对业务的熟悉程度、判断能力各不相同，因此依据个人的综合能力赋予不同的权数，然后运用加权平均数法加以计算综合期望值。赋予权数的原则是对业务越熟悉、预测能力越强的人，所占权数越大；反之则越小。本例中经理、中层管理者和汽车销售人员所占权数如表2-9的第4列所示。

表2-9 预测人员的期望值和权数

预测人员		期望值/万元	权数
经理	A	1 680	0.6
	B	1 540	0.4
中层管理者	C	1 350	0.4
	D	1 280	0.3
	E	1 520	0.3
汽车销售人员	F	1 220	0.4
	G	1 080	0.3
	H	1 360	0.2
	I	1 190	0.1

各类预测人员的综合期望值计算如下：

经理人员的综合期望值=1 680×0.6+1 540×0.4=1 624（万元）；

中层管理者的综合期望值=1 350×0.4+1 280×0.3+1 520×0.3=1 380（万元）；

汽车销售人员的综合期望值=1 220×0.4+1 080×0.3+1 360×0.2+1 190×0.1=1 203（万元）。

第五步，确定最终预测值。在综合3类预测人员的最终预测值时，仍然采用加权平均数法。假设经理、中层管理者和汽车销售人员方案的权数分别为0.4、0.3和0.3，则企业下一年度汽车销售额的最终预测值为1 424.5万元，即1 624×0.4+1 380×0.3+1 203×0.3=1 424.5（万元）。

2. 专家意见法

专家意见法是指专家根据经验、知识和分析判断能力，对获取的信息资料进行综合分析，从而对市场未来的发展趋势做出判断预测的方法。其具体形式如表2-10所示。

表2-10 专家意见法的具体形式

形式	概念
小组讨论法	是指企业邀请有关方面的专家进行集体讨论，专家互相交换意见并预测发展趋势的方法
单独预测集中法	是指先由每位专家单独提出预测意见，再由项目负责人综合专家意见得出结论的方法
德尔菲法	是指企业以匿名的形式向专家征询意见，经过反复的征询与反馈得到较为一致和可靠的预测结果的方法

（二）定量预测法

定量预测法是指根据比较完备的统计资料，运用计量方法和数学模型推算市场发展趋势与规律的一类方法。这类方法主要是对历史资料进行统计分析，其前提条件是市场过去的特征、变化趋势和相关关系在未来基本保持不变。因此，只有在市场处于相对稳定的状态时，运用定量预测方法才能取得可靠的结果。

定量预测法包括时间序列分析预测法和回归分析预测法。

1．时间序列分析预测法

时间序列分析预测法，是指将产品销售量等市场指标的一组观察值，按照时间先后顺序加以排列形成序列，并运用数理方法进行时间推移研究，用以预测市场未来发展变化趋势的方法。

时间序列分析预测法包括平均法和趋势延伸法。

（1）平均法是在市场指标的历史数据基本具备长期或季节性变化规律的基础上采用的，且其对时间序列的变动规律的要求并不十分严格。平均法的具体方法有简单平均法、移动平均法、指数平滑法、季节指数法等。

（2）趋势延伸法是根据时间序列的长期变动趋势的规律，用数学方法找出能最佳拟合此变动趋势的直线或曲线模型，然后向外延伸进行预测的方法。趋势延伸法对时间序列的变动规律的要求十分严格。趋势延伸法的具体方法有直线趋势延伸法和曲线趋势延伸法两类，其中曲线趋势延伸法包括二次曲线延伸法、三次曲线延伸法、指数曲线延伸法、戈珀兹曲线延伸法等。

2．回归分析预测法

回归分析预测法是在分析市场现象自变量和因变量之间相关关系的基础上，建立变量之间的回归方程，并将回归方程作为预测模型，根据自变量在预测期的数量变化来预测因变量在预测期变化结果的预测方法。

回归分析预测法是一种极为重要的因果分析预测法，它也是被企业广泛应用的一类市场营销预测法。运用这种方法时，首先，要确定变量的相关性，通常变量的相关性越强，预测精度越高；反之，预测精度越低。其次，要研究预测期内变量的相互依存关系是否稳定，如果在预测期内变量间相互依存关系不稳定，则利用历史资料建立的回归模型就是无效的。

运用回归分析预测法建立的预测模型有 3 种，如表 2-11 所示。

表 2-11　回归分析预测模型

方　法	内　容	适用情况
一元回归预测模型	利用一元回归方程（包含一个自变量与一个因变量）进行预测	预测结果受多种因素影响，但只有一个因素起决定性作用
多元回归预测模型	利用多元回归方程（包含多个自变量和一个因变量）进行预测	预测结果受多种因素影响，且各因素影响程度差别不大
自回归预测模型	利用具有滞后作用的变量建立回归方程	预测结果受自身历史因素影响较大

营销视野

市场营销预测的原则

（1）客观性原则。企业进行市场营销预测时，要做到实事求是，一切从实际出发，切忌主观臆断。

（2）系统性原则。企业在市场营销预测的过程中，必须以系统化思想为指导，综合考虑各种因素，既要深入了解企业的实际情况，又要了解竞争者的相关情况，还要密切关注企业周围的营销环境。

（3）及时性原则。市场环境瞬息万变，为了帮助企业把握机会，规避风险，市场营销预测要快速、及时地提供必要的信息。

（4）科学性原则。市场营销预测的方法必须科学，预测人员必须具备专业的素质与科学的态度，必须严格按照程序组织工作，对市场信息的加工、处理必须力求精确，尽可能缩小误差。

（5）持续性原则。市场是不断变化的，不可能停留在某一个时点。所以，市场营销预测必须持续进行。

（6）经济性原则。企业应在保证预测质量的前提下，尽可能节约成本。

四、市场营销预测的程序

市场营销预测的程序通常包括确定预测内容、整理资料、选择预测方法、预测评估与修正、撰写预测报告等。

（一）确定预测内容

确定预测内容时，应以企业生产经营管理的需要为依据，落实企业经营决策的要求。此外，预测人员还需要制订预测工作计划，编制预算，调配力量，以保证预测工作的顺利进行。

（二）整理资料

市场营销预测所需要的资料有两类：第一类是关于预测内容本身的资料；第二类是影响预测内容的诸多因素的相关资料。预测人员在整理资料的过程中，要保证资料的准确性、系统性和完整性，从而保证预测结果的精确性和可靠性。

（三）选择预测方法

预测方法是否适当，直接决定预测结果是否可靠。选择预测方法时一般考虑以下两个方面：一是根据预测内容选择预测方法；二是根据预测对象本身的特点选择预测方法。运用预测方法的关键是建立预测模型，然后根据预测模型对收集的资料进行计算、分析与处理，以求把握规律和本质，对市场未来的发展变化趋势做出预测。

（四）预测评估与修正

预测是对未来事物的估算，很难完全与实际情况一致，因此，企业必须根据市场变化情况和自身经验对预测结果进行评估和修正，从而得到比较切合实际的预测结论。

企业应将预测结果与历史和现状结合起来进行比较分析，既要有定性分析，又要有定量分析，对预测结果及其误差应有一定的分析和说明。如有必要，可组织预测人员一起讨论，校对误差，提高预测结果的可信度，进而得出更可靠的预测结论。

（五）撰写预测报告

预测报告是预测结果的文字表述。写出预测报告不仅是预测的完成步骤，还是对预测全过程的总结和综合反映。预测结果能否对决策产生有利影响，与能否写好预测报告有很大关系。预测报告一般包括扉页、摘要、引言、正文、附录等部分。

任务实施

预测某地区小米之家的未来发展前景

任务要求

预测某地区小米之家的未来发展前景，进一步理解市场营销预测的内容、方法和程序。

任务流程

（1）学生分组：全班学生以 5～8 人为一组进行分组，每组选出一名成员担任本组的组长。

（2）展开预测：以小组为单位，选择某一地区，小组成员通过在线搜集资料、实地调研等方式，了解该地区小米之家的市场发展现状，分析影响该地区小米之家市场发展的因素，结合市场营销预测的知识预测该地区小米之家未来 3 年的市场发展前景。

（3）预测总结：每位同学根据调研及预测情况进行总结，并将表 2-12 填写完整。

表 2-12　某地区小米之家未来 3 年的市场发展前景

地区名称	
门店数量的变化	
客流量的变化	
客户体验的变化	
服务内容的变化	
服务态度的变化	

（4）展开讨论：以小组为单位，讨论下列问题。

① 本组所选地区小米之家未来 3 年的门店数量和客流量会如何变化？你的预测依据是什么？

② 本组所选地区小米之家未来 3 年给客户带来的客户体验会如何变化？你认为是什么原因导致了这些变化？

（5）进行分享：以小组为单位整理相关资料并制作 PPT，各组分别派代表在课堂上进行分享。分享结束后，同学们交流讨论，教师点评。

项目实训

实训目标

通过实训练习，学生应进一步了解市场营销调研的重要性，树立市场营销调研意识，理解市场营销调研和预测的方法，能够根据实际情况开展市场营销调研与预测活动，并撰写市场营销调研和预测报告，为企业开展市场营销活动提供可靠的依据。

实训要求

全班学生以5~8人为一组进行分组，各组组织小组成员针对某新能源汽车品牌的市场需求及市场占有率的情况设计一份调研问卷，开展问卷调研。然后，小组成员对调研资料进行整理和分析，预测所选新能源汽车品牌未来3年的市场需求及市场占有率的情况，撰写市场营销调研和预测报告。最后，各组分别派代表在课堂上分享实训过程及成果。

实训过程

将实训任务的具体完成情况记录在表2-13中。

表2-13　实训过程

时间安排	实训步骤
	（1）选定的新能源汽车品牌 新能源汽车品牌：
	（2）设计一份调研问卷，开展问卷调研 设计调研问卷的情况： 开展问卷调研的情况：
	（3）整理和分析资料，展开预测 未来3年的市场需求情况： 未来3年的市场占有率情况：
	（4）撰写市场营销调研和预测报告 完成情况：
	（5）进行分享 完成情况：

实训评价

学生、教师根据各组项目实训的完成和分享情况，结合表 2-14 中的内容进行评价。

表 2-14　实训评价

项目名称	评价标准	分　值	评价分数		
			自　评	互　评	师　评
素养评价（20%）	能够积极、认真地参与项目实训	6 分			
	具备团队精神，积极与他人合作	6 分			
	具备创新思维和自主探究学习的意识	8 分			
技能评价（40%）	具有较强的分析能力和洞察能力	10 分			
	调研问卷设计合理，调研资料分析全面	10 分			
	能够根据实际情况开展市场营销调研与预测活动	20 分			
成果评价（40%）	撰写的市场营销调研和预测报告逻辑清晰、内容翔实、分析深入	20 分			
	分享效果良好	20 分			
合计		100 分			
总评	自评（20%）+互评（20%）+师评（60%）=	教师（签名）：			

项目考核

一、选择题

（1）针对有熟悉的访问群体，能保证回收率，同时对时间性要求较低的市场营销调研，最合适的调研方法是（　　）。

A. 人员调研法　　B. 电话调研法

C. 邮寄调研法　　D. 留置调研法

（2）下列市场营销调研方法中，属于间接调研法的是（　　）。

A. 文案调研法　　B. 询问调研法

C. 观察法　　D. 实验调研法

（3）消费者购买行为预测不包括（　　）。

A．预测消费者的购买水平变动　　B．预测消费者的购买动机变动

C．预测消费者的购买方式变动　　D．预测消费者的购买心理变动

（4）（　　）是指企业以匿名的形式向专家征询意见，经过反复的征询与反馈得到较为一致和可靠的预测结果的方法。

A．集中意见法　　B．小组讨论法

C．单独预测集中法　　D．德尔菲法

（5）（　　）是预测一定时间内市场可供应量的变动。

A．市场需求预测　　B．市场供给预测

C．市场价格预测　　D．市场占有率预测

二、判断题

（1）全面调研又称“市场普查”，是指对调研对象逐个进行的调研。（　　）

（2）间接调研法又称“一手资料调研法”或“实地调研法”，是指调研人员直接向调研对象收集第一手资料的调研方法。（　　）

（3）明确调研目标既是市场营销调研的第一步，也是极为重要的一步。（　　）

（4）德尔菲法是指企业以匿名的形式向专家征询意见，经过反复的征询与反馈得到较为一致和可靠的预测结果的方法。（　　）

（5）为体现市场营销调研工作的严谨性，市场营销调研报告越长越好。（　　）

三、思考题

（1）市场营销调研程序包括哪些阶段？你认为制订调研方案对企业开展市场营销调研活动有什么意义？

（2）市场营销预测的方法有哪些？在大数据背景下，你认为企业应如何更好地进行市场营销预测？

项目三

市场分析

项目导读

市场的变化影响企业的营销目标、营销策略和营销活动，甚至影响企业的生死存亡。因此，进行必要的市场分析是企业制订营销策略和开展营销活动的前提。一般而言，市场分析主要包括分析市场营销环境、分析市场购买行为和分析竞争者3个方面。

学习目标

知识目标

- ✧ 了解市场营销环境的概念和构成，理解市场营销宏观环境和市场营销微观环境，掌握市场营销环境的分析方法。
- ✧ 理解不同市场角色的购买行为。
- ✧ 掌握明确和分析竞争者的方法。

能力目标

- ✧ 能够运用PEST分析法和SWOT分析法，科学地进行市场营销环境分析。
- ✧ 能够根据消费者购买决策过程进行营销决策。
- ✧ 能够分析竞争者的情况并做出反应。

素质目标

- ✧ 感受科技强国的力量，培养持续创新精神。
- ✧ 充分认识我国消费者市场的发展机遇，感受我国社会经济生活的转型发展。

任务一 分析市场营销环境

任务导入

格力电器的市场营销环境分析

近几年，就格力电器所处的市场营销环境而言，格力电器面对的主要风险包括以下几点。

（1）宏观经济波动风险。

格力电器产品覆盖消费品和工业制品两大领域，宏观经济变化影响消费者的收入和支出，影响企业战略收缩和扩张的决策，进而影响格力电器的市场营销活动。

格力电器的市场营销环境分析

（2）生产要素价格波动风险。

一方面，格力电器产品的原材料主要为各种等级的铜材、钢材、铝材和塑料等，主要原材料成本占主营业务成本的比例较高，原材料价格波动将对成本造成影响。另一方面，劳动力成本上升已成为经济发展的普遍现象，劳动力成本的增长，将对格力电器的毛利率产生不利影响。

（3）市场竞争加剧风险。

我国城镇化率逐步提高，大家电保有量明显提升，家电行业竞争日趋激烈。

（4）海外政治风险。

伴随着海外政治局势变动、贸易摩擦不断加剧和经济全球化的不确定性，格力电器的海外业务或将面临更多风险。

（5）汇率波动风险。

汇率波动可能削弱产品竞争力，为产品的出口带来不利影响，同时可能造成汇兑损失，增加财务成本。

面对复杂多变的市场营销环境和风险，格力电器应不断完善法人治理结构，提高规范运作水平，强化内部控制体系，有效预防和控制各类风险，确保公司持续、稳定、健康发展。

思考

市场营销环境包括哪些内容？格力电器的市场营销环境分析主要围绕哪些方面？格力电器面对的主要风险有哪些？企业应如何进行市场营销环境分析？

一、市场营销环境的概念和构成

市场营销环境是指影响和制约企业营销活动及经营目标的各种因素。市场营销环境是不断变化的，因此企业必须密切关注市场营销环境，及时分析和判断市场营销环境的变化，找到这些变化带来的市场机会和威胁，并采取有效的措施，从而达到最佳的营销效果。

市场营销环境包括市场营销宏观环境和市场营销微观环境两大类，它们之间不是并列关系，而是主从关系，市场营销微观环境受制于市场营销宏观环境。市场营销宏观环境和市场营销微观环境的主要内容如图 3-1 所示。

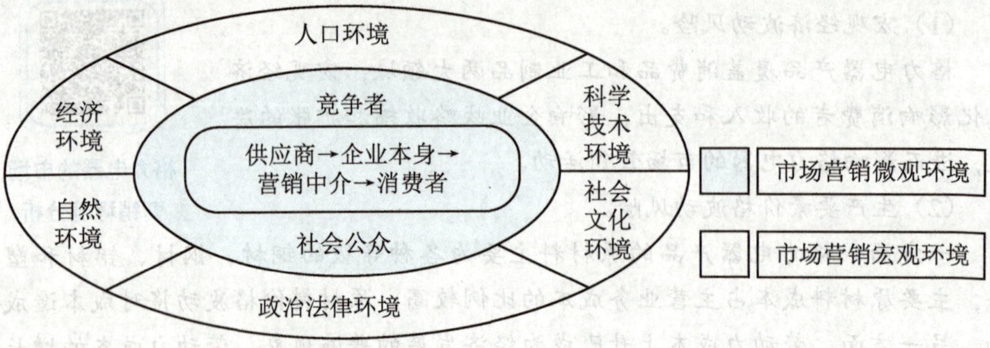

图 3-1　市场营销宏观环境和市场营销微观环境的主要内容

市场营销宏观环境是指各类企业生存和发展的共同空间，是由一些大范围的社会约束力量和因素构成的集合，包括人口环境、经济环境、自然环境、政治法律环境、社会文化环境和科学技术环境等因素。市场营销宏观环境一般以市场营销微观环境为媒介影响和制约企业的营销活动，又称“间接营销环境”，但在特定场合，也可直接影响企业的营销活动。

市场营销微观环境又称“直接营销环境”，是指与企业密切相关的、直接影响和制约企业营销活动的各种力量和因素的集合，包括供应商、企业本身、营销中介、消费者、竞争者和社会公众等因素。

二、市场营销宏观环境

（一）人口环境

人口是构成市场的首要因素。市场是由有购买欲望同时又有支付能力的人构成的，人口数量直接影响市场的潜在容量。因此，企业要进入市场，首先要分析人口环境。

1. 人口数量及其变化趋势

人口数量及变化趋势对消费需求有决定性的影响。一个国家或地区的总人口数量多少，是衡量市场潜在容量大小的重要因素。例如，我国是一个人口大国，我国人口总量约占世界人口总量的20%，因此我国是一个巨大的市场。

2. 人口结构

人口结构包括年龄结构、性别结构、民族结构、家庭结构、职业结构和受教育程度结构等。人口结构差异带来消费需求、购买习惯及购买行为的差异。例如，男性和女性在生理、心理和社会角色上的差异决定了他们不同的消费需求，而且两者的购买习惯和购买行为也不同。

课堂讨论

近年来，人口老龄化问题日益突出，举例说明人口老龄化带来了哪些市场机会及威胁？

3. 地理分布

地理分布指人口在不同地区的密集程度。人口地理分布主要受地理环境、气候条件、地形地貌、自然资源、经济发展、风俗习惯等因素的影响，进而作用于企业的市场营销活动。例如，不同地区的人口密集程度不同，则市场大小不同；风俗习惯不同，则市场需求特性不同。企业应把握人口环境，根据不同地区消费者的消费特点，提供不同的产品，制订不同的营销策略。

我国人口的地理分布极不平衡，第七次全国人口普查结果显示，东部地区人口占39.93%，中部地区人口占25.83%，西部地区人口占27.12%，东北地区人口占6.98%。但西部地区地域广大、资源丰富，因此在进行营销布局时，企业应结合自身特点进行综合考虑。

随着工业化和城镇化的发展，我国人口流动性日益增大，势必会对我国的商品市场带来革命性的影响。我国人口流动的主要特点为从农村迁往城市、从内地迁往沿海、从不发达地区迁往发达地区。大规模的人口流动，给市场带来了无限商机。

（二）经济环境

经济环境是企业市场营销活动的外部经济条件。市场规模的大小不仅取决于人口数量的多少，还取决于有效购买力的强弱。影响消费者购买力的经济因素主要有消费者收入与支出、消费者储蓄与信贷、经济发展状况等。

1. 消费者收入与支出

（1）消费者收入。

市场消费需求是指人们有支付能力的需求。仅仅有消费欲望，并不能创造市场。只有既有消费欲望，又有消费能力，才能具有现实意义。在研究收入对市场消费需求的影响时，通常需要注意以下几点：

① 人均国民收入是用国民收入总量除以总人口的比值。这个指标大体反映了一个国家人民生活水平的高低，也在一定程度上决定了一个国家人民的消费结构与消费水平。

② 个人可支配收入是在个人收入中扣除税款和非税性负担后所得余额，它是个人收入中可以用于消费支出或储蓄的部分，它决定了消费者的实际购买力。

③ 个人可任意支配收入是在个人可支配收入中减去用于维持个人与家庭生存必不可少的费用后剩余的部分，这部分收入主要用于满足人们基本生活需要之外的开支，它是影响非生活必需品及服务市场规模的主要因素。

④ 家庭收入的高低会影响很多产品市场需求的大小，因为很多产品是以家庭为基本消费单位的。一般来讲，家庭收入越高，对消费品需求越大，购买力也越大；反之，需求越小，购买力也越小。

（2）消费者支出。

消费者的支出模式和消费结构在很大程度上受消费者收入水平、所属生命周期的阶段和居住地等一系列因素的影响。一般情况下，消费者收入越高，其生活消费的支出比重越低，用于教育、保健、娱乐等方面的支出比重越高。此外，在生命周期的不同阶段，消费者衣、食、教育等方面的支出往往不同；居住地不同，消费者住宅、交通、食品等方面的支出也不相同。

营销视野

恩格尔定律

19世纪德国统计学家恩格尔根据统计资料，对消费结构的变化得出一个规律：一个家庭的收入越少，家庭收入中（或总支出中）用来购买食物的支出所占比重越大；随着家庭收入的增加，家庭收入中（或总支出中）用来购买食物的支出份额则会下降。

2. 消费者储蓄与信贷

储蓄，即一个国家或地区在一定时期内国民收入中未被消费的部分，它相当于国民收入的积累额。

消费者储蓄是指居民个人在银行或其他金融机构的存款，是个人货币收入减去消费支出后存入银行或其他金融机构的部分。同等收入水平下，较高储蓄率会推迟现实的消费支出，提高潜在的购买力。我国储蓄率较高，因此我国市场潜力巨大。

消费者信贷是指消费者凭信用先取得产品使用权，然后按期归还贷款以购买产品的信贷形式。消费者信贷有助于刺激消费需求、引导经济增长，其主要形式有短期赊销、分期付款、信用卡消费等。我国消费者信贷虽起步较晚，但发展迅速，应用广泛。

3. 经济发展状况

一个国家或地区的宏观经济发展情况、所处的经济周期、通货膨胀情况等因素在一定程度上影响着市场消费需求。一般而言，在宏观经济运行良好的条件下，消费需求会呈现不断攀升的趋势；在宏观经济运行恶化的背景下，消费需求往往会呈现出下滑的态势。

（三）自然环境

从市场营销的角度看，自然环境是指影响企业市场营销活动的自然因素的集合。自然环境的发展变化，既可能给企业带来市场威胁（资源短缺、能源成本上升、环境治理成本增加等），又可能为企业创造市场机会（新能源、新材料、绿色环保等新兴产业）。因此，自然环境是企业营销活动不可忽视的影响因素。许多国家对自然环境的管理力度也日益加大，从长期来看，自然环境应包括自然资源状况、生态环境和环境保护等方面。

（四）政治法律环境

1. 政治环境

政治环境是指影响企业市场营销活动的外部政治形势、国家方针政策等各种政治因素。其中，外部政治形势包括国际方面的政治干预、政治冲突和国内政治形势；国家方针政策包括财政政策、货币政策、价格政策、汇率政策、进出口关税税率政策、资本和技术引进政策等。政治环境引导着企业市场营销活动的方向，稳定的政治环境会给企业创造一个良好的营销环境。

营销视野

政治干预和政治冲突

（1）政治干预主要表现为政府通过采取政策措施限制外来企业及产品进入本国市场，如进口限制、外汇控制、绿色壁垒（政府为了保护环境而直接或间接地限制外来企业及产品，甚至禁止贸易）等。

（2）政治冲突主要指重大国际事件和突发性事件。即使在以和平与发展为主流的时代，这类冲突也从未绝迹，其往往意味着巨大的机会或威胁。

2. 法律环境

法律环境是指国家和地区制定的与企业市场营销活动有关的各种法律法规等因素的

集合，是企业经营活动的行为准则。在市场营销过程中，企业应研究并熟悉法律环境，以法律法规为准绳，在保证严格依法经营和运用法律手段保障自身权益的同时，积极地对法律环境影响下的市场需求及其走势进行预测。

（五）社会文化环境

社会文化环境是指在一种社会形态下已形成的语言文字、价值观念、消费习俗和审美观念等被社会所公认的各种行为规范的集合。社会文化环境主要通过影响消费者的思想和行为来间接地影响企业的营销活动。在开展营销活动前，企业应先分析、研究和了解社会文化环境，然后针对不同的社会文化环境制订不同的营销策略。

1．语言文字

语言是人类交际与沟通的工具，要想进入某个市场，就必须掌握市场所在地区的语言。市场营销人员不仅要通晓当地的语言，还要理解其深层的文化内涵。

2．价值观念

价值观念是指生活在某一社会文化环境下的人们对社会生活中各种事物的态度和看法。不同的社会文化环境下，人们的价值观念相差很大。消费者对产品的需求和购买行为深受价值观念的影响，对于不同价值观念的客户群体，企业应采取不同的营销策略。

3．消费习俗

消费习俗是指人们在长期的经济与社会活动中所形成的消费方式与习惯。消费习俗往往受国家或地区的民族文化传统与风俗习惯的影响，并对消费者的消费偏好、消费模式、消费行为等具有重要的影响。企业应分析、研究和了解不同国家、民族的消费习俗，这是企业做好营销尤其是全球营销的重要前提。

4．审美观念

审美观念是指人们对于美的感知、理解和评价，也就是一种审美标准。在市场营销中，审美观念可理解为人们对产品的好坏、美丑和喜恶的评价标准。不同时代、不同国家、不同民族、不同地域及具有不同文化素养的人有着不同的审美观念。因审美观念的不同而形成的消费差异更是多种多样。因此，企业应把握消费者审美观念及其变化趋势，制订有效的营销策略以适应市场需求的变化。

（六）科学技术环境

科学技术环境是指影响企业市场营销活动的科学技术因素的集合。科学技术是第一生产力。作为市场营销环境的一部分，科学技术环境不仅直接影响企业内部的生产和经营活动，还与其他市场营销环境因素相互作用，影响企业的市场营销活动。

1．科技发展改变零售业态形式和消费者的购物习惯

科技的飞速发展正深刻地重塑着零售业态的形式，并悄然改变着消费者的购物习

惯。从传统的实体店购物到如今风靡的网络购物、无人零售、虚拟现实试衣间等新兴模式，科技不仅为消费者提供了更加便捷、个性化的购物体验，还极大地丰富了零售场景，使得购物不再受时间和空间的限制。同时，大数据分析、人工智能推荐等技术的应用，也让企业能够更精准地把握消费者需求，实现精准营销和服务优化，进一步推动了零售行业的转型升级。

2. 科技发展影响企业营销组合策略的创新

科技的飞速发展使新产品不断涌现，产品生命周期明显缩短，要求企业必须关注新产品的开发，加速产品的更新换代。此外，科技的飞速发展促进流通方式的现代化。因此，企业应不断分析科技发展对企业市场营销活动的影响，创新营销组合策略，适应市场营销的新变化。

三、市场营销微观环境

在市场营销微观环境中，企业本身、供应商和营销中介共同构成了企业的核心营销系统。该营销系统与消费者、竞争者和社会公众关系密切。

（一）企业本身

企业开展营销活动，必须设立某种形式的营销部门。营销部门不是孤立存在的，要面对企业其他职能部门（如采购部门、生产部门、项目部门、技术部门和财务部门等）及高层管理部门。

营销部门在制订营销计划时，不仅要考虑企业外部环境力量，还要考虑企业内部环境力量。首先，要考虑高层管理部门的意图，以企业战略目标为依据制订营销计划，并报高层管理部门批准后执行；其次，要考虑其他职能部门的情况，并与之密切协作，共同研究制订与实施营销计划。

课堂讨论

某企业领导说：“营销是龙头，产品生产是基础。”

你认为这句话对吗？和同学们讨论，说一说自己的看法。

（二）供应商

供应商是指向企业和竞争者提供生产经营所需的原材料、能源、设备、劳务和资金等生产要素的企业或个人。供应商提供的资源是否充足，决定着企业的生产和经营能否正常进行；供应商提供的资源价格是否合理、质量是否完好，决定着企业的产品成本与价格的高低。

企业与供应商之间既存在合作关系，又存在竞争关系。其中，合作关系主要表现在供应商向企业提供各种资源；竞争关系主要表现在交易条件方面的竞争。例如，当某种资源供不应求时，供应商就处于优势地位，其会提出对己方更有利的交易条件。再如，某连锁商超企业不断拓展市场，获得了对零售渠道的强大控制力，因此，当该连锁商超企业要求降低供货价格时，供应商只能被动接受。

企业应密切关注各类生产要素的来源、质量和价格变化趋势，与重要的供应商建立长期稳定的供销关系，以防发生原材料短缺、质量下降、价格上涨等突发情况。企业还应从多家供应商采购，使供应商之间形成竞争，这样不仅可以扩大企业的选择余地，还可以避免企业受到单一供应商的牵制。企业除和供应商保持良好的合作关系，并开拓更多的供应渠道使供应商之间形成竞争外，还可以采取后向一体化战略，兼并或收购供应商，牢牢把握生产要素的控制权。

营销视野

纵向一体化战略

纵向一体化战略是企业在两个可能的方向上扩展现有经营业务的一种发展战略，它包括前向一体化战略和后向一体化战略。

（1）前向一体化战略是指企业通过获得分销商或零售商的所有权或增强对其控制来谋求发展的战略。前向一体化战略有利于企业控制和掌握市场，增强对消费者需求变化的敏感性，提高企业产品的市场适应性和竞争力。当企业现有销售商的销售成本较高或者可靠性较差而难以满足企业的销售需要时，或者企业所在产业的增长潜力较大，或者企业具备前向一体化所需的资金、人力资源等，又或者销售环节的利润率较高，在这些情形中，适合采用前向一体化战略。

（2）后向一体化战略是指企业通过获得供应商的所有权或增强对其控制来谋求发展的战略。后向一体化战略有利于企业有效控制关键原材料等生产要素的投入成本、质量及供应可靠性，确保企业生产经营活动稳步进行。当企业现有的供应商供应成本较高或者可靠性较差而难以满足企业对生产要素的需求时，或者企业所在产业的增长潜力较大，或者企业具备后向一体化所需的资金、人力资源等，或者供应环节的利润率较高，又或者供应商数量较少而需求方竞争者众多，在这些情形中，适合采用后向一体化战略。

（三）营销中介

营销中介是指协助企业推广、销售和分配产品给最终消费者的个人或组织。在现代市场经济条件下，商品经济越来越发达，社会分工越来越细，营销中介的作用也越来越突出。在营销活动中，企业应处理好与营销中介的关系。营销中介一般包括以下4种类型。

1. 中间商

中间商是指协助企业寻找消费者或直接与消费者交易的商业组织。它们是产品从生产领域流向销售领域的重要媒介。因此，中间商的选择至关重要。

中间商可分为代理中间商和经销中间商。其中，代理中间商没有产品所有权，只是向企业介绍客户或与客户进行磋商交易。经销中间商拥有产品所有权，其先购买产品，再出售产品并从中获利。中间商的类型如表3-1所示。

表3-1 中间商的类型

类型		主要业务	特点
代理中间商	企业代理商	与企业签订代理合同，负责代理销售企业的产品并提取佣金	一个企业可以同时选择多个企业代理商；一个企业代理商也可以同时为多个提供非竞争产品的企业服务
	销售代理商	与企业签订独家代理合同，负责代理销售企业的产品并提取佣金	有独家代理权；对产品的定价、销售范围等具有较大的决定权
	寄售商	与企业签订代理合同，负责经营现货代销业务	需要自设仓库，保证有现货；需要开拓新市场，处理滞销产品
	经纪商	专门负责为买卖双方牵线搭桥，从中赚取佣金	起到牵线搭桥的作用，可同时从买卖双方获得佣金
经销中间商	批发商	向企业购进产品，再转售给经营性客户	服务于生产者和转卖者，交易量大，交易频率低
	零售商	将产品直接销售给最终消费者	服务于最终消费者，交易量小，交易频率高

2. 物流服务机构

物流服务机构主要是指为企业提供产品储存及运输服务的仓储物流公司。现代企业对物流提出了更高的要求，更加强调物流服务的信息化、自动化、网络化、智能化和柔性化，以满足企业营销活动中对物流高效性、合理性和系统性的需求。

3. 营销服务机构

营销服务机构主要是指为企业提供营销服务的各种机构（如各种营销调研机构、营销咨询机构和广告传媒机构等）。它们协助企业进行市场选择和定位，与消费者进行有效沟通，促进市场推广。企业应关注、分析这些营销服务机构，选择与本企业的营销方案相适应且能为本企业提供有效服务的机构。

4. 金融服务机构

金融服务机构主要是指为企业营销活动提供融资及保险等服务的各种金融机构（如

银行、信贷公司和保险公司等）。在现代化社会中，任何企业都要通过金融机构实现经营业务往来，金融机构业务活动的变化还会影响企业的营销活动。例如，金融机构会对信用较差的企业采取上调银行贷款利率、上调保险金额、限制信贷来源等措施，这些措施会对企业的营销活动造成严重的负面影响。因此，企业应注意维护自身的信用，获得金融机构的信任，并与之建立良好的合作关系。

（四）消费者

消费者是企业的服务对象，更是企业营销活动的出发点和归宿。企业所有营销活动本质上都是围绕消费者需求展开的，其根本就在于创造需求、发现需求、满足需求。因此，消费者是企业最重要的环境因素，企业应制订与消费者需求、消费水平、消费习惯等相适应的营销策略。

（五）竞争者

市场竞争无处不在，除来自本行业的竞争外，还有来自替代品生产者、潜在加入者、供应商和客户等力量的竞争。企业在开展市场营销活动时，应时刻关注竞争者的动态，做到知己知彼，采取适当的竞争战略，扬长避短，以获取竞争优势。

（六）社会公众

社会公众的类型

社会公众是指与企业有实际或潜在利害关系，同时影响企业营销活动的团体或个人。社会公众与企业的关系及对企业所持的态度将直接或间接地影响企业营销活动。企业应着眼于长远发展，采取积极措施，在社会公众中树立良好形象，并保持与社会公众的良好关系，为企业的发展铺平道路。

四、市场营销环境的分析方法

市场营销环境对企业营销活动具有重大的影响。分析市场营销环境时，企业需要先对外部环境进行调查研究，明确其现状和变化趋势，然后找出对企业发展有利的机会及可能存在的威胁，从而根据自身的条件制订相应策略。常用的市场营销环境分析方法有 PEST 分析法和 SWOT 分析法。

（一）PEST 分析法

PEST 分析法是一种广泛使用的分析企业外部宏观环境的方法。它主要是对政治（political）、经济（economic）、社会（social）和技术（technological）这四大类影响企业的主要外部环境因素进行分析。

1. 政治环境

政治环境分析主要分析企业市场营销活动的外部政治形势如何、国家发布的相关方针政策及法律法规有哪些等方面的问题，一般情况下，企业主要据以制订合理的营销战略和计划。

2. 经济环境

经济环境分析主要分析企业所处的宏观经济环境如何、消费者收入与储蓄水平如何、消费者支出模式和消费结构有哪些特点等方面的问题，一般情况下，企业主要据以确定市场规模及目标市场。

3. 社会环境

社会环境分析主要分析人口规模的大小、人口结构及地理分布有哪些特点、消费者价值观念及消费习俗等社会文化背景的差异等方面的问题，一般情况下，企业主要据以制订营销组合策略。

4. 技术环境

技术环境分析主要分析与企业市场营销活动相关的新技术、新工艺、新材料的出现和发展趋势及应用前景，一般情况下，企业主要据以调整企业发展战略和营销计划。

（二）SWOT 分析法

SWOT 分析法又称“态势分析法”，是根据企业自身条件进行分析，找出企业的优势（strength）、劣势（weakness）、机会（opportunity）和威胁（threat）的企业战略分析方法。SWOT 分析法常常用于制订企业发展战略和分析竞争对手情况，帮助企业管理者分析形势，为企业管理者做出正确的决策提供支持。

SWOT 分析法的应用步骤如下。

1. 分析市场营销环境因素

分析人员应运用各种调查研究方法，分析企业所处的各种市场营销环境因素，即外部环境因素和内部环境因素。外部环境因素包括机会因素和威胁因素，它们是外部环境对企业发展有直接影响的有利和不利因素，属于客观因素。内部环境因素包括优势因素和劣势因素，它们是企业在其发展中自身存在的积极和消极因素，属于主观因素。

在调查分析这些市场营销环境因素时，不仅要考虑到历史与现状情况，还要考虑未来发展趋势。

2. 构建 SWOT 分析矩阵

在对市场营销环境进行分析时，分析人员将市场营销环境因素按重要程度排序，构建 SWOT 分析矩阵，如图 3-2 所示。

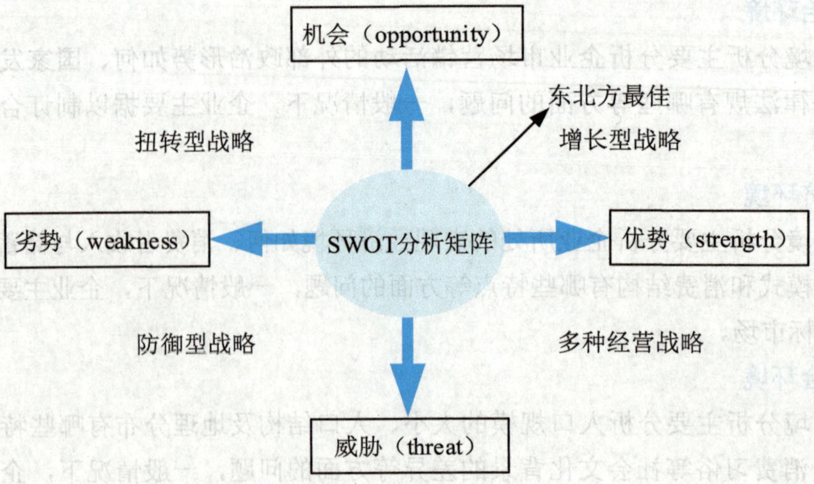

图 3-2　SWOT 分析矩阵

从整体上看，SWOT 分析矩阵可以划分为以下 4 种组合分析策略：

（1）优势—机会（SO）组合是指企业内部优势与外部机会相适应的情况。在这种情况下，企业应采取增长型战略，依靠内部优势去利用外部机会，将两者充分结合，以寻求更好的发展。

（2）优势—威胁（ST）组合是指企业受到外部威胁的影响，无法发挥自身优势，出现“优势不优”的局面。在这种情况下，企业应采取多种经营战略，克服外部威胁，将竞争对手困于自身的“优势区”。

（3）劣势—机会（WO）组合是指企业存在内部劣势，导致无法有效利用外部机会的情况。在这种情况下，企业应采取扭转型战略，努力将内部劣势转化为优势，从而适应外部机会。

（4）劣势—威胁（WT）组合是指企业内部劣势和外部威胁同时存在的情况。在这种情况下，企业面临着严峻挑战，如果处理不当，将直接威胁企业的生存，因此，企业此时应采取防御型战略，避免直面竞争对手。

3. 制订企业发展战略

在完成市场营销环境因素分析和 SWOT 分析矩阵的构建后，便可以制订出相应的发展战略。制订企业发展战略的基本思路：考虑过去、立足当前、着眼未来，发挥优势因素，克服劣势因素，利用机会因素，化解威胁因素，从而找出对企业未来发展最有利的对策。

任务实施

利用 SWOT 分析法分析某企业的市场营销环境

任务要求

利用 SWOT 分析法分析某企业的市场营销环境，掌握市场营销环境的分析内容和分析方法。

任务流程

（1）学生分组：全班学生以 5～8 人为一组进行分组，每组选出一名成员担任本组的组长。

（2）展开分析：以小组为单位，选择某一企业，小组成员通过在线搜集资料、实地调研等方式，调研该企业所处的市场营销环境，利用 SWOT 分析法分析该企业的市场营销环境。

（3）分析总结：每位同学根据分析情况进行总结，并将表 3-2 填写完整。

表 3-2　某企业的市场营销环境分析

企业名称	
优　势	
劣　势	
机　会	
威　胁	

（4）展开讨论：以小组为单位，讨论下列问题。

① 本组所选企业在所处的市场营销环境中，存在哪些优势、劣势、机会和威胁？

② 结合 SWOT 分析矩阵划分的组合分析策略，你认为本组所选企业适合采取什么策略？

（5）进行分享：以小组为单位整理相关资料并制作 PPT，各组分别派代表在课堂上进行分享。分享结束后，同学们交流讨论，教师点评。

任务二 分析市场购买行为

任务导入

云南白药牙膏的成功

云南白药牙膏，一支特立独行的牙膏，以其超凡的胆识和魄力、势如破竹的姿态，在我国牙膏市场掀起了一场史无前例的风暴。云南白药牙膏的成功主要可以归因于以下两点。

（1）消费者需求的变化。

近年来，随着我国消费群体口腔健康意识的提升及消费观念的转变，消费者越来越重视口腔护理，带动了我国牙膏市场的快速发展。此外，随着我国经济的不断增长与人们收入水平的不断提高，以及消费主力人群更加年轻化，消费者对牙膏的要求已不再止步于清洁牙齿、清新口气，而是逐渐转向设计、口感、成分、特色等。

云南白药牙膏的成功

由消费趋势驱动，目前我国牙膏市场迎来了新一轮的大革新，市场争夺战愈演愈烈，各大牙膏厂商不断推出新功能、新产品。在激烈的角逐下，功效型牙膏尤其是中草药牙膏受到了广大消费者的青睐。

（2）云南白药牙膏的商机。

云南白药牙膏依托于云南白药集团医药行业的背景，从牙齿问题的预防到治疗等方面进行宣传，直击消费者的内心，很快引起了消费者的共鸣，迅速成为国内消费者最喜爱的牙膏品牌之一。

目前，云南白药牙膏已经成为云南白药集团的重要支柱产业之一。近年来，云南白药牙膏净利润占云南白药集团总利润的比例较高，可以说云南白药牙膏已经是云南白药集团的利润“奶牛”。

思考

如何科学合理地进行消费者购买行为分析？云南白药牙膏的成功主要取决于什么？

一、消费者市场购买行为分析

消费者市场又称“消费品市场”“最终产品市场”“生活资料市场”，是指为了满足生活需要而购买产品或服务的个人和家庭的总和。消费者市场是整个市场体系的基础，所有其他市场都由它派生出来。因此，现代市场营销理论把消费者市场当作主要研究对象。

营销视野

消费者市场的特点

(1) 多样性和差异性。消费者市场购买者是受众多因素影响的个人或家庭，因而市场需求呈现出多样性和差异性的特点。随着人们消费购买力的不断提高，人们更加注重个性选择、个性消费，需求愈加多样化且需求差异有不断扩大的趋势。企业应密切关注市场变化，在市场细分的基础上准确选择目标市场，开展有效的营销活动，满足目标顾客的消费需求。

(2) 分散性。从交易的规模和方式看，消费者市场购买者众多，市场分散，交易次数频繁，但交易数量零星。企业应特别注意分销渠道的选择、设计及管理，以方便消费者购买。

(3) 非专业性和可诱导性。消费者对产品知识、价格知识和市场知识缺乏了解，其购买行为属非专业性购买。此外，消费者的购买行为具有自发性、可诱导性，易受周围人员、广告、推销人员和促销推广等的影响。因此，企业应明晰产品定位和产品特征，做好广告宣传和促销推广，从而达到有效引导消费者购买行为的目的。

(4) 关联性和替代性。关联性是指销售一种产品时可能带来其他相关产品的销售；替代性是指一种产品销售量的增加可能导致另一种产品销售量的减少，替代性产品具有逆向关联性。企业应研究消费需求的关联性和替代性，以帮助企业选择目标市场，确定营销战略。

（一）消费者购买行为的分析内容

消费者购买行为的分析内容可简单概括为“5W1H”，即“购买主体（who）”“购买客体（what）”“购买动机（why）”“购买时间（when）”“购买渠道（where）”“购买方式（how）”。

1. 购买主体（who）

分析购买主体就是分析谁是购买者，市场由谁构成，他们的需求是什么，具有哪些购买行为特征等。研究这些问题有助于企业进行市场细分和确定目标市场，并根据消费者的年龄、性别、职业、收入等的差异有针对性地制订市场营销策略。

在有些产品的购买过程中，涉及的人往往不止购买者一人，而是由多人参与组成的一个购买决策单位，他们共同影响着产品的购买。具体来说，消费者在购买行为中的角色包括以下 5 种：发起者（首先提议购买某产品的人）、影响者（对产品购买有直接或间接影响的人）、决策者（最后做出购买决定的人）、购买者（实际购买产品的人）和使用者（实际使用产品的人）。

一般情况下，决策者是最重要的，企业应针对决策者制订市场营销策略、开展市场营销活动。此外，市场营销人员应善于分析每一个参与者在购买行为中所扮演的角色和所起到的作用，从而更有效地实现产品的销售。

2．购买客体（what）

分析购买客体就是分析消费者的购买对象，即分析消费者购买什么产品。社会上的产品种类繁多，按消费者的消费习惯划分，产品可以分为便利品、选购品、特殊品、非寻求品 4 大类。

（1）便利品又称“日用品”，是指消费者为了满足生活基本所需，价格较便宜且需重复购买的产品，如食品、饮料等。消费者在购买这类产品时，一般不愿意花太多时间比较价格和质量，愿意接受其他替代品，多选择就近购买。因此，生产经营便利品的企业应注意分销的广泛性，以便消费者能及时就近购买。

（2）选购品是指价格比便利品要贵、消费者购买时愿意花较多时间对同类产品进行比较后才决定购买的产品，如家电、家具等。消费者在购买时，要对同一类型的产品从价格、质量、款式、性能等方面进行比较，然后做出购买决策。生产经营选购品的企业应提高产品性价比，以提高产品的市场竞争力。

（3）特殊品是指消费者对其有特殊偏好并愿意花较多时间和精力去购买的产品，如珠宝、高档家具等。选购品侧重的是产品之间的比较，而特殊品侧重的是对某种产品的钟爱，可能是对某种品牌或某种产品性能、特征等的偏好。消费者购买特殊品前，往往对这些产品已经有了一定的认识，偏爱特定的品牌，在特定品牌之间比较选择，不愿意接受替代品。因此，生产经营特殊品的企业应注意品牌培育，扩大本企业产品的知名度。

（4）非寻求品又称“非渴求品”，是指消费者不了解或虽然了解但一般情况下也不会主动购买的产品，如创新产品等。非寻求品并不是终身不变的，随着消费者对产品信息的了解，它可以转换为其他类别的产品。

3．购买动机（why）

购买动机是驱使消费者实施购买行为的直接动力。没有购买动机，就没有购买行为。因此，企业应准确把握消费者的购买动机，了解消费者购买行为的内在规律，以开发适销对路的产品，扩大产品市场占有率。

消费者常见的购买动机有以下 7 种情况：

（1）求实动机，是指消费者以追求产品的使用价值为主导倾向的购买动机。在这种动机支配下，消费者在选购产品时，特别重视产品的实际耐用、经济实惠、使用方便，而不大追求产品的外形美观、色调及包装设计等。

（2）求新动机，是指消费者以追求产品的时尚、新颖、奇特为主导倾向的购买动机。在这种动机支配下，消费者选择产品时，特别注重产品的款式、色泽、流行性、独特性与新颖性，相对而言，产品的耐用性、价格等成为次要的考虑因素。

（3）求美动机，是指消费者以追求产品欣赏价值、艺术价值和表现价值为主导倾向的购买动机。在这种动机支配下，消费者选购产品时，特别重视产品的造型、色调、包装等因素，讲究产品的造型美、包装美和艺术美。求美动机的核心是讲求赏心悦目，注重产品的美化作用和美化效果。

（4）求名动机，是指消费者以追求名牌、高档产品，借以显示或提高自己的身份、地位而形成的购买动机。

（5）求廉动机，是指消费者以追求产品的价格低廉为主导倾向的购买动机。在求廉动机的驱使下，消费者选择产品以价格为第一考虑因素。

（6）求便动机，是指消费者以追求产品购买和使用过程中的省时、便利为主导倾向的购买动机。在求便动机支配下，消费者对时间、效率特别重视，对产品本身则不甚挑剔。他们特别关心能否快速方便地买到产品，讨厌过长的等候时间和过低的销售效率，对购买的产品要求携带方便，便于使用和维修。

（7）模仿或从众动机，是指消费者在购买产品时不自觉地模仿他人的购买行为而形成的购买动机。具有模仿或从众动机的消费者，其购买行为受他人影响较大。

4. 购买时间（when）

分析购买时间就是分析消费者什么时候购买产品。消费者的购买时间具有一定的规律性。例如，节假日往往是日常消费品的销售高峰期。因此，企业应准确把握消费者购买行为的时间规律，以适当调整营销策略，在合适的时间建立临时分销渠道，集中力量开展营销工作，以达到最佳的营销效果。

5. 购买渠道（where）

分析购买渠道就是分析消费者到何处去购买产品。对于生活消费品，消费者通常会就近购买或网购；对于高价耐用的产品，消费者通常会到大型商场购买。因此，企业应合理布局销售渠道，方便消费者购买。

6. 购买方式（how）

分析购买方式就是分析消费者选择什么方式去购买产品。例如，是选择现场购买还是网络购买，是选择现金支付还是网络支付等。企业应尽可能地拓宽营销渠道，并提供灵活多样的支付方式以更好地为消费者服务。

（二）影响消费者购买行为的因素

影响消费者购买行为的因素有很多，主要包括以下4个方面。

1. 文化因素

文化因素对消费者行为具有最为广泛和深刻的影响，它是影响消费者购买欲望和购买行为的最根本的决定因素。文化对消费者行为的影响表现为不同文化背景的消费者在消费价值观、消费习俗和习惯等方面的差异。因此，企业应充分了解现实及潜在消费者的文化背景，制订适合其特点的营销策略，满足其消费需求。

辉煌中国

中国消费者市场发展机遇

党的二十大报告提出，“着力扩大内需，增强消费对经济发展的基础性作用和投资对优化供给结构的关键作用”“增强国内大循环内生动力和可靠性”，这为消费者市场提供了强大信心和新的发展机遇。未来10年，我国经济发展将集中出现一些新的结构性变动因素，这将成为促进消费增长的主要动力。收入水平提高及中等收入群体持续扩大，将成为消费提质扩容的主导力量；人口年龄及家庭结构变化，将促使消费需求不断细分；城市化高质量发展，将进一步扩大和重塑消费增长空间；数字技术深入普及，将使消费创新发展的动力日益增强；绿色生活方式加快培育，将为消费绿色转型开辟新空间。

2. 社会因素

社会因素是指对消费者购买行为产生影响的相关群体、社会阶层等一系列因素的总称。

（1）相关群体。

相关群体是指能直接或间接影响消费者的态度、行为和价值观的群体。相关群体可分为3类：① 首要群体，即对消费者的购买行为产生直接和主要影响的群体，如家庭成员、亲朋好友、邻居或同事等；② 次要群体，即对消费者购买行为发生间接影响的群体，如消费者所参加的工会、职业协会等各种社会团体；③ 期望群体，消费者并不属于这一群体，但这一群体成员的态度和行为对消费者有着很大影响，如社会名流、影视明星、体育明星等。

相关群体对消费者购买行为的影响主要有3个方面：① 影响消费者的生活方式，进而影响其购买行为；② 引起消费者的购买欲望，从而促成其购买行为；③ 影响消费者对产品品牌及商标的选择。因此，企业在市场营销中，应充分利用相关群体的影响，尤其是相关群体中的“意见领袖”的示范作用。

（2）社会阶层。

社会阶层是指一个社会按其社会准则将其成员划分为相对稳定的不同类别或层次。消费者所处的社会阶层不同，他们的生活方式、消费习惯和价值观念有着很大的差别，这些差别必然会影响消费者的购买行为。

3. 个人因素

消费者购买决策也受其个人因素的影响，特别是受其年龄与家庭生命周期、职业与受教育程度、经济状况、生活方式、个性及自我观念的影响。在当前“以消费者为中心”的时代，谁真正了解消费者，拥有消费者并有效地服务于消费者，谁就能在竞争中赢得先机。因此，企业应直接与消费者建立个人联系，了解不同消费者的消费偏好，捕捉消费者需求及其变化趋势，从而为消费者提供个性化服务。

（1）年龄与家庭生命周期。

处于不同年龄阶段或所属家庭处在不同的生命周期的消费者，消费欲望和偏好都会有所不同。例如，年轻人和中老年人在消费观念、消费习惯、消费方式等很多方面都表现出较大的差异。

（2）职业与受教育程度。

职业与受教育程度实际上是社会阶层因素在个人身上集中的反映。从事不同职业及受过不同程度教育的人会产生明显的消费行为差异。

（3）经济状况。

不同经济状况决定不同的购买能力和消费水平。所以，一个人的经济状况会影响其对产品的选择。

（4）生活方式。

生活方式是消费者在成长过程中在与社会诸因素相互作用下所表现出来的活动、兴趣和态度模式，是一个人在成长过程中综合形成的一种反应。不同生活方式的消费者对需求会有很大不同。

（5）个性及自我观念。

个性指一个人的心理特征。一个人的个性影响着其消费需求和其对市场营销因素的反应。例如，性格外向的人易对新产品感兴趣，往往成为新产品的使用者；性格保守的人则易成为品牌的忠实消费者。

自我观念可以定义为消费者个体对自己的整体看法和态度，消费者自我观念在消费行为中起着相当重要的作用。在自我观念的引导下，消费者的消费生活方式与消费者的自我观念系统结构之间存在着相互对应关系。例如，消费者的自我观念会影响消费者的购买行为，而消费者又通过购买、拥有和消费的产品和品牌来延伸和强化消费者的自我观念。

因此，对于企业而言，应创建具有与其目标消费群体相近个性的、能够得到消费者认同的产品和品牌，从而引起消费者情感共鸣，拉近品牌与消费者之间的距离，增强消费者购买欲望。

4. 心理因素

消费者购买行为受感觉、动机、学习、信念及态度等心理因素的影响。心理因素是一个相当复杂的因素，它对消费者购买行为的影响也相当复杂。在市场营销活动中，企业应尽可能地调动消费者的感觉、捕捉消费者动机、优化消费者学习过程，帮助消费者确立起对本企业及产品的良好信念和态度。

（1）感觉。

感觉是指视觉、听觉、嗅觉、味觉、触觉 5 种感官对刺激物的反应。消费者对产品或服务的感觉不一样，就会产生不同的购买行为，随着感觉的深入，消费者会提高其购买意愿。因此，企业的广告宣传和促销手段等应尽可能地调动消费者的感觉器官，从而促进消费者的购买行为。

（2）动机。

消费者的购买动机产生于某种尚未得到满足的需要。需要是消费者购买行为的最初原动力，而动机是消费者购买行为的直接驱动力。因此，企业须研究消费者的需要和购买动机，从而促进消费者的购买行为。

（3）学习。

学习是指消费者在购买和使用产品的实践中，逐步获得和积累经验，并根据经验调整购买行为的过程。例如，消费者购买了某一企业的产品后，如果他使用时感到满意，就会经常使用并“强化”对它的反应，可能会向朋友推荐或会购买同一企业的其他产品；反之，如果他使用时感到失望，以后就不会再购买该企业的产品。因此，企业为了扩大某种产品的需求，应反复提供强化诱发购买该产品的提示物，尽量使消费者购买后感到满意从而强化其积极的反应。

消费者购买行为的分析模式

（4）信念。

信念是指消费者对某种产品的看法和评价，它对消费者的购买行为具有总体导向及驱动作用。例如，消费者在购买和使用某企业产品的过程中，对该企业产品形成了良好的信念，这就会促使其成为该企业产品的坚定购买者。因此，企业应通过有效的营销措施帮助消费者确立起对本企业及产品的良好信念。

（5）态度。

态度是指消费者对某一产品所持有的评价和行为倾向，是认知、情感和意向的统一体。态度具有稳定性，一旦形成往往很难改变。消费者对某一企业产品的态度一经形成，以后就倾向于根据该态度做出相同的购买决策，不愿再费心去比较、分析、判断。因此，企业应通过持续改进产品及服务质量以维持消费者对其产品的肯定态度。

（三）消费者购买行为的类型

消费者参与和品牌差异是消费者购买行为的调节因素，会导致消费者购买行为表现为不同类型。

营销视野

消费者参与和品牌差异

（1）消费者参与是指购买者对某一产品、品牌、事物、事件或行为的重要性与自我的相关性的认识。如果消费者认为其相关性高，则称为高度参与；反之则称为低度参与。在产品价格昂贵、消费者缺乏产品知识和购买经验、购买决策风险大和高度自我表现性的情况下，会发生高度参与购买行为；反之则发生低度参与购买行为。例如，普通消费者对于房屋、汽车和名贵手表等产品高度参与；对于肥皂、毛巾和脸盆等产品低度参与。

（2）品牌差异是指消费者所感受到的同类产品不同品牌之间在质量、性能、款式、包装、服务、价值等方面的差异。与其他品牌存在显著差异的产品称为差异化产品，无差异或差异较小的产品称为同质化产品。需要注意的是，同类产品不同品牌之间是否存在差异以消费者的感受作为判断标准。即无论品牌之间实际是否有差异，只有消费者认为品牌之间有差异，才会表现出不同的参与度和购买行为。因此，企业应通过多种营销方式广泛宣传，让消费者明确认知本企业品牌与其他品牌之间具有显著的差别优势。

根据消费者的参与程度和品牌差异程度，将消费者购买行为类型划分为以下 4 类，如表 3-3 所示。

表 3-3　消费者购买行为类型

品牌差异程度	消费者参与程度	
	高	低
大	复杂购买行为	寻求多样化的购买行为
小	减少失调感的购买行为	习惯性购买行为

1. 复杂购买行为

如果消费者属于高度参与，并且了解现有同类产品不同品牌之间具有显著差异，则会产生复杂购买行为。即在市场上品牌较多，消费者认为产品差异明显但对产品不够熟悉，且产品一般是价格昂贵、购买频率不高的大件耐用消费品的情况下，消费者愿意花费较多的时间和精力去完成购买决策过程各个阶段的一种购买行为。消费者一般会在此基础上建立品牌认同，形成对品牌的好感，最后谨慎地购买。

针对这类购买行为，企业应制订策略帮助消费者深入了解产品，利用多种营销方式广泛宣传本品牌产品的差异优势，从而影响消费者的最终购买决策，简化购买过程。

2. 寻求多样化的购买行为

如果消费者属于低度参与，并且了解现有同类产品不同品牌之间具有显著差异，则会产生寻求多样化的购买行为。即在市场上品牌较多，消费者认为产品差异明显并对产品比较熟悉，且产品一般是价格低廉、购买频率较高的日用消费品的情况下，消费者不愿花费较多的时间和精力去筛选产品，而是不断更换所购产品品牌的一种购买行为。这种更换不是因为对某品牌不满意，而是为了寻求多样化。

针对这类购买行为，企业应推出多样化的产品占据货架，保障供应，并采用营业推广，加强与消费者的联系，鼓励消费者形成习惯性购买行为。

3. 减少失调感的购买行为

如果消费者属于高度参与，但是并不认为现有同类产品不同品牌之间具有显著差异，则会产生减少失调感的购买行为。减少失调感的购买行为是指消费者购买过程简单而迅速，但是在购买之后易于产生失调感并力求降低失调感的一种购买行为。例如，对于价格较高、购买风险较大、不常购买的产品，消费者虽在不同品牌之间进行了比较但不认为在相同的价格范围内不同品牌之间具有显著差异，因此只要价格合理、购买方便、机会合适，消费者就会决定购买。消费者购买后，往往会因产品的某些方面不称心而产生不该购买该产品的后悔心理。为了追求心理平衡，消费者还会广泛搜集对已购产品的有利信息，以证明自己所做决策的正确性。

针对这类购买行为，企业不仅应树立良好的企业形象，凭借价格公道、方便快捷、真诚服务等使其成为消费者的首选，还应向消费者提供完善的售后服务和产品有利信息，帮助消费者消除不平衡心理，坚定消费者对所购产品的信心。

4. 习惯性购买行为

如果消费者属于低度参与，且并不认为现有同类产品不同品牌之间具有显著差异，则会产生习惯性购买行为。习惯性购买行为是指消费者持续地购买熟悉产品的购买行为。即对于价格低廉、经常购买且消费者认为品牌差异小的产品，消费者不需要花时间选择，也不需要经过收集信息、评价产品特点等复杂过程，因而，这类购买行为的消费者购买决策过程最简单。消费者只是被动地接收信息，出于熟悉而购买，也不一定进行购后评价。

针对这类购买行为，企业应采取的措施如下：降低价格，吸引消费者试用，并通过促销，促使消费者逐渐形成购买习惯；大量投放重复性广告，加深消费者的印象，加强消费者的品牌熟悉度；提高技术和更新产品，为产品增加较为重要的功能和用途，并且在价格和档次上与同类产品拉开差距，提高消费者参与度和品牌差异。

课堂讨论

有一句话为"营销仅能满足消费者需求"，还有一句话为"营销能创造需求"。结合所学知识，谈谈你对这两句话的看法。

（四）消费者购买决策过程

消费者的购买决策是一个系统的决策过程，一般包括确认需要、收集信息、评估比较、购买决策、购后评价 5 个阶段，如图 3-3 所示。

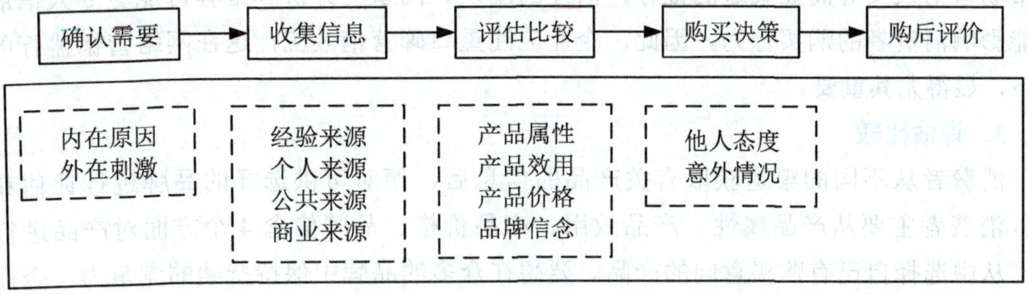

图 3-3　消费者购买决策过程

1. 确认需要

消费者确认需要是购买活动的起点。所谓确认需要，就是消费者发现现实的状况与其所追求的状况之间存在差异时，产生了相应的满足需要的要求。而内在的原因和外在的刺激都能唤起消费者的需要。内在原因是人体内的驱动力。例如，人在饥饿的时候会产生对食物的需要，感觉寒冷的时候会产生御寒保暖的需要，想去见识世界的时候会产生旅游的需要等。外在刺激是外界的触发诱因，能让消费者认识到某一问题或需要的存在，从而产生购买动机。例如，路过面包店闻到面包的香味会激起人的食欲，看了电视播放的云南宣传片的美丽风景会产生去云南旅游的欲望等。

企业一方面要调研了解消费者现有的或潜在的需要，根据消费者的需要设计、生产产品，制订营销计划，组织营销活动；另一方面应设计诱因，增强刺激，唤起消费者的需要，最终促使消费者采取购买行动。

2. 收集信息

当确认某种需要未被满足之后，消费者会产生购买动机，在动机转化为行动之前，消费者会收集有关产品的信息以便做出最佳的购买方案。消费者的信息来源通常有以下 4 个方面：

（1）经验来源。消费者主要是从自己使用产品的经验、观察他人使用产品的经验中去认知目标产品。

（2）个人来源。消费者从家人、朋友、同事、邻居中获取产品信息，了解和获取的是他们对于产品的评价和使用体验的信息。

（3）公共来源。消费者主要是从各种新闻媒介和社会公众的评价中去收集信息，包括电视、报纸、杂志、社区网络、户外宣传广告、网上的用户评价等。

（4）商业来源。消费者主要是通过产品广告、市场营销人员介绍、产品包装说明、产品展销会、企业网站等途径去获取产品的信息。

消费者可以从多种渠道获取企业及其产品信息，但是从消费者对信息的信任程度来看，经验来源和个人来源最高，其次是公共来源，最后是商业来源。例如，相对于广告或市场营销人员等商业渠道的推荐，信任的朋友、同事的评价和推荐可能更令人信服，更能影响消费者的购买行为。因此，企业应注重口碑营销效应，这在网络营销盛行的环境下，显得尤其重要。

3. 评估比较

消费者从不同的渠道获取有关产品的信息后，便对可供选择的品牌进行评估和比较。消费者主要从产品属性、产品效用、产品价格、品牌信念 4 个方面对产品进行评价，从中选择自己有购买意向的产品。要想在众多的品牌中保持持续的竞争力，企业应在控制成本的同时保证产品和服务的质量，并不断进行创新升级，提高产品效用和品牌影响力。

4. 购买决策

购买决策是消费者根据自己的偏好，在有购买意向的产品中做出选择的过程。正常情况下，消费者会按计划进行购买，但有时他们也会受他人态度和意外情况的影响而改变购买决定。因此，企业要提供良好的服务，加深消费者对企业及产品的良好印象，促成消费者做出购买本企业产品的决策并付诸行动。

5. 购后评价

消费者在实施购买行为，并且使用了所购买的产品之后，就会形成对这次购买的感受和评价。通常会体现在两个方面，一方面纯粹是对产品本身满足自己需求程度的评价，另一方面就是对整个购买过程的感受和评价。此次购物体验满意度的评价往往能够影响消费者以后的购买意向。因此，企业应尽量减少购后评价的不协调，促使消费者重复购买。

例如，企业对商品的宣传应尽量实事求是，以免造成消费者预期过高，使用后却产生强烈不满意感。夸大宣传能诱导消费者一次购买，却影响了企业信誉和长远利益。又如，企业可通过提供一些增值服务及良好的售后服务，以减少或消除消费者购买后的失调感。

二、组织市场购买行为分析

组织市场是指为从事生产、销售业务活动或履行职责而购买产品或服务的各类组织所构成的市场，包括生产者市场、中间商市场和政府市场，如图 3-4 所示。

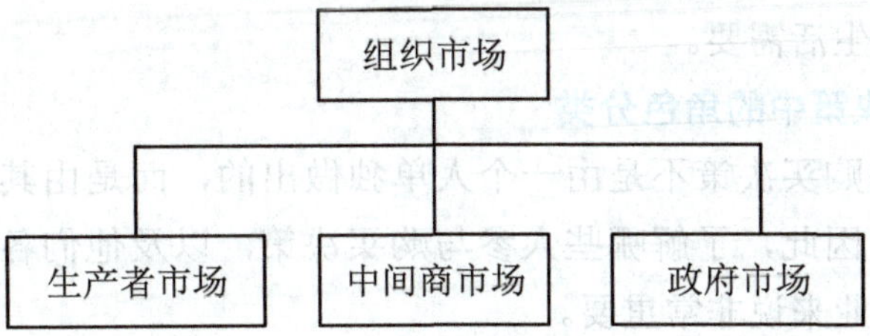

图 3-4 组织市场的类型

营销视野

组织市场的特点

（1）购买者数目比较少，购买规模较大。在组织市场上，购买者绝大多数是企业单位。相较于消费者市场，购买者数目比较少，购买规模则大得多。

（2）供需双方关系密切。组织市场的购买者需要有源源不断的货源，供应商需要有长期稳定的销路，因此买卖双方倾向于建立长期稳定的合作关系，实现互惠共赢。

（3）购买者的地理位置相对集中。组织市场的购买者往往集中在某些区域，以至于这些区域的市场份额占据全国市场的很大比重。

（4）派生需求。派生需求是指组织市场的需求是由消费者市场需求派生和引申出来的。派生需求要求组织市场的企业不仅要了解直接服务对象的需求情况，还要了解连带的消费者市场的需求动向，同时企业还可通过刺激最终消费者对最终产品的需求来促进自己的产品销售。

（5）需求价格弹性小。在组织市场上，需求是缺乏弹性的。组织市场对许多产品和服务的需求受价格变动的影响较小，短期需求尤其如此（因为企业不能临时改变产品的原材料和生产工艺）。例如，皮革价格下降，制鞋商也不会购买更多的皮革。同样，皮革价格上涨，他们对皮革的购买量也不会减少，除非他们能找到满意的替代品。此外，一种产品通常是由若干零件组成的，如果某种零件的价值越低或该零件成本在制成品成本中所占的比重越小，则其需求价格弹性就越小。

（6）需求波动性大。组织市场比消费者市场的需求波动性更大。这是因为组织市场是一种派生需求，是由消费者市场需求引申出来的，所以消费者市场需求的少量波动都会引起组织市场的巨大波动。此外，组织市场的需求更容易受各种环境因素的影响，从而产生较大的波动。

（一）生产者购买行为分析

生产者市场是指为了生产、出售、租赁或供应而购买产品或服务的组织所构成的市场。生产者市场和消费者市场的主要区别如下：生产者市场的购买者是企业或社会团体，而不是个人或家庭消费者；目的是用于生产、出售、租赁或供应以获取利润，而不是满足个人或家庭的生活需要。

1. 生产者购买决策中的角色分类

通常，生产者的购买决策不是由一个人单独做出的，而是由其团队成员参与并进行群体决策而确定的。因此，了解哪些人参与购买决策，以及他们各自在购买决策中扮演什么样的角色，对企业来说非常重要。

（1）使用者。

使用者是指实际使用某种产品的人员。他们出于自身需要往往会提出购买某种产品的建议，并提出所需购买产品的型号、规格和数量。例如，企业要采购实验室用的电脑，需要实验室的技术人员提供建议。

（2）影响者。

影响者是指直接或间接影响购买决策的企业内部人员和企业外部人员。他们通常协助决策者决定产品的品牌、规格等。一般情况下，企业外部的咨询机构和企业内部的技术人员是最主要的影响者。

（3）采购者。

采购者是指具体执行购买任务的专业人员。他们的主要任务是进行交易谈判和选择供应商。在较为复杂的采购工作中，采购者有时还包括高层管理人员。

（4）决策者。

决策者是指对购买产品和选择供应商有决定权的人。在标准化的例行采购中，购买者就是决策者；而在较复杂的采购中，高层管理人员常常是决策者。

（5）信息控制者。

信息控制者是指影响市场信息流向的人，如企业的采购代理商、技术人员和高层管理人员的秘书等。他们可以阻止推销人员与使用者和决策者接触。

需要指出的是，并不是购买任何产品都必须由上述5种人员参与购买决策。企业采购部门的规模和参与人员会因欲购产品种类的不同、企业自身规模的大小、企业组织结构的不同而有所区别。例如，某企业要采购一批原材料和一台电脑，前者参与决策的人较多，而后者的决策者可能就只有采购者。

企业不仅要了解谁在市场上购买，还要了解谁是主要决策者，从而影响最有影响力的重要人物。如果目标客户的采购成员较多，则企业可针对主要成员做工作，采取分层次、分轻重、层层推进、步步深入的营销策略。

2. 影响生产者购买行为的因素

同消费者购买行为一样，生产者购买行为也受到各种因素的影响。影响生产者购买行为的因素主要包括以下4个方面，如图3-5所示。

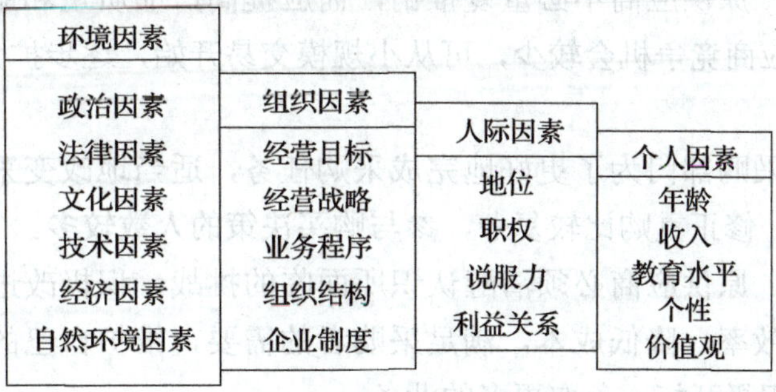

图3-5 生产者购买行为的影响因素

（1）环境因素。

环境因素是指生产者外部环境因素的集合，包括政治因素、法律因素、文化因素、技术因素、经济因素和自然环境因素等。其中，经济因素是主要因素，生产者会受当前和预期经济因素变化的影响。当经济形势不稳定时，生产者就会尽量减少投资，减少库存。

（2）组织因素。

组织因素是指生产者自身因素的集合，如企业经营目标、经营战略、业务程序、组织结构、企业制度等。企业要对生产者购买决策参与者的采购评价标准、采购政策等问题进行深入了解，做到心中有数，使自己的营销行为有的放矢。

（3）人际因素。

人际因素是指生产者内部的人际关系因素的集合。生产者做出购买决策的过程比较复杂，参与决策的人员较多，这些参与者的地位、职权、说服力及他们之间的利益关系都会影响购买决策。因此，企业应了解谁是决策者，谁是影响者，谁的影响力更大，谁与重要参与者的关系特殊等，以便采取有效的营销措施。

（4）个人因素。

个人因素是指生产者购买决策中参与者的年龄、收入、教育水平、个性、价值观等因素的集合。如果参与者在决策过程中掺入个人感情，则会影响其对欲购产品和供应商的看法，进而影响购买决策。因此，企业应了解生产者购买决策中参与者的个人情况，以便采取因人而异的营销措施。

3. 生产者购买行为的类型

生产者购买行为的复杂程度取决于采购业务的类型，根据采购业务的类型，其大体可分为以下3种。

（1）直接重购。

直接重购是指采购部门为了满足生产需要，按惯例进行订货的购买行为。采购部门根据过去的经验选择供应商，并连续订购采购过的同类产品，这是最简单的采购类型。

针对直接重购，原供应商不必重复推销，而应提高产品质量和服务水平，维护稳定的供应关系；新供应商竞争机会较少，可从小规模交易开始，逐步扩大交易量。

（2）修正重购。

修正重购是指采购部门为了更好地完成采购任务，适当地改变采购产品的规格、价格和供应商的行为。修正重购比较复杂，参与购买决策的人数较多。

针对修正重购，原供应商必须清醒认识所面临的挑战，积极改进产品规格和服务质量，努力提高生产效率，降低成本，满足采购者的需要，维护自己的既得市场；新供应商则应抓住机遇，积极开拓，争取更多的业务。

（3）全新采购。

全新采购是指生产者首次购买某种产品或服务的购买行为。这是最复杂的生产者购买行为。与直接重构和修正重构相比，首次采购的成本费用更高，风险更大，采购者需要搜集的信息更多，完成决策所需的时间也就更长，但也给供应商提供了更多的竞争机会。

针对全新采购，供应商一方面要通过广告宣传使采购者了解本企业的产品，一方面要组建优秀的营销队伍，争取赢得采购者的信任。

4. 生产者购买决策过程

一般情况下，生产者购买决策过程可以分为以下几个阶段，如图 3-6 所示。但并非生产者的每项采购都要经过这几个阶段，这要依据其采购业务的不同类型而定。

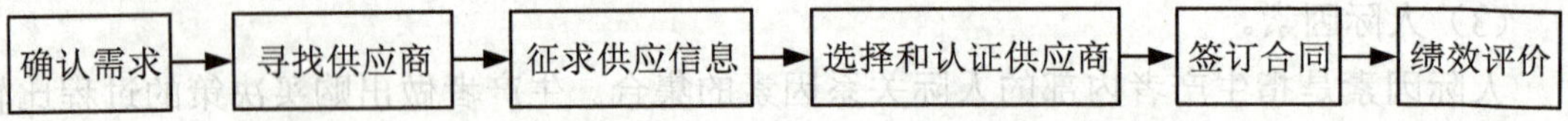

图 3-6　生产者购买决策过程

（1）确认需求。

生产者由于生产经营的需要，由仓储或使用部门等有关部门提出物资的采购需求。在提交采购需求时，有关部门须详细而准确地描述所需物资的品种、规格、数量、质量、到货时间等。采购部门根据有关部门提出的需求、对需求的预测、现有的库存等确定采购计划。对于特别复杂、重要的物资采购，需要由采购人员、工程技术人员、财务人员、物资的使用者等共同确定采购计划。

（2）寻找供应商。

寻找可能的供应商是指采购人员根据采购计划里对采购物资的要求寻找服务周到、产品质量高、声誉好的供应商。采购人员寻找供应商信息的渠道主要包括：查找企业内部采购档案、采购指南、工商企业名录；查询网络信息；其他企业推荐；供应商自荐；

观看商业广告或参加展销会等。最后，采购人员归纳出一份合格供应商的名单。此外，在现实生活中，为体现公平、公正的采购原则，或者是对供应商不了解的情况下，生产者可以采取招标方式寻找可能的供应商。

（3）征求供应信息。

生产者应通知符合供货条件的供应商寄来产品说明书、价目表等有关供应信息资料。

（4）选择和认证供应商。

生产者在收到各个供应商的资料以后，要对供应商进行评价，选择最优秀的供应商，且对供应商进行认证。选择供应商通常要考虑的主要因素有：交货能力；产品质量、品种、规格及适应性；产品价格；企业信用和表现；售后服务水平等。生产者在做出最后选择之前，还可能与选中的供应商就价格或其他条款进行谈判。

此外，采购部门还必须确定供应商的数目。在一般情况下，生产者会把大部分订单集中在一家供应商身上，而把少量订单安排给其他供应商。这样，主供应商会全力以赴保证自己的地位，而次要供应商会通过多种途径来寻求立足之地和发展的机会。

（5）签订合同。

生产者与选定的供应商经过谈判，确定具体的价格和采购条件（如交货方式、地点、付款方式、违约责任与赔偿等）后，正式签订购销合同。通常情况下，如果双方都具有良好的信誉，一份长期有效的合同将建立一种长期的合作关系。

（6）绩效评价。

绩效评价是指生产者对各个供应商的绩效加以评价，以决定维持、修正或中止供货关系。绩效评价可以通过 3 种途径：① 直接接触最终用户，征求他们的意见；② 应用不同的标准加权计算来评价供应商；③ 把绩效不理想的开支加总，以修正包括价格在内的采购成本。供应商则应密切关注生产者使用的评价标准，发现问题及时改进。

（二）中间商购买行为分析

中间商市场是指以营利为目的从事转卖或租赁业务的组织所构成的市场。中间商购买产品的目的是转售，其实质上是消费者的采购代理。在发达的产品经济条件下，市场上大多数产品都由中间商经营，只有少数产品由生产者直接销售。

1. 中间商购买行为的类型

（1）购买新产品。

中间商对某种新产品的需求取决于市场需求，其根据市场需求来决定是否购进。中间商购买决策过程与生产者购买决策过程大致相同，由确认需求、寻找供应商、征求供应信息、选择和认证供应商、签订合同和绩效评价等几个阶段构成。

（2）选择最佳的供应商。

中间商确定要经营的产品后，就要考虑如何选择最佳的供应商，即向谁进货。选择最佳供应商时，中间商要考虑以下两点：① 由于拥有的资源有限，中间商不能经营所有供应商的产品，而只能从中选择一部分；② 中间商如果准备用自己的品牌推销产品，则需要寻找有一定水平又愿意合作的供应商。

（3）寻求较好的供应条件。

有时中间商不需要更换供应商，但希望从原供应商处获得更有利的供货条件。例如，中间商承诺在相当长的时间内只跟签约供应商合作，采购他们的产品，但是要求供应商根据自己的要求及时提供更多的服务、更合适的信贷条件、更大的价格折扣等。

营销视野

采购者的类型

（1）忠实型采购者。这类采购者年复一年地选择同一货源，不轻易更换供应商。

（2）机会型采购者。这类采购者选择符合自身长期利益和发展前途的供应商，不固定选择任何一个。

（3）最佳交易型采购者。这类采购者选择在一定时间内能提供最佳交易条件的供应商。

（4）态度强硬型采购者。这类采购者向供应商提出其所要求的产品规格、服务水平和成交价格，要求以自己的条件成交。

（5）吝啬型采购者。这类采购者格外注重价格折扣，只同价格折扣最大的供应商达成交易。

（6）精明干练型采购者。这类采购者选择物美价廉的、品种搭配最合理的供应商。

2. 中间商的主要购买决策

由于中间商是消费者的采购代理，因此他们必须按照消费者需求来制订采购计划。中间商主要的购买决策包括产品搭配决策、供应商选择决策和供应商谈判决策。

（1）产品搭配决策。

产品搭配决策决定着中间商的市场地位。典型的产品搭配决策如表 3-4 所示。

表 3-4 典型的产品搭配决策

类 型	概 念	例 子
经营独家产品	是指企业只经营一个品牌的产品或一家企业的多个品牌的产品，多以专卖形式出现	专门经营海尔产品
深度搭配	是指企业经营一类产品的多种品牌，主要是满足顾客对同类产品不同层次的需求	经营海尔、长虹、海信等品牌的电视机

续表

类型	概念	例子
广泛搭配	是指企业经营某一行业的多系列、多品种产品，产品彼此之间的关联度很大	经营各种品牌的电视机、音响、唱片等音像设备
混合搭配	是指企业跨行业经营多种互不相关的产品	经营音像设备、电冰箱、微波炉、吸尘器等

（2）供应商选择决策。

供应商的选择是中间商采购工作的关键，是中间商平稳运行的必要条件，更是中间商提高产品市场竞争力、管理质量和企业发展能力的重要因素之一。中间商在选择某家供应商时，通常要考虑以下因素：① 产品的价格和利润率；② 产品是否具有独特性，以及受消费者的欢迎程度；③ 供应商对该产品的市场定位，以及配套的营销策略；④ 供应商的声誉和企业形象等。

（3）供应商谈判决策。

与供应商谈判是中间商在签订采购合同时不可或缺的活动，它直接关系到中间商的采购成本和效益。通过合理的谈判策略和应对方法，中间商可以从供应商处获得更好的采购条件和资源，提高其市场竞争力。例如，中间商在采购时特别注重价格谈判，尤其是当中间商的经营成本不断上升或消费者需求突然下降，导致边际利润（每增加一单位产品的销售量所增加的利润）减少时，更要注意控制采购价格。

（三）政府购买行为分析

1. 政府采购的概念

政府采购是指各级国家机关、事业单位和团体组织，使用财政性资金采购依法制定的集中采购目录以内的或者采购限额标准以上的货物、工程和服务的行为。

2. 政府采购当事人

政府采购当事人是指在政府采购活动中享有权利和承担义务的各类主体，包括采购人、供应商和采购代理机构等。

（1）采购人。

采购人是指依法进行政府采购的国家机关、事业单位、团体组织。

采购人采购纳入集中采购目录的政府采购项目，必须委托集中采购机构代理采购；采购未纳入集中采购目录的政府采购项目，可以自行采购，也可以委托集中采购机构在委托的范围内代理采购。

采购人可以委托集中采购机构以外的采购代理机构，在委托的范围内办理政府采购事宜。采购人有权自行选择采购代理机构，任何单位和个人不得以任何方式为采购人指定采购代理机构。

（2）供应商。

供应商是指向采购人提供货物、工程或者服务的法人、其他组织或者自然人。采购人可以根据采购项目的特殊要求，规定供应商的特定条件，但不得以不合理的条件对供应商实行差别待遇或者歧视待遇。

（3）采购代理机构。

采购代理机构，是指集中采购机构和集中采购机构以外的采购代理机构。

集中采购机构是设区的市级以上人民政府依法设立的非营利事业法人，是代理集中采购项目的执行机构。集中采购机构应当根据采购人委托制定集中采购项目的实施方案，明确采购规程，组织政府采购活动，不得将集中采购项目转委托。集中采购机构进行政府采购活动，应当符合采购价格低于市场平均价格、采购效率更高、采购质量优良和服务良好的要求。

集中采购机构以外的采购代理机构，是从事采购代理业务的社会中介机构。

3. 政府采购的基本原则

政府采购应当遵循公开透明原则、公平竞争原则、公正原则和诚实信用原则。

4. 政府采购的方式

政府公开招标的程序

政府采购采用以下方式：① 公开招标；② 邀请招标；③ 竞争性谈判；④ 单一来源采购；⑤ 询价；⑥ 国务院政府采购监督管理部门认定的其他采购方式。

公开招标是指招标人以招标公告的方式邀请不特定的法人或者其他组织投标。公开招标应作为政府采购的主要采购方式。

5. 政府公开招标的程序

政府公开招标的程序如图 3-7 所示。

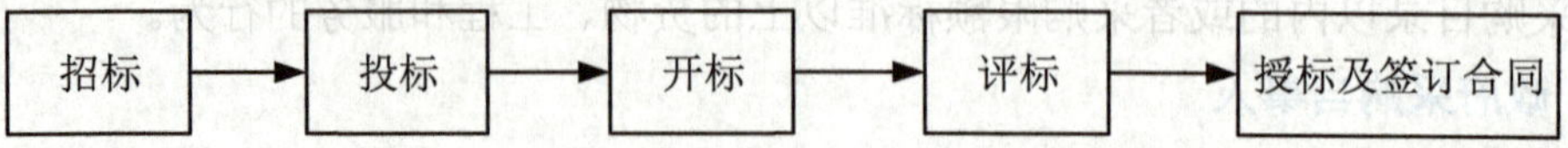

图 3-7 政府公开招标的程序

任务实施

调研大学生的消费现状

任务要求

调研大学生的消费现状，了解当前大学生的消费状况和消费心理，引导大学生树立正确的消费观念，养成良好的消费习惯。

任务流程

（1）学生分组：全班学生以5～8人为一组进行分组，每组选出一名成员担任本组的组长。

（2）展开调研：以小组为单位，各组组织小组成员对大学生消费现状进行调研，设计一份调研问卷，调研大学生的消费状况，分析大学生的消费观念和消费心理。

（3）调研总结：每位同学根据调研及分析情况进行总结，并将表3-5填写完整。

表3-5 大学生的消费现状

月均消费总额	
每月消费构成	
消费观念	
消费心理	

（4）展开讨论：以小组为单位，讨论下列问题。

① 当代大学生的月均消费总额趋于什么水平？每月消费构成是什么样的？

② 当代大学生的消费观念和消费心理有哪些特点？你是否认同这种消费观念和消费心理？为什么？

（5）进行分享：以小组为单位整理相关资料并制作PPT，各组分别派代表在课堂上进行分享。分享结束后，同学们交流讨论，教师点评。

任务三 分析竞争者

任务导入

小米 SU7 的竞争者——智界 S7

小米 SU7 的竞争者
——智界 S7

2024 年 3 月 28 日，小米 SU7 正式发布。然而，小米 SU7 的发布只是市场竞争的开始。在这个早已硝烟弥漫的汽车市场中，小米 SU7 将面临众多强劲竞争对手的挑战，智界 S7 就是其中一个。2023 年 11 月 28 日，智界 S7 正式发布。智界 S7 是华为智选与奇瑞合作品牌推出的一款中大型智慧轿跑，在驾驶性能、车内配置、智能驾驶、安全等方面，智界 S7 都实现了升级和创新。

（1）驾驶性能。

在驾驶性能方面，智界 S7 搭载了全新一代 HUAWEI DriveONE 800 V 碳化硅黄金动力平台，拥有 22 000 rpm 转速，四驱版总功率达 365 kW，扭矩 679 N · m，百公里加速仅需 3.3 秒。

（2）车内配置。

在车内配置方面，智界 S7 提供了零重力座椅、隐藏式冷暖冰箱、双 50 W 无线超级快充、3 个 66 W 超级快充、前后排座椅加热及通风等。智界 S7 搭载建筑声学音箱，采用 17 单元声学设计，支持 7.1 环绕声场，拥有 1 000 W 独立功放，同时业界首发空间音座舱，支持无麦 K 歌，能够为用户带来丰富的用车体验。

（3）智能驾驶。

在智能驾驶方面，智界 S7 搭载华为 ADS2.0 高阶驾驶辅助系统，能够识别异形障碍物，还能够在高速和城市道路上提供流畅、稳定的驾驶体验。同时，华为智驾无人泊车功能也在智界 S7 上首发，该功能支持超视距自主泊车、智能避让、自主寻找，并可一键召唤，还支持机械车位泊车辅助，最优路径驶入，极窄车位也能丝滑入位。需要注意的是，智能驾驶系统属于辅助功能，驾驶中需驾驶员全程监控。

（4）安全。

在新能源汽车快速发展的当下，安全始终是行业发展的基石。车企应力求让电车安全拉满，为消费者的出行保驾护航。在安全方面，智界 S7 支持全向防撞系统 CAS2.0，更早识别，快刹快停。智界 S7 全维超强车身，并采用云端 BMS 电池管理、13 层硬核电池安全防护设计、加厚侧边和车底防撞梁，带来更严苛的电池安全保障。

尽管智界 S7 的起售价相较于小米 SU7 高出 3 万元左右，但是智界 S7 仍是小米 SU7 的有力竞争者。

思考

小米 SU7 和智界 S7 各自的竞争优势分别是什么？企业应如何分析竞争者？

一、明确企业的竞争者

在现代市场经济条件下，企业之间的竞争是不可避免的。企业要想通过开展营销活动有效参与竞争，不仅要了解目标消费者，还要了解自己的竞争者。制订合理的营销战略、有效开展营销活动、形成竞争优势是企业的三大任务，而对市场竞争形势进行分析判断则是企业做出营销决策的基础。

企业的竞争者是指提供与本企业相似的产品和服务，而且以同一消费者群为目标市场的企业的集合。为了认清竞争者，企业应从行业和市场两个视角分析竞争者。根据竞争范围的大小和产品的可替代程度的不同，企业的竞争者可分为品牌竞争者、行业竞争者、形式竞争者和广义竞争者。

（一）品牌竞争者

品牌竞争者是指以相似价格向同一目标消费者提供类似产品或服务的竞争者。例如，长虹公司的品牌竞争者是产品品类相同、产品价格及档次相似的康佳公司和 TCL 公司。

（二）行业竞争者

行业竞争者是指提供同类产品或服务的竞争者。例如，长虹公司与大部分彩电制造商都存在行业竞争关系。

典型案例

服装店老板开店选址

某个服装店老板在确定开店地址时，面临两个选择方案：一是开在还没有服装店的街上；二是开在已经有许多服装店的街上。

如果是方案一，其有利之处是没有同行的竞争者。由于没有竞争者，所以到这条街上购买服装的顾客都会光临这家店。但由于没有其他服装店，顾客选择的余地就少，所以他就有可能不再到这条街上买服装，而转向其他选择余地多的街上购买。

因此，尽管没有竞争者，但来这家店的顾客也会比较少。

如果是方案二，尽管同行竞争者会抢走许多生意，但由于来这条街买服装的顾客总量多，即使只有其中一部分顾客光临这家店，其顾客也不会少。在这个案例中，服装店老板实际上面临着竞争者多少这个营销环境问题，“店多隆市”和“店多对手多”的情况是同时存在的。

（三）形式竞争者

形式竞争者是指所生产的产品基本功能相同，但规格、型号、款式或档次不同的竞争者。这些企业不一定属于同一个行业，但满足的市场需求相同。例如，长虹公司的形式竞争者包括大部分电子音像设备制造商。

（四）广义竞争者

广义竞争者又称“愿望竞争者”，是指提供不同产品以满足不同需求的竞争者。这是广泛意义上的竞争者，企业把所有争夺同一消费者购买能力的企业都看作自己的竞争者。例如，平板电脑和翡翠手镯，虽然看起来毫不相关，但它们争夺的消费者可能是同一个人，因为消费者的购买能力是有限的，消费者会纠结买哪一个，纠结的过程就是两者竞争的过程。

在开展市场营销活动时，企业应分析竞争者，同时关注竞争者的动态变化，适时采取对策，充分发挥自身优势。对企业来说，需要重点关注的是品牌竞争者和行业竞争者。此外，企业不仅要分析现实竞争者，还要以长远的眼光准确把握潜在竞争者。

二、分析竞争者的情况

（一）分析竞争者的营销策略和营销目标

竞争者的营销策略和营销目标决定了竞争者的基本经营方向与性质。因此，企业在开展营销活动时必须了解竞争者的营销策略和营销目标。

1. 分析竞争者的营销策略

根据竞争者所采取的营销策略是否具有一致性，竞争者可分为以下几种。

（1）同一策略群体。

同一策略群体是指在既定目标市场上实施类似营销策略的企业群体。企业的主要竞争者就是同一策略群体中的其他企业。在同一策略群体中，对手采取的竞争策略越相似，市场竞争就越激烈。例如，某一居民区内有两家早餐店，它们都向该社区居民提供早餐服务，那么它们就互为竞争者。

（2）不同策略群体。

不同策略群体是指在既定目标市场上实施不同营销策略的企业群体。例如，位于居民区的小餐馆与位于市中心的豪华酒店属于不同的策略群体，它们的营销策略差异较大，小餐馆的特点是实惠、便捷，而豪华酒店则以高价来体现其档次。

需要注意的是，由于不同策略群体的营销策略可能使目标消费者范围出现交叉，因此不同策略群体之间也存在着竞争。例如，以特价销售高档服装时，中低收入群体也会成为其购买者。因此，企业在分析竞争者时，不仅要重视同一策略群体对手，同时也不能忽视来自不同策略群体的竞争压力。

对于企业来说，第一，要清楚本行业存在的策略群体，选择较易进入的、有利于发挥自己优势的策略群体。第二，要关注消费者需求的变化和竞争者的营销策略变化，以满足消费者的新需求，适应竞争者的营销策略变化。

2．分析竞争者的营销目标

在分析竞争者的营销策略之后，企业必须清楚每个竞争者在市场上的营销目标。竞争者的营销目标受多种因素的影响，如企业规模、企业经营状况等。

大多数竞争者不会把利润作为唯一或首要的营销目标，它们有各自的营销目标组合，包括市场份额增长、技术领先和服务领先等。竞争者的营销目标是其行为的推动力，不同的营销目标会导致营销策略的不同和营销行为特点的不同。例如，追求技术领先的企业会对其他企业的技术进步十分敏感，而对降价行为不会十分在意。因此，企业只有弄清竞争者的营销目标、了解竞争者的营销目标重点，才能对竞争者的竞争行为反应做出正确的判断，从而制订出既能减少竞争者带来的威胁，又有利于实现自己营销目标的营销策略。

（二）分析竞争者的实力和反应

1．分析竞争者的实力

竞争者能否执行其战略并达到目标，取决于其所拥有的资源和能力。企业可通过以下两个步骤对竞争者的实力进行分析。

（1）了解竞争者的优势与劣势。

对于竞争者的优势与劣势，企业可通过分析其在市场中的表现来判断。例如，企业可通过市场调研等手段搜集竞争者的产品数据、市场信息和竞争优势等，主要包括产品适销性、产品组合特点、销售渠道特点、市场占有率、产品历年销量、生产经营条件及状况、研究与开发能力、资金实力、员工素质、管理能力等。

（2）进行综合分析。

企业可以根据已有资料对竞争者的实力进行综合分析。在实际操作中，企业可以通过搜集二手资料来了解竞争者的发展历程和实力，也可以通过对消费者、供应商和中间商进行调研来增加对竞争者的了解。

通过分析评价，企业可以深入了解竞争者和自己在市场竞争中的优劣势，从而在制订营销策略时扬长避短，以达到“以己之长，攻彼之短”的目的。

2. 分析竞争者的反应

每个企业的营销理念、规模、实力等各不相同，其市场行为和反应也会有所不同。分析并判断竞争者在遇到攻击时的反应和可能采取的行为，可以为企业制订营销策略提供重要依据。竞争者常见的反应行为类型有以下几种。

（1）从容型竞争者。

从容型竞争者对某些特定的攻击行为没有迅速反应或反应不强烈，可能原因如下：没有能力反击；对自己的竞争能力很自信，相信消费者的忠诚度；相信竞争对手的行为不会产生攻击效果；对当时的市场竞争形势缺乏重视；认为反击的时机不成熟；等等。对于这类竞争者，企业在进攻之前一定要弄清其“镇静”的原因，以防止它们的突然袭击。

（2）选择型竞争者。

选择型竞争者只对某些类型的攻击做出反应，而对其他类型的攻击无动于衷。例如，当竞争者同时采用降价销售和加大广告宣传两种营销策略时，竞争者只对降价策略做出强烈反应，而没有对竞争者的广告宣传策略做出反应。对于这类竞争者，企业必须弄清楚其会在哪些方面做出反应，以进行有效的针对性攻击。

（3）强烈反应型竞争者。

强烈反应型竞争者又称“凶猛型竞争者”。这类竞争者大多是实力强大的企业，其在市场上具有竞争优势，对市场变化非常敏感，当其优势地位受到挑战时会迅速做出强烈的反应，并对进攻者进行反击。对于这类竞争者，企业应避免与其发生正面冲突。

（4）随机型竞争者。

随机型竞争者在任何特定情境下可能做出也可能不做出反击，而且根本无法预测其是否会采取行动。许多小企业都是随机型竞争者，它们的竞争反应模式是捉摸不定的。对于这类竞争者，企业须谨慎对待。

任务实施

调研小米手机的竞争者

任务要求

调研小米手机的竞争者，分析其竞争者的情况，进一步理解不同竞争者反应行为类型的特点。

任务流程

（1）学生分组：全班学生以5～8人为一组进行分组，每组选出一名成员担任本组的组长。

（2）展开调研：以小组为单位，各组组织小组成员对小米手机的竞争者进行调研，分析各小米手机竞争者的情况。

（3）调研总结：每位同学根据调研及分析情况进行总结，并将表 3-6 填写完整。

表 3-6　小米手机的竞争者分析

竞争者	营销策略	营销目标	竞争优势	竞争劣势	反应行为类型

（4）展开讨论：以小组为单位，讨论下列问题。

① 小米手机的主要竞争者有哪些？小米手机和这些竞争者比较，小米手机有哪些竞争优势和劣势？

② 小米手机近几年的营销策略分别是什么？针对小米手机近几年营销策略的变化，小米手机的主要竞争者分别做出了哪些反应？

（5）进行分享：以小组为单位整理相关资料并制作 PPT，各组分别派代表在课堂上进行分享。分享结束后，同学们交流讨论，教师点评。

项目实训

实训目标

通过实训练习，学生应进一步了解消费者市场的特点，理解影响消费者购买行为的因素，能够根据消费者不同购买行为类型和消费者购买行为决策过程进行营销决策。

实训要求

全班学生以 5～8 人为一组进行分组，各组组织小组成员对大学生手机消费行为进行调研，设计一份调研问卷，调研大学生手机消费行为及其影响因素，分析大学生手机消费行为特点、大学生购买手机行为所属的购买行为类型及大学生购买手机的行为决策过程，在此基础上帮助手机零售商进行营销决策。然后，各组分别派代表在课堂上分享实训过程及成果。

实训过程

将实训任务的具体完成情况记录在表3-7中。

表3-7 实训过程

时间安排	实训步骤
	（1）设计一份调研问卷，开展问卷调研 设计的调研问卷情况： 开展问卷调研的情况：
	（2）展开分析 大学生手机消费行为特点： 影响大学生手机消费行为的因素： 大学生购买手机行为所属的购买行为类型： 大学生购买手机的行为决策过程：
	（3）制订营销决策 完成情况：
	（4）进行分享 完成情况：

实训评价

学生、教师根据各组项目实训的完成和分享情况，结合表3-8中的内容进行评价。

表3-8 实训评价

项目名称	评价标准	分 值	评价分数		
			自 评	互 评	师 评
素养评价（20%）	能够积极、认真地参与项目实训	6分			
	具备团队精神，积极与他人合作	6分			
	具备创新思维和自主探究学习的意识	8分			
技能评价（40%）	具有较强的分析能力和洞察能力	10分			
	调研问卷设计合理，调研资料分析全面	10分			
	能够根据消费者不同购买行为类型和消费者购买行为决策过程进行营销决策	20分			
成果评价（40%）	制订的营销决策合理、可行	20分			
	分享效果良好	20分			
合计		100分			
总评	自评（20%）+互评（20%）+师评（60%）=		教师（签名）：		

项目考核

一、选择题

（1）下列属于市场营销宏观环境因素的是（　　）。

A．竞争者　　B．社会公众

C．科学技术环境　　D．营销中介

（2）下列属于市场营销微观环境因素的是（　　）。

A．人口环境　　B．社会公众

C．经济环境　　D．自然环境

（3）（　　）是驱使消费者实施购买行为的直接动力。

A．购买主体　　B．购买客体

C．购买动机　　D．购买方式

（4）消费者持续地购买熟悉产品的购买行为属于（　　）。

A．复杂购买行为　　B．减少失调感的购买行为

C．寻求多样化的购买行为　　D．习惯性购买行为

（5）（　　）对其占据的所有领域受到的任何攻击行为都会做出迅速而强烈的反应。

A．从容型竞争者　　B．选择型竞争者

C．强烈反应型竞争者　　D．随机型竞争者

二、判断题

（1）组织市场是整个市场体系的基础。（　　）

（2）市场营销环境是静止的、一成不变的。（　　）

（3）政府采购应当遵循公开透明原则、公平竞争原则、公正原则和诚实信用原则。（　　）

（4）如果消费者属于高度参与，并且了解现有同类产品不同品牌之间具有显著差异，则会产生习惯性购买行为。（　　）

（5）广义竞争者是指提供不同产品或服务以满足不同需求的竞争者。（　　）

三、思考题

（1）市场营销环境如何作用于企业的市场营销活动？你认为企业应如何适应市场营销环境的变化？

（2）消费者购买行为的类型有哪些？针对不同的消费者购买行为的类型，你认为企业应如何制订其营销策略？

（3）竞争者常见的反应行为类型有哪些？针对不同的竞争者反应行为类型，你认为企业应如何制订其营销策略？

项目四

市场竞争战略

项目导读

市场竞争是市场经济的基本特征之一。随着市场经济及经济全球化的发展，市场竞争日益激烈，制订正确的市场竞争战略是企业成功实现其市场营销目标的关键。因此，企业须明确自己的市场地位，有的放矢地制订竞争战略，从而在激烈的市场竞争中获得主动权。

学习目标

知识目标

✧ 了解市场竞争战略的概念和形式。

✧ 理解市场地位的类型，掌握不同市场角色的竞争战略和企业合作竞争战略的类型。

能力目标

✧ 能够判断企业所处的市场地位。

✧ 能够基于企业所处的市场地位为其制订不同的竞争战略。

素质目标

✧ 树立正确的市场竞争意识，提高市场竞争的实战本领。

✧ 了解我国在5G技术研发上的巨大成就，增强民族自豪感和创新意识。

任务一 认识市场竞争战略

任务导入

格力电器的市场竞争力分析

格力电器是我国家电行业的领军企业之一，具有较强的市场地位和品牌影响力。格力电器的市场竞争力分析如下。

（1）整合了上游供应链。

格力电器在投资方面整合了上游供应链，对上游供应链的整合不仅可以保证生产的顺利推进，还能够保证产品用料质量，合理控制产品成本，提升企业的生产运营效率。

格力电器的市场竞争力分析

（2）研发投入提升产品质量。

格力电器在研发方面的投入一直秉持着“按需投入不设上限”的原则，大力支持研发投入，扩大研发队伍，培养技术人才，攻坚克难，以满足消费者需求为目标，创造出一系列的重大科研成果，并转化为知识产权加以保护和运用。

研发投入同时也提升了客户满意度，近年来，格力电器的空调满意度指数始终高于行业均值。

（3）线上市场规模持续扩大。

近年来，家电市场线上渠道对产品销售的贡献率进一步提升。格力电器新零售模式在线上线下市场同时推进，线上市场规模也持续扩大。

（4）产品多元化初见成效。

格力电器在空调方面一直处于行业领先地位，但营业收入和利润也过度依赖空调。在新零售背景下，格力电器也积极扩充产品种类，增加营收，有效利用新零售的渠道优势，打造一体化智能家居。

格力电器自多元化投资以来，主业空调营收贡献下降明显，生活电器和其他业务对营收的贡献在持续上升。格力电器单一依靠空调贡献营收的格局正在打破。在营收结构中，生活电器、其他业务的比重在上升。

思考

在家用电器行业中，格力电器的市场地位如何？格力电器为实现其市场竞争战略采取了哪些具体行动？其效果如何？格力电器应如何制订未来的市场竞争战略？

一、市场竞争战略的概念

市场竞争战略是指企业在市场中为了获得竞争优势而采取的一系列计划和行动。有效的市场竞争战略能够帮助企业更好地理解市场动态，预测竞争对手的动向，从而在激烈的市场竞争中占据有利地位。

二、市场竞争战略的形式

任何企业要在市场竞争中站稳脚跟，得以发展，都必须针对竞争者并结合自身的市场地位和实力来制订市场竞争战略。常见的市场竞争战略包括高质量竞争战略、成本领先战略、差异化战略和目标集中化战略。

（一）高质量竞争战略

高质量竞争战略是指企业以高质量为竞争手段，致力于树立高质量的企业形象，从而在竞争中以高质量超越竞争对手的竞争战略。

企业实施高质量竞争战略，主要应考虑以下几个方面：① 高质量要注重产品的性能质量，包括产品的功能、耐用性、牢固性、可靠性、经济性、安全性等；② 高质量要以客户需求为依据，性能质量的“高”是相对的，要适度，以满足客户实际需求为出发点和落脚点；③ 高质量要反映在企业的各项活动和创造价值的全过程中；④ 高质量要在比较中不断进取。

作为一种竞争战略，高质量竞争战略的优势是明显的：它是其他竞争手段的基础，也是树立良好企业形象的基础。

（二）成本领先战略

成本领先战略是指企业以低成本作为主要竞争手段，致力于降低生产成本、经营成本、销售费用等各项成本费用，从而在行业中取得成本优势的竞争战略。降低成本的主要途径有改进生产制造工艺技术、设计合理的产品结构、扩大生产规模、提高劳动生产率等。

成本领先战略是比较传统的做法，也是最常见的做法。企业实施成本领先战略，能够以低于竞争者的价格销售产品，从而提高市场占有率；也能够与竞争者同价销售产品，从而取得较高利润。

（三）差异化战略

差异化战略是指企业从产品定位、价格因素、渠道因素、促销因素及其他营销因素入手造就差异，形成企业对于整个产业或主要竞争者的独特性，从而取得竞争优势地位的竞争战略。

企业实施差异化战略，能够巧妙地规避与竞争对手的直接交锋，并在特定领域内稳固其竞争优势地位。在行业内，当客户对产品特色高度认可时，他们往往对价格不那么敏感，甚至难以进行价格比对，这使得企业能够以高于市场平均水平的价格销售产品，从而获取更为丰厚的利润。而在行业外部，独具魅力的产品特性则成为一道难以逾越的屏障，有效阻挡了替代品的侵袭和潜在竞争者的涌入。同时，这种差异化还显著增强了企业在与消费者和供应商谈判时的议价能力，进一步巩固了其市场地位。

（四）目标集中化战略

目标集中化战略是指企业集中力量和资源，服务于某个特定的消费群体、某一个或几个细分市场或者地区，而不是将所有力量投入整个市场的竞争战略。

企业实施目标集中化战略，能够精准聚焦于特定的细分市场，仅需相对有限的投资资源。这一战略对于中型企业，尤其是小型企业而言，是在竞争激烈的市场环境中谋求生存与成长的一剂良药。目标集中化战略不仅能确保企业资源的高效配置，还通过深度挖掘特定消费群体的独特需求，展现了与差异化战略相媲美的优势。此外，目标集中化战略允许企业在其专注的领域内以较低的成本高效运营，使企业具备了成本领先战略的核心竞争力。因此，目标集中化战略是一种兼具差异化战略与成本领先战略双重优势的有效市场竞争战略，为中小企业在复杂多变的市场竞争中开辟出一条稳健的发展路径。

任务实施

讨论常见的市场竞争战略的竞争优势和潜在风险

任务要求

讨论常见的市场竞争战略的竞争优势和潜在风险，进一步理解常见的市场竞争战略的适用情况。

任务流程

（1）学生分组：全班学生以5～8人为一组进行分组，每组选出一名成员担任本组的组长。

（2）展开讨论：各组小组成员通过学习本任务内容、搜集相关资料，讨论常见的市场竞争战略的竞争优势和潜在风险。

（3）进行总结：每位同学根据讨论情况进行总结，并将表4-1填写完整。

表 4-1 常见的市场竞争战略的竞争优势和潜在风险

常见的市场竞争战略	竞争优势	潜在风险
高质量竞争战略		
成本领先战略		
差异化战略		
目标集中化战略		

任务二 制订市场竞争战略

任务导入

华为的市场竞争战略

华为自成立以来，按照市场竞争战略的升级与变革路径，其发展期可分为初创期、规范期、市场期、品牌期和数字化期 5 个阶段。

（1）初创期（1987—1998 年）。

在初创期阶段，华为的战略重点是在高手林立的市场中寻求一席生存之地。华为从代理到自主研发小程控交换机，以低成本、农村包围市场等策略，寻找生存和发展空间，并逐步迭代产品研发体系。

华为的市场竞争战略

（2）规范期（1999—2007 年）。

在规范期阶段，华为提出了打造世界一流企业的战略愿景。此时的华为，无论是研发、产品品质、管理或市场都与世界一流企业有着巨大的差距。于是，华为将提升生产与管理能力作为战略路线图的第一步强力推进。华为通过导入集成研发系统，找到了规范研发过程的流程和方法论，并将客户和市场导向作为研发的重要指针。与此同时，华为明确提出了组织自我规划、自我管理和自我激励的框架、边界和具体要求，大大降低了组织统一思想中的沟通成本，为凝聚共识、协同行动打下了坚实的认知基础。

（3）市场期（2008—2011 年）。

在市场期阶段，华为在集中管控的管理平台和人才体系的强有力支持下，已经发展成为面向国际市场的全球型企业。华为不仅在世界各地建立了大量的能力中心和联合创新中心，而且把自己的产品销售到全球近百个国家。但此时，市场与客户需求的多元化与集中管控体系的矛盾不断激化。于是，华为经历了一次组织结构的激进式变革，即将集中管控的组织结构，转变成"让听得见炮声的人呼唤炮火"的组织结构，将组织职能机构打造成服务于市场、服务于客户的高效协同体系。

（4）品牌期（2012—2016 年）。

在品牌期阶段，华为在运营商市场已经位居行业领导地位。如何拓展新的市场以确保企业的可持续发展，成为该阶段战略升级的新挑战。于是，华为提出了"云管端"战略，开始向手机端发力，实现业务从面向企业客户向面向个人客户的战略拓展。

（5）数字化期（2017 年至今）。

2017 年，华为明确提出了数字化转型战略，其核心目标是对外提升客户满意度、对内提升企业的综合运营效率。

华为在实现数字化转型战略目标上，主要有以下 3 个举措：

① 资产数据化，包括客户数据、运营数据和资源数据。其中，资源数据是行业独有数据，是数字化生产变革的关键。

② 数据流动化。华为要将内部甚至价值链合作伙伴原本分散的数据集中起来，建设统一的数据底座，通过良好的数据治理实现数据的一致和共享，让数据在流动中产生价值。

③ 产品模型化。华为需要为核心产品构建数据模型，实现数字世界与物理世界的双向沟通和反馈闭环，最大化数据的价值。

思考

华为的发展期可分为哪些阶段？华为在各个发展期的市场竞争战略分别是什么？企业应如何制订市场竞争战略？

一、市场地位

根据企业在行业中的竞争地位，可将竞争者分为市场领导者、市场挑战者、市场跟随者和市场利基者 4 种类型，具体如表 4-2 所示。

表 4-2 企业的市场地位类型

类 型	定 义
市场领导者	又称“市场主导者”，是指在行业中占有最大的市场份额，在新产品开发、价格变化、渠道建设、促销战略等方面对本行业其他企业起着领导作用的企业
市场挑战者	是指在行业中占据第二位或以后位次，有能力对市场领导者和其他竞争者采取攻击行动，希望得到市场领导者地位的企业
市场跟随者	是指那些在产品、技术、价格、渠道和促销等大多数营销战略上模仿或跟随市场领导者的企业
市场利基者	又称“市场补缺者”，是指专门为规模较小的或大企业不感兴趣的细分市场提供产品或服务的企业

（一）市场领导者

一般来说，大多数行业都有一家企业被公认为市场领导者，它是市场竞争的导向者，也是竞争者挑战、效仿或回避的对象。市场领导者是行业中的一个“标尺”，当领导者的地位被确定后，才能清楚地辨识行业中的市场挑战者、市场跟随者、市场利基者的不同竞争地位。

市场领导者的地位是在市场竞争中自然形成的。领导者企业的优势有：拥有众多的品牌忠诚者，且其忠诚度高；拥有合理设置的广泛高效的营销渠道；拥有反应敏锐且善于引导消费需求的促销经验等。

（二）市场挑战者和市场跟随者

市场挑战者和市场跟随者，是那些在市场上处于次要地位（第二、第三甚至更低地位）的企业。这些处于次要地位的企业可以采取两种战略：一是争取市场领导地位，向竞争者挑战，即市场挑战者战略；二是安于次要地位，在“共处”的状态下求得尽可能多的收益，即市场跟随者战略。

市场跟随者与市场挑战者不同的是，它不向市场领导者发动进攻并企图取而代之，而是紧随其后自觉地维持共存局面。实践证明，成功地采取市场跟随者战略的企业也能获取高额利润。例如，一些企业通过模仿或改进革新者推出的新产品，大量推向市场销售，虽未必夺得行业第一，却能获得很好的利润，因为它们不必承担用于创新的高额费用，也不必承担创新的风险。相反，市场挑战者战略很容易引起领导者的愤怒，导致挑战者与领导者发生直接对抗。因此，相当多的企业都宁愿当跟随者，在资本密集且产品同质的行业尤其如此。

（三）市场利基者

市场利基者拾遗补阙、见缝插针，虽然在整体市场上仅占很小份额，但是比其他企业更了解和满足某一细分市场，同样能通过提供高附加值得到高利润并快速成长。每个行业几乎都有这样的小企业，它们精心服务于市场的某些细小部分，而不与主要的企业竞争，只是通过专业化经营来占据有利的市场位置。

一个好的利基市场应具有以下特征：① 市场规模能保证一定利润，并有增长的潜力；② 企业可为之提供有效服务；③ 对主要竞争者不具有吸引力；④ 当这个利基市场成长到具有更大吸引力时，企业所具备的技术和信誉足以抵御竞争者的进攻。

辉煌中国

中国在全球5G发展方面已经取得了领先优势

在新一代移动通信技术方面，我国已经初步建成了全球最大规模的5G移动通信网络。工业和信息化部公布的数据显示，截至2024年6月，我国已建成5G基站391.7万个，占全国移动基站总数的33%，占全球5G基站部署量的66%。5G网络已覆盖所有地级市城区、县城城区，超过90%的5G基站实现了共建共享，5G网络正加快向集约高效、绿色低碳发展。

企业的5G有效全球专利族占比是衡量企业在全球5G技术领域竞争力的重要指标，它在一定程度上反映了企业在5G技术创新、研发投入及标准制订中的地位和影响力。华为的有效全球专利族数量占比为12.42%，排名第一位。中兴、小米、OPPO、大唐的有效全球专利族数量占比分别为6.97%、4.62%、4.36%、3.78%，排名分列第五、第七、第九、第十位。

二、不同市场角色的竞争战略

（一）市场领导者的竞争战略

领导者的市场竞争地位虽然具有相对的稳定性，但并非固定不变。因此，市场领导者并不是高枕无忧的，它必须保持高度的警惕，实施正确的竞争战略来保持行业第一的优势，维护自己的领导地位。市场领导者通常选择的总体战略有以下3种。

1. 扩大市场需求量

市场领导者的竞争战略首先是扩大总市场，即增加总体产品需求数量。因为市场领导者在市场中所占份额最多，当总市场扩大时受益最大的是自己。因此，寻找扩大市场需求总量的途径对市场领导者是至关重要的。市场领导者通常可以运用 3 个途径来扩大市场需求总量。

（1）发现新用户。每类产品总有潜在的购买者，寻找新用户就是将这种潜在的消费者转化为现实的消费者。这种转化可通过 3 种策略进行：① 新市场策略，即开辟新的细分市场；② 市场渗透策略，即说服现有市场中那些还未用过本企业同类产品或很少使用本企业同类产品的顾客，来使用本企业的同类产品或增加使用量；③ 地理扩张策略，即不断开拓市场范围。

（2）发现新用途。企业可以通过发现和推广产品的新用途来扩大市场规模。例如，某公司生产尼龙，通过不断发现这种产品的新用途，从最初的制作降落伞绳到丝袜，再到用于制作汽车轮胎、地毯等，使其产品市场需求不断增加。

（3）增加产品的使用量。企业一般可以通过促使消费者在更多场合使用该产品、增加现有消费者使用该产品的频率和数量等方式来增加产品的使用量。例如，某日化公司劝告消费者在洗发时，每次将使用量增加一倍效果更佳。

2. 保护原有市场份额

行业中的领导者总会遇到竞争者的挑战、跟随，这些竞争者力图侵蚀领导者既有的市场份额。为了保持住自己的市场份额，市场领导者可采取适当的防御策略。

（1）阵地防御是指企业围绕现有的市场和产品建立防线。这是一种静态的防御，是防御的基本形式，但不能作为唯一的形式。对企业来说，单纯采用消极的静态防御，只保卫自己现有的市场和产品，是一种“营销近视症”。作为领导者，企业应更加注重技术更新、新产品开发和业务领域拓展。

（2）侧翼防御是指市场领导者除保卫自己的阵地外，还应建立某些辅助性的基地作为防御阵地，或必要时作为反攻基地，特别是注意保卫自己较弱的侧翼，防止对手乘虚而入。

（3）以攻为守是一种“先发制人”式的防御，即企业在竞争者尚未进攻之前，先主动攻击它。具体做法：当竞争者的市场占有率达到某一危险的水平时，领导者就对它发动攻击；或者是对市场上的所有竞争者全面攻击，使市场中人人自危。例如，某品牌微波炉曾数次率先降价，使未取得规模效应的竞争者陷于困境。

（4）反击防御是指当市场领导者遭到竞争者降价或促销攻势时，不能只是被动应战，应主动采取反击措施。

（5）运动防御战略的目的是，不仅防御现有的市场和产品，还要扩展到新的市场和产品阵地，作为未来防御和进攻的中心。市场扩展可通过两种方式实现：其一，市场扩大化，指企业将其注意力从现有的产品转到相关产品；其二，市场多元化，即企业向无关的其他市场扩展，实行多元化经营。

（6）收缩防御是指企业放弃某些疲软的市场阵地，把力量集中到主要的市场阵地上去。

3．提高市场占有率

市场领导者设法提高市场占有率，也是增加收益、保持领导地位的一个重要途径。企业可以通过增加投入、利用专业化优势、改变竞争战略等方式提高市场占有率。但是，市场领导者在追求提高市场占有率之前必须认真筹划，以免成本上升过快，导致市场占有率虽上升利润却下降的问题。

总之，市场领导者必须善于扩大市场需求总量，保卫自己的市场阵地，防御挑战者的进攻，并在保证收益增加的前提下，提高市场占有率。这样，才能持久地保持市场领导地位。

（二）市场挑战者的竞争战略

市场挑战者如果要向市场领导者和其他竞争者挑战，首先要确定自己的战略目标和进攻对象，其次要选择适当的进攻战略。

1．确定战略目标和进攻对象

战略目标同进攻对象密切相关，对不同的进攻对象有不同的目标和策略。一般来说，挑战者有3种进攻对象可以选择。

（1）进攻市场领导者。这种进攻战略风险很大，然而潜在利益也很大。挑战者需仔细调研市场领导者的弱点和失误（如有哪些未满足的需求、有哪些使顾客不满意的地方等），以更好地确定自己的进攻目标和进攻时机。

（2）进攻与自己实力相当的企业。挑战者对那些与自己势均力敌的企业，可选择在其经营不善或资金不足时进攻，以增加制胜的把握。

（3）进攻比自己规模小的企业。对于比自己规模小的企业，企业可找准时机抢夺它们的顾客，甚至兼并这些企业。

2．选择进攻战略

在确定战略目标和进攻对象之后，挑战者还需要考虑采取哪种进攻战略。

（1）正面进攻是指集中攻击对手的强项而不是弱点，如在产品开发、定价、广告等方面展开较量的一种战略。正面进攻的胜负取决于谁的力量更强。因此，若企业没有在相应项目上优于竞争对手的资源和能力，就不宜采取此战略。

（2）侧翼进攻是指选择竞争对手之弱点或“缺口”，以己之长、攻彼之短的一种战略。侧翼进攻有两种方式：地理性侧翼进攻、细分性侧翼进攻。例如，进攻偏僻地区市场或某个细分市场，有时这些地区市场几乎没有竞争对手的推销力量，或这些细分市场并未被竞争对手明确意识到，因此是最容易取得攻击胜利的薄弱之处。

（3）包围进攻是指企业凭其资源优势和周密计划在多个领域同时对竞争对手发动进攻，以夺取更大市场份额的一种战略。例如，产品包围战，就是针对竞争对手的产品，推出质量、风格、特点各异的数十种同类产品，并配合大规模促销，以此淹没对手的产品，最后夺取市场。

（4）迂回进攻是指企业避开竞争对手现在的市场，进攻和占领竞争对手尚未涉足的业务领域及市场，以壮大自己的实力的一种战略。这种战略的内容主要包括产品多元化、市场多元化、开发新技术或新产品等。

（5）游击进攻是指向竞争对手的不同领域发动小规模、断断续续的进攻，逐渐削弱竞争对手，以使自己发展壮大的一种战略。游击进攻的特点是间断性、小规模、干扰型。

上述市场挑战者的进攻战略是多样的。一个挑战者不可能同时运用所有战略，但也很难单靠采取一种战略来取得成功。企业通常是设计并实施一套战略组合（整体战略），以实现企业营销目标，在市场竞争中处于主动地位。但是，并非所有居于次要地位的企业都可充当挑战者，常规的做法是企业没有充分把握不贸然进攻市场领导者，采用市场跟随者战略更稳妥。

课堂讨论

市场挑战者可采取哪些进攻战略？这些进攻战略分别适用什么情况？

（三）市场跟随者的竞争战略

市场跟随者不是被动地单纯跟随领导者，而是须找到一条不致引起竞争性报复的成长途径。市场跟随者的竞争战略要点是跟随，具体表现为以下几种形式。

1. 紧密跟随

紧密跟随是指在各个子市场和市场营销组合方面，尽可能仿效领导者。这种跟随者有时好像是挑战者，但只要它不从根本上侵犯领导者的地位，就不会与领导者发生直接冲突。这种战略的突出特点是仿效、低调。

2. 距离跟随

距离跟随是指跟随者在主要方面，如目标市场、产品创新、价格水平和分销渠道等方面都跟随领导者，但仍与领导者保持若干差异。这种跟随者可通过兼并小企业而使自己发展壮大。这种战略的突出特点是保持合适的距离。

3. 选择跟随

选择跟随是指跟随者在某些方面紧跟领导者，而在另一些方面又各行其是。也就是说，它不是盲目跟随，而是择优跟随，在跟随的同时还要发挥自己的独创性，但不进行直接的竞争。这类跟随者之中有些可能发展成为挑战者。这种战略的突出特点是选择跟随与创新并举。

典型案例

中国车企不愿再做跟随者

近年来，外资品牌将中国生产的电动车出口全球，在一定程度上证明了“中国制造”已经在国际市场上获得了认可。同时，中国作为全球第一大电动车市场，在供应链的成熟度等方面逐渐可与全球主流市场媲美。

汽车电动化、智能化已经是大势所趋，也是中国汽车产业从跟随到超越和引领的历史机遇，它将改变汽车产业的供应链形态，也将为中国车企带来更广阔的发展空间。

（四）市场利基者的竞争战略

市场利基者成功的关键，一是要选择好补缺之处，即补缺基点；二是要在确定补缺基点的基础上选择和制订适当的竞争战略。

1. 补缺基点的选择

选择市场补缺基点时，多重补缺基点比单一补缺基点更能降低风险，提高保险系数。因此，企业通常选择两个或两个以上的补缺基点，以确保企业的生存和发展。总之，只要善于经营，小企业也有许多机会，可以在获利的条件下很好地为顾客服务。

2. 专业化市场营销

取得补缺基点的主要战略是专业化市场营销。具体来讲，就是在市场、顾客、产品或渠道等方面实行专业化，如表 4-3 所示。

表 4-3 专业化市场营销的类型

类 型	内 容
终端用户专业化	企业专门致力于为某类终端用户服务，如计算机行业有些小企业专门针对某一类用户（如诊疗所、银行等）进行市场营销
垂直层面专业化	企业专门致力于分销渠道中的某些层面，如制铝厂可专门生产铝锭、铝制品和铝质零部件
顾客规模专业化	企业专门为某一种规模（大、中、小）的顾客群服务，如有些小企业专门为那些被大企业忽略的小规模顾客群服务
地理区域专业化	企业专门为国内外某一地区服务，如某企业只专注于北京地区市场
产品或产品线专业化	企业只生产一大类产品，如某企业专门生产螺丝钉
顾客订单专业化	企业专门按顾客订单生产预订的产品，如某服装工作室只为顾客提供定制化服务

续表

类型	内容
质量和价格专业化	企业专门生产经营某种质量和价格的产品，如有些企业专门生产高质高价产品或低质低价产品
服务项目专业化	企业专门提供某一种或几种其他企业没有的服务项目，如某餐饮企业专门提供上门做菜服务
分销渠道专业化	企业专门服务于某一类分销渠道，如某企业专门为航空公司的旅客提供食品

三、企业合作竞争战略

市场竞争不断加剧，对于企业核心竞争力的要求不断提高，使得企业合作的重要性也越来越凸显。有句话叫“没有永恒的对手，只有永恒的利益”，竞争与合作并存成为企业必须面对的现实情况。为了充分发挥自己的竞争优势，不断开拓新的市场，企业会与相关企业或机构合作，以集中力量来对抗其他竞争者。常见的企业合作竞争战略有以下4种。

（一）同行业企业联合

同行业企业联合是指同一个行业的企业与相关企业或其他机构为了实现各自的营销目标，通过合作的方式共同研究市场、开拓市场、进入市场、占有市场，共同开发产品、建立渠道、传播信息、促进产品销售，从而形成了一种以协议和契约为表现形式的新型营销模式。其本质是企业在进行市场营销的过程中与他人建立伙伴关系，共同开展市场营销活动。

（二）与生产链上下游企业合作

企业根据优势互补、共同发展的原则，与生产链上下游的企业合作，利用各方的优势资源共同组织生产经营活动，从而扩大规模，提高效益。

例如，浙江纳爱斯集团有限公司为了充分发挥自身的品牌优势和销售网络优势，实施合作生产策略，委托相关企业加工产品。纳爱斯集团有限公司委托加工的企业达数十家，遍布全国。通过委托加工的方式，纳爱斯集团有限公司实现了产地销售，进一步降低了成本，从而为自身的低价策略提供了保证。

（三）与供应链上下游企业合作

供应链上下游的企业包括上游的供应商和下游的分销商、经销商。

企业与供应商紧密合作，不仅可以使企业的供应链关系得以稳固，而且可以为企业节省大量的市场交易成本（采购成本）和管理协调成本。更重要的是，与上游供应商的合作还有助于缩短生产周期、降低生产成本和提高产品质量。

由于分销商和经销商贴近并控制着消费终端市场，所以与他们达成合作可以帮助企业开拓市场，还可以帮助企业实现与市场（消费者）零距离沟通的愿望。具体表现为，下游分销商和经销商积极地宣传、推销企业的产品，及时做好售后服务工作，主动积极地收集市场需求信息和用户反馈意见，便于企业快速及时地抓住商机。

（四）策略联盟

策略联盟是指几家拥有不同关键资源的企业为了彼此的利益进行合作，以交换资源的形式创造竞争优势，具体的做法有技术联盟、销售联盟、研究与开发联盟等。

任务实施

调研某企业的市场地位及竞争战略

任务要求

调研某企业的市场地位及竞争战略，进一步理解市场地位的类型及特点、不同市场角色的竞争战略。

任务流程

（1）学生分组：全班学生以5～8人为一组进行分组，每组选出一名成员担任本组的组长。

（2）展开调研：以小组为单位，选择某一企业，小组成员通过在线搜集资料、实地调研等方式，调研该企业的市场地位及竞争战略。

（3）调研总结：每位同学根据调研情况进行总结，并将表4-4填写完整。

表4-4　某企业的市场地位及竞争战略

企业名称	
市场地位	
竞争战略	

（4）展开讨论：以小组为单位，讨论下列问题。

① 本组所选企业所处的市场地位如何？

② 本组所选企业采取的竞争战略有哪些？这些竞争战略取得了哪些成效？

（5）进行分享：以小组为单位整理相关资料并制作 PPT，各组分别派代表在课堂上进行分享。分享结束后，同学们交流讨论，教师点评。

项目实训

实训目标

通过实训练习，学生应进一步理解不同市场角色的竞争战略，能够判断企业所处的市场地位，并为其制订适当的市场竞争战略。

实训要求

全班学生以 5～8 人为一组进行分组，每组选择某一企业，小组成员通过在线搜集资料、实地调研等方式，了解该企业的市场地位及竞争者情况，为该企业制订适当的竞争战略。然后，各组分别派代表在课堂上分享实训过程及成果。

实训过程

将实训任务的具体完成情况记录在表 4-5 中。

表 4-5　实训过程

时间安排	实训步骤
	（1）选定企业 企业名称：
	（2）展开调研，了解该企业的市场地位及竞争者情况 市场地位： 竞争者情况：
	（3）制订竞争战略 竞争战略：
	（4）进行分享 完成情况：

实训评价

学生、教师根据各组项目实训的完成和分享情况，结合表 4-6 中的内容进行评价。

表 4-6 实训评价

项目名称	评价标准	分 值	评价分数		
			自 评	互 评	师 评
素养评价（20%）	能够积极、认真地参与项目实训	6 分			
	具备团队精神，积极与他人合作	6 分			
	具备创新思维和自主探究学习的意识	8 分			
技能评价（40%）	具有较强的分析能力和洞察能力	10 分			
	调研内容详细，分析全面深入	10 分			
	能够基于企业的市场地位及竞争者情况，为该企业制订适当的竞争战略	20 分			
成果评价（40%）	制订的竞争战略合理、可行	20 分			
	分享效果良好	20 分			
合计		100 分			
总评	自评（20%）+互评（20%）+师评（60%）=		教师（签名）:		

项目考核

一、选择题

（1）（　　）是指专门为规模较小的或大企业不感兴趣的细分市场提供产品或服务的企业。

A．市场领导者　　B．市场挑战者

C．市场跟随者　　D．市场利基者

（2）（　　）是指企业以低成本作为主要竞争手段，致力于降低生产成本、经营成本、销售费用等各项成本费用，从而在行业中取得成本优势的竞争战略。

A．高质量竞争战略　　B．成本领先战略

C．差异化战略　　D．目标集中化战略

（3）下列不属于市场领导者通常选择的总体战略的是（　　）。

A．扩大市场需求量　　　　B．保护原有市场份额

C．提高市场占有率　　　　D．紧密跟随

（4）某企业精心服务于市场的某些细小部分，而不与主要的企业竞争，只是通过专业化经营来占据有利的市场位置，该企业属于（　　）。

A．市场领导者　　　　B．市场挑战者

C．市场跟随者　　　　D．市场利基者

（5）（　　）是指几家拥有不同关键资源的企业为了彼此的利益进行合作，以交换资源的形式创造竞争优势的做法。

A．同行业企业联合　　　　B．与生产链上下游企业合作

C．与供应链上下游企业合作　　　　D．策略联盟

二、判断题

（1）企业实施成本领先战略，能够巧妙地规避与竞争对手的直接交锋，并在特定领域内稳固其竞争优势地位。（　　）

（2）正面进攻是市场跟随者选择的进攻战略。（　　）

（3）为了保持住自己的市场份额，市场领导者可采取适当的防御策略。（　　）

（4）单一补缺基点比多重补缺基点更能降低风险，提高保险系数。（　　）

（5）供应链上下游的企业包括上游的供应商和下游的分销商、经销商。（　　）

三、思考题

（1）市场地位有哪些类型？你认为市场领导者应怎样维护自己的市场领导地位？

（2）产品模仿适合什么样的企业采用？它属于市场竞争战略中的哪一种？

（3）常见的企业合作竞争战略有哪些？这些合作竞争战略分别适用于什么情况？

项目五

目标市场战略

项目导读

目标市场战略是指企业在细分市场的基础上，结合自身的竞争优势，选择目标市场，并进行市场定位的战略。目标市场战略主要包含3个步骤：市场细分（market segmenting）、目标市场选择（market targeting）、市场定位（market positioning），因此又称“STP战略”。STP战略涉及目标市场营销的全过程，是现代市场营销理论体系的核心内容。

学习目标

知识目标

✧ 了解市场细分的概念、依据、作用，理解市场细分的原则、标准、方法和步骤。

✧ 了解目标市场的概念，理解目标市场的选择模式、目标市场的营销战略和选择目标市场营销战略时应考虑的因素。

✧ 了解市场定位的概念，理解市场定位的步骤，掌握市场定位的战略和方法。

能力目标

✧ 能够根据市场现状进行明确的市场细分。

✧ 能够帮助企业选择合适的目标市场。

✧ 能够帮助企业进行清晰的市场定位。

素质目标

✧ 培养吃苦耐劳、锐意进取的敬业精神。

✧ 了解我国载人航天工程总的目标，激发崇尚科学、探索未知、敢于创新的热情。

任务一 进行市场细分

任务导入

中国李宁的市场营销战略

近年来，我国本土运动品牌发展迅猛。国产运动品牌如何在激烈的市场竞争中实现大幅增长？现对李宁的成功进行分析。

（1）运动时尚齐发力，抢占特定细分市场。

李宁旗下品牌主要包括李宁（LI-NING）、中国李宁、YOUNG、LI-NING 1990、AIGLE 等，李宁通过多品牌模式，抢占特定细分市场。

中国李宁的市场营销战略

与大部分国产运动品牌不同，李宁不只是专业运动品牌，在某种程度上已经成为时尚潮流品牌。李宁新上线的“李宁时尚线”在品牌运作方式上更接近于设计师品牌，产品路线倾向潮牌，深受颜控时尚人群青睐。

（2）明确的市场定位。

李宁致力于开拓体育用品的中高端市场，品牌定位为中高端国潮运动品牌。

（3）迎战国际时装周，引爆国潮新美学。

近年来，李宁借势走出国门，与全世界潮流爱好者交流，频频现身国际潮流展会，先后参展全球四大时装周，如今李宁已经成为“世界潮牌”。

（4）渠道升级，创新消费体验。

从渠道类型来看，李宁目前主要有线下经销商、电商、直营渠道。通过直面消费者，李宁提升了业绩和效率，更加清楚地了解消费者的需求，从而保持对市场的敏感度。

同时，李宁还通过升级门店，打造沉浸式购物体验，带给消费者与众不同的国潮感受。例如，李宁旗下品牌中国李宁宽窄巷子概念店在保留原有建筑风格的基础上采用中式榫卯结构，将四川民俗民风、宽窄巷子古风等特色元素与中国文化、城市文化、中国李宁运动潮流文化有机结合。

这种新的门店业态，摆脱了单一的购物功能，集产品首发、产品展示、产品体验、休闲娱乐等于一体，代表了一种新型的生活方式，将李宁品牌更深度融入消费者潮流生活中，让门店成为潮流坐标和网红打卡地，强化渠道在品牌建设中的位置。

（5）深度链接Z世代消费群体。

品牌需要年轻化最根本的原因在于顾客的年轻化。谁率先拥抱这类顾客，谁将优先被顾客选择。近年来，出生于1995年到2009年之间的Z世代消费群体消费潜力巨大。而Z世代消费群体与70后、80后消费群体在消费观念、消费倾向方面存在极大不同。李宁持续围绕Z世代消费群体展开一系列营销活动，一时引发广泛关注，极大地扩散了运动圈层影响力。

思考

如何进行目标市场营销？李宁是如何进行市场细分和市场定位的？李宁的目标市场有什么特点？李宁如何在激烈的市场竞争中取得成功（可以从市场细分、市场定位、营销推广、渠道布局等方面进行分析）？

一、认识市场细分

（一）市场细分的概念

市场细分是指企业在市场营销调研的基础上，根据整体市场上消费者需求的差异，以影响消费者需求的某些因素为依据，将一个整体市场划分为两个或两个以上消费群体的过程。每一个消费群体就是一个细分市场，相对于整体市场来说，这个细分市场就是子市场。每一个细分市场都是由具有类似需求倾向的消费群体构成，不同的细分市场需要企业以不同的营销战略来开展营销活动。

（二）市场细分的依据

在营销活动中，细分市场不是根据产品品类来划分的，而是根据消费者对产品的需求的差异性来划分的，出发点是为了识别具有不同需求的消费者群体。消费者的消费需求是多种多样的，但是企业受制于自身的发展水平和所掌控的有限资源，不能完全满足所有消费者需求，因此，企业需要制订有针对性的营销策略，才能在细分市场占据一席之地。综上所述，市场细分的依据可以归纳为以下两点。

1. 消费者需求的差异性

市场细化的过程实质上就是根据消费者需求的差异对消费者进行分类的过程。根据消费者对产品的要求是否相同，可以将市场划分为同质市场和异质市场。

同质市场是指消费者对某一产品的要求基本相同或极为相似的市场。异质市场是指消费者对同类产品的质量、款式和价格等特性有着不同要求的市场。一般来说，只有极少一部分产品的市场属于同质市场，绝大多数产品的市场都是异质市场。

营销视野

同质市场和异质市场

同质市场和异质市场不是固定不变的，在一定条件下，同质市场可以转化为异质市场。例如，对于一般消费者来说，食盐仅具有调味功能，因此，食盐市场属于同质市场；但是对于限制摄入碘元素的消费群体来说，食盐又可以细分为含碘盐和无碘盐，此时，食盐市场又属于异质市场。

市场上存在着多种多样的消费者需求，企业需要分析消费者需求的差异，进行市场细分，找准自己的定位，进而采取对应的市场营销战略。

2. 企业资源的有限性

企业拥有的资源是有限的，既不可能满足市场上所有消费者需求，也不可能在市场营销的全过程中占据绝对的优势。为了实现资源分配效益最大化，企业需要先对市场进行细分，从中选择与企业优势相匹配或者收益最高的细分市场，然后集中企业资源，制订有针对性的、有效的经营策略，从而获得竞争优势。

（三）市场细分的作用

通过市场细分，企业将庞大的市场划分成更小的、能更直观地反映消费者需求的市场，这样企业为其提供产品和服务时就会更匹配，也更有效率。具体来说，市场细分的作用包括以下几个方面。

1. 有助于发现市场机会，提升市场占有率

通过市场细分，企业可以了解不同消费群体的需求情况和需求的满足程度，发现哪些消费群体的需求未被满足，哪些消费群体的需求已被满足，以及针对哪些消费群体市场上已存在大量的竞品，进而寻求和发现潜在的市场机会，采取有针对性的策略攫取市场份额，提升企业的市场占有率。

2. 有助于确定目标市场，制订最佳营销策略

经过市场细分，企业可以结合自身实际情况选定适合自身，并能取得市场竞争优势的目标市场，还可以结合目标市场的特点选择相应的营销策略，保证营销活动具有针对性和有效性，以此来适应市场需求的变化，提升企业的应变能力。

3. 有助于发挥自身优势，提升企业竞争力

市场细分可以帮助企业将有限的资源进行集中投放，促进企业形成竞争优势，从而获得更高的经济回报。市场细分对中小企业来说尤为重要，中小企业所拥有的资源有限，技术水平相对较低，缺乏竞争能力。通过市场细分，其可以根据自身的经营优势，选择一些大企业不愿顾及的、相对来说市场需求较小的细分市场，集中力量满足该特定市场的需求，从而在整体竞争激烈的市场环境下，求得生存和发展。

二、市场细分的原则和标准

（一）市场细分的原则

企业进行市场细分时应遵循以下原则。

1．可衡量性原则

可衡量性原则表现为细分市场的规模、范围和消费者需求量、购买力等特征是可识别、可衡量的。如果细分出来的市场的范围、规模大小界定不明晰，或者消费者的购买力、需求特征无法界定和衡量，那么市场细分就失去了指导意义。

2．可进入性原则

可进入性原则表现为企业能够通过努力使产品进入细分市场，并对该消费者群体产生影响。如果企业无法通过调动自身资源和制订相应的市场营销计划将其产品送达对应的消费者群体面前，那么其所进行的市场细分就是无效的。

3．可营利性原则

获取利润是企业所有市场活动的最终目标。在进行市场细分时，企业需要考虑该市场上消费者的数量、购买力及所购买产品的使用频率等指标。如果这些指标不够理想，细分市场的规模和潜力偏小，导致企业在该细分市场的收益不足以覆盖企业所付出的生产成本和销售费用，更难以保证企业达到获利目标，那么这样的市场细分对企业来说就没有实际意义。

4．差异性原则

差异性原则是指细分出来的市场应具有显著的差异性，具体表现为产品需求差异、价格敏感差异等。遵循差异性原则的意义在于确保企业的营销策略能有效地影响细分市场，从而使企业利用有针对性、差异化的产品迅速打开市场。

（二）市场细分的标准

市场细分的标准不是唯一的，下面简单介绍常见的消费者市场和生产者市场细分标准。

1．消费者市场细分标准

消费者市场细分标准如表 5-1 所示。

表 5-1　消费者市场细分标准

细分标准	具体因素
地理因素	国家、地区、城市、经济发展水平、居民生活习惯、地形、气候、交通运输条件等
人口因素	年龄、性别、收入、职业、受教育程度、家庭生命周期、民族等
心理因素	个性、价值观、购买动机等
行为因素	购买时机、购买频率、购后评价、忠诚程度等

（1）地理因素。

按照地理因素细分是指根据消费者所处的地理位置、自然环境进行市场细分。不同地区的经济发展水平、居民生活习惯、地形、气候、交通运输条件等存在着较大的差异，导致不同地区消费者对同类产品往往会产生较大的需求差异。例如，在我国的北方，气候比较干燥，消费者对加湿器的需求量非常大；但是南方的空气湿度较大，加湿器在南方的市场需求较小。因此，企业有必要对消费市场进行地域划分。

（2）人口因素。

按照人口要素进行细分，即按年龄、性别、收入、职业、受教育程度、家庭生命周期、民族等变量进行市场细分。例如，不同年龄、不同受教育程度的消费者在价值观念、生活情趣、审美观念和生活习惯上存在着较大的差异，因此，人口因素始终是消费市场细分的一个重要标准。

（3）心理因素。

按照消费者的心理因素细分是指按照个性、价值观、购买动机等变量进行市场细分。例如，企业可以根据消费者不同的购买动机进行市场细分。

（4）行为因素。

按照消费者的行为因素进行细分是指按照消费者的购买时机、购买频率、购后评价、忠诚程度等变量来进行市场细分。例如，某些产品的消费是有特殊时节的（如月饼只是在中秋节之际畅销），企业应抓住这样的时机，大力促销，提高产品的销量。

2. 生产者市场细分标准

生产者市场细分标准如表 5-2 所示。

表 5-2 生产者市场细分标准

细分标准	具体因素
用户需求	产品的规格、型号、品质、功能、价格等
用户规模	规模大、中等、小的用户的不同购买行为
用户地理位置	资源条件、生产力布局、交通运输、通信条件、气候等

（1）用户需求。

按照用户需求细分是生产者市场细分最通用的标准。不同的用户对同一种产品的功能诉求不同，通常会对产品的规格、型号、品质、功能、价格等方面提出不同的要求。例如，在水泥市场上，一般的土木工程只需用通用水泥，房屋装修工程需要用具有美感的白水泥，油气井工程则需要耐高温、耐腐蚀、抗渗透性强的特种水泥。因此，企业应根据用户的不同需求细分生产者市场，进而开发不同的产品组合，以满足用户的需求，从而提高产品的销量。

（2）用户规模。

在生产者市场中，用户规模在一定程度上决定了用户的购买行为（如购买数量、付款方式、购买条件等）。一般情况下，规模大的用户数量不多，但其购买力很强；规模小的用户数量多，但其购买力低。因此，对于规模大的用户，企业可以采取厂家直销的方式，直接与用户联系并满足其需求，同时在价格、信用等方面根据其需求量的大小给予相应的优惠；对于规模小的用户，企业通常由批发商或零售商去组织供货。

（3）用户地理位置。

受资源条件、生产力布局、交通运输、通信条件、气候等因素的影响，生产者市场比消费者市场更为集中，往往形成工业区，如山西煤炭工业区、江浙丝绸工业区等。按照用户所处的工业区域细分市场时，企业应选择用户较为集中的地区作为自己的目标市场，这样既便于沟通、快速反馈，又能降低运输与营销费用。

营销视野

评估细分市场

为了准确选择目标市场，企业必须对各个细分市场进行全面的评估和分析，在综合比较、分析的基础上，选择最优化的目标市场。细分市场应具备以下几个条件：

（1）有适当规模和发展潜力。适当规模是指与企业规模和实力相适应的细分市场规模。对于较小的细分市场来说，大企业不利于充分利用其自身的生产能力；而对于较大的细分市场来说，小企业缺乏满足较大细分市场有效需求的能力或难以抵御较大细分市场上的激烈竞争。而发展潜力是指细分市场中要有尚未满足的需要，有充分增长的潜力。

（2）有足够的市场吸引力。细分市场是否具有吸引力主要是看其长期获利水平的高低。细分市场可能具有适当规模和增长潜力，但从获利角度来看不一定具有吸引力。决定细分市场是否具有长期吸引力的因素主要有现实的竞争者、潜在的竞争者、替代品、购买者和供应者。企业必须充分估计这 5 种因素对其长期获利水平造成的影响，从而预测各细分市场的预期利润。

（3）符合企业的目标和资源。有些细分市场虽然规模适合，也具有足够的吸引力，但不符合企业的长远发展目标，甚至分散企业的精力，使之无法完成其主要目标，这样的细分市场企业应考虑放弃。此外，企业还应考虑其是否具备了在该细分市场获胜所需的技术条件和资源水平。只有选择那些企业有条件进入、能充分发挥其资源优势的细分市场作为目标市场，企业才会立于不败之地。

三、市场细分的方法和步骤

（一）市场细分的方法

市场细分的方法主要有单一因素法、多种因素法和系列因素法 3 种。

1. 单一因素法

单一因素法是指选择一个细分变量进行市场细分的方法。企业根据市场营销调研结果，以影响消费者需求的关键因素作为单一的细分变量。例如，儿童图书出版企业可以按照读者年龄将儿童图书市场分为学龄前市场、学龄儿童市场及小学生市场等。

2. 多种因素法

多种因素法是指选择两个或两个以上的细分变量进行市场细分的方法。消费者需求往往受多种因素的影响，即使同一年龄范围、同一收入水平的消费者，也会因性别、地理位置及其他条件的不同而产生不同的需求。因此，在大多数情况下，企业应根据多种影响因素对整体市场进行多层次的细分。

3. 系列因素法

系列因素法是指选择 3 个以上细分变量，由粗到细逐步进行市场细分的方法。系列因素法涉及的细分因素也是多项的，但各项因素之间有先后和主次之分，这样筛选出来的目标市场更具有针对性，企业更容易把握消费者的真实需求。例如，某企业采用系列因素法细分市场，首先选择地理位置、性别、年龄、收入 4 个细分变量，然后依次按照其顺序进行市场细分，最终选择城市中等收入的青年女性市场，如图 5-1 所示。

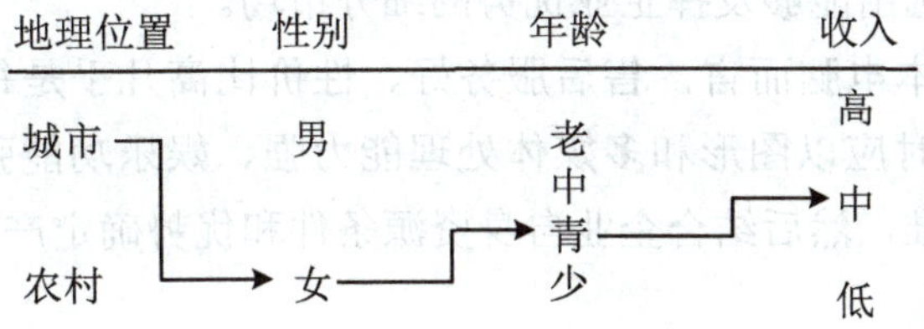

图 5-1 系列因素法示意图

（二）市场细分的步骤

市场营销学家杰罗姆·麦卡锡教授除了提出著名的 4P 理论，还将市场细分的过程归纳为以下 7 个步骤。

1. 选定市场范围

在对市场环境进行充分的调研分析之后，企业需要从市场需求出发，结合自身经营条件和能力选定一个市场范围，确定企业要进入什么行业、生产什么产品。

需要注意的是，产品市场范围的确定要以消费者需求为主要依据，这样才能充分挖掘潜在市场。例如，一家房地产企业打算在繁华地段建造一栋公寓楼，从房屋面积、地理位置等产品特性来看，该公寓楼适合工薪阶层，但从市场需求的角度来看，许多家境富裕的在校学生、刚起步的创业者、有投资需求的高收入者等也是潜在消费者。因此，企业要把这栋公寓楼看作面向多个消费者群体的产品，而不只是面向工薪阶层。

2. 列举市场潜在需求

企业应尽可能详细地列举消费者对产品的功能、价格、质量、款式等方面的需求及其变化，并根据地理因素、心理因素及购买行为因素等估计潜在消费者对产品的基本需求，从而为市场细分提供可靠的依据。

例如，某笔记本电脑生产企业通过市场调研发现，消费者对笔记本电脑的基本需求包括价格合理、外形美观、重量轻、散热性强、电池续航能力强、图形及多媒体处理能力强、设备接口齐全、售后服务好等诸多方面。

3. 分析需求差异，进行初步的市场细分

企业应先列出所有潜在消费者的基本需求，然后对需求进行分类。有些需求是所有消费者群体都强调的，有些则是某些消费者群体的特殊需求。通过比较需求之间的差异，不同的消费者群体就被初步识别出来。

例如，就笔记本电脑而言，在校学生要求性价比高、售后服务好、外形美观、娱乐功能强等；经常出差的商务人士要求重量轻、外形美观、电池续航能力强、售后服务好等；专业人员要求散热性强、图形及多媒体处理能力强、设备接口齐全等。

4. 排除共同需求，筛选出能发挥企业优势的细分市场

筛选细分市场时，企业应以不同消费者群体需求的差异性作为依据，然后结合企业自身的实际情况，筛选出能够发挥企业优势的细分市场。

例如，对于笔记本电脑而言，售后服务好、性价比高几乎是每一位潜在消费者的要求，企业在筛选市场时应以图形和多媒体处理能力强、娱乐功能强、电池续航能力强等特殊需求作为细分标准，然后结合企业自身资源条件和优势确定产品开发方向。

5. 命名细分市场

对于筛选出的细分市场，企业应精心为其命名，使名称既能反映该细分市场的特点又能抓住潜在消费者的心。

仍以笔记本电脑为例，经常出差的商务人士和白领的需求相似，可以将两者合并，命名为“商务本用户群”；学生群体可以命名为“全能学生本用户群”。

6. 进一步分析市场

根据市场细分原则，企业应深入分析潜在消费者需求与购买行为特点及背后的原因，以便在此基础上决定是否对细分出来的市场进行合并或进一步细分，从而最终确定各细分市场。

7. 确定市场规模，制订营销策略

企业应根据市场调研结果，评估每一个细分市场的消费者数量、消费者购买频率、消费者平均消费金额等，并对细分市场的竞争情况及发展趋势做出预测，进而根据市场规模和预期的市场目标，制订相应的营销策略。

任务实施

调研某企业的市场细分情况

任务要求

调研某企业的市场细分情况，进一步理解市场细分的原则、标准、方法和步骤。

任务流程

（1）学生分组：全班学生以 5～8 人为一组进行分组，每组选出一名成员担任本组的组长。

（2）展开调研：以小组为单位，选择某一企业，小组成员通过在线搜集资料、实地调研等方式，调研该企业的市场细分情况。

（3）调研总结：每位同学根据调研情况进行总结，并将表 5-3 填写完整。

表 5-3 某企业的市场细分情况

企业名称	
细分市场的构成	
市场细分的标准	
市场细分的方法	

（4）展开讨论：以小组为单位，讨论下列问题。

① 本组所选企业细分市场的构成包括哪些？该企业进行市场细分遵循的标准是什么？

② 本组所选企业进行市场细分的方法是什么？你认为该企业划分的细分市场是否合理？为什么？

（5）进行分享：以小组为单位整理相关资料并制作 PPT，各组分别派代表在课堂上进行分享。分享结束后，同学们交流讨论，教师点评。

任务二 选择目标市场

任务导入

小米公司的目标人群

小米公司在科技领域具有广泛的影响力，其目标人群对公司的支持起到了至关重要的作用。小米公司的目标人群具有以下显著特点。

（1）年轻人。

年轻人，即18～35岁的人群是小米公司的重要用户群体。这个年龄段的消费者对新鲜事物充满兴趣，追求时尚，并且对网上购物等新消费方式接受度高。他们注重产品的质量、外观设计和使用体验，而小米公司的产品往往能够满足他们这些方面的需求。例如，小米手机通过时尚的外观设计、强大的性能配置及丰富多样的功能吸引了大量年轻消费者。

小米公司的目标人群

（2）"技术发烧友"。

小米公司以不断创新的技术和丰富的功能，使其产品成为"技术发烧友"的青睐之选。小米公司经常在产品中融入最新的科技元素，如高性能的处理器等，以满足"技术发烧友"对科技前沿的追求。

（3）注重性价比的人群。

小米公司的产品以高性价比著称，无论是智能手机、智能家居设备还是其他电子产品，小米公司都能让消费者以相对较低的价格获得较好的功能体验，因此吸引了大量注重性价比的消费者。

（4）"米粉"群体。

小米公司注重与用户的互动和交流，通过建立"米粉"文化，培养了一大批忠实的粉丝用户。这些"米粉"不仅是小米公司产品的使用者，更是小米品牌的推广者和传播者。他们积极参与小米公司的各种活动，对小米公司的产品和品牌有着高度的认同感和忠诚度。

小米公司通过对目标人群的深入理解与把握，不断推出符合消费者需求的产品，在竞争激烈的科技市场中取得了显著的成绩。

思考

小米公司的目标人群有哪些特点？企业应如何制订目标市场的营销战略？

一、认识目标市场

目标市场即目标消费者群体所在的市场，是企业在市场细分的基础上决定进入的最佳细分市场。

课堂讨论

目标市场与细分市场的区别与联系是什么？

二、目标市场的选择模式

企业在选择目标市场时，通常采取的模式有以下几种。

（一）市场集中化模式

市场集中化模式是指企业只针对一个细分市场，生产符合该细分市场需求的产品并进行集中营销的模式。例如，图 5-2（a）所示的 A 企业仅选定 M2 市场作为目标市场，且仅生产 P1 产品来满足 M2 市场的消费者需求。这是一种最简单的目标市场模式。选择市场集中化模式时，企业容易发挥自身优势，但会降低自身抵御市场风险的能力，导致经营状况受细分市场环境影响较大。

企业选择市场集中化模式一般基于以下考虑：企业具备在该细分市场从事专业化经营的优势条件；由于资金、技术等资源的限制，企业只能经营一个细分市场；企业在该细分市场中没有强有力的竞争者；企业准备以此为出发点，在取得成功后向更多的细分市场扩展。

（二）产品专业化模式

产品专业化模式是指企业生产一种产品用来应对不同细分市场需求的模式。例如，图 5-2（b）所示的 A 企业只生产 P1 产品，但提供给 M1、M2、M3 三个不同的细分市场。

产品专业化模式的优势如下：① 有助于分散企业经营风险，即使某个细分市场不景气，企业仍可以从其他细分市场获利；② 生产相对集中，有助于企业在生产领域形成技术优势和规模效应，树立品牌形象。产品专业化模式的劣势是，当出现新技术或者替代产品时，企业会受到严重冲击，甚至面临经营滑坡的风险。

（三）市场专业化模式

市场专业化模式是指企业生产各种产品只服务于某一细分市场的模式。例如，图 5-2（c）所示的 A 企业只服务于 M1 市场，其同时提供了 P1、P2、P3 三种产品来满足该市场的需求。

在市场专业化模式下，企业经营的产品类型众多，能够有效地分散经营风险，并与消费者形成紧密联系；但是，由于产品集中在某一个细分市场，因此，当该细分市场需求下降时，企业销量也会受到影响。

（四）选择专业化模式

选择专业化模式是指企业有选择、有目的地进入多个细分市场，针对不同的细分市场生产与消费者需求相匹配的产品的模式。例如，图 5-2（d）所示的 A 企业针对 M1、M2、M3 市场生产 P3、P2、P1 产品，每种产品专供一个细分市场。

选择专业化模式是一种多元化的经营模式，可以最大限度地分散企业的经营风险。即使企业在其中某一个细分市场亏损，在其他细分市场仍可以保持盈利。但是，企业如果没有相应的资源优势和营销实力，则采取选择专业化模式很有可能造成资源分散、优势难以集中的局面。

（五）市场全面化模式

市场全面化模式是指企业生产不同系列的产品，并将产品全面覆盖整个市场的模式。例如，图 5-2（e）所示的 A 企业生产 P1、P2、P3 三个系列产品，并将产品全面覆盖每一个细分市场，以期能够全面满足消费者的不同需求。

市场全面化模式对企业的要求较高，需要企业具有较强的市场开发能力、企业管理能力、产品研发能力等，所以只有实力雄厚的大型企业才会选择此模式。

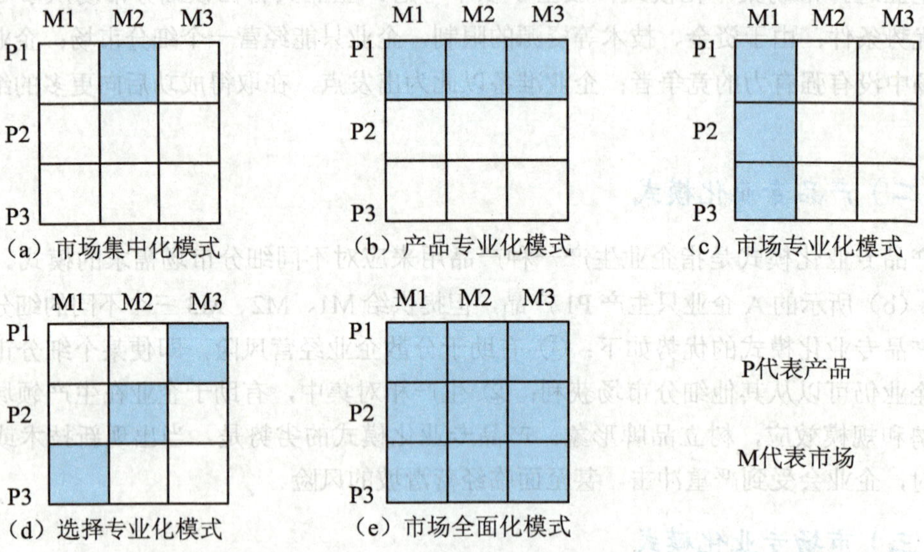

（a）市场集中化模式　（b）产品专业化模式　（c）市场专业化模式
（d）选择专业化模式　（e）市场全面化模式

图 5-2　A 企业的目标市场选择模式

典型案例

海尔集团的多元化营销战略

海尔集团创立于1984年，目前是全球领先的美好生活和数字化转型解决方案服务商。海尔集团经历了以下6个发展战略阶段：① 1984—1991年，名牌战略；② 1991—1998年，多元化战略；③ 1998—2005年，国际化战略；④ 2005—2012年，全球化品牌战略；⑤ 2012—2019年，网络化战略；⑥ 2019年至今，生态品牌战略。

海尔集团一直以来是我国企业实施多元化营销战略（选择专业化模式）的成功典范，总结其多元化营销战略的发展轨迹可以看出海尔集团多元化模式分为以下3个阶段：

（1）1984—1991年的品牌发展战略。连续7年的时间里，海尔集团一直采用产品专业化模式，在电冰箱领域建立了良好的品牌形象和较高的知名度，这是海尔集团品牌延伸的基础。

（2）1991—1998年的多元化相关产业战略。海尔集团通过科学管理和技术创新，开始从单一产品扩展到白色家电、黑色家电、米色家电等领域，7年来坚持进行纵向一体化，重要家电产品线已实现垂直整合。

（3）1998年至今的非相关多元化发展战略。海尔集团开始横向整合，依托家电领域的优势向数码、家居、医药等领域发展，成功实现从产品领域的多元化，向产业经营格局的多元化迈进。

三、目标市场的营销战略

（一）无差异营销战略

无差异营销战略是指企业不考虑细分市场的差异性，把整体市场作为一个大的目标市场，对所有的消费者只提供一种产品，采用单一市场营销组合的目标市场营销战略，如图5-3所示。

图5-3 无差异营销战略

（二）差异化营销战略

差异化营销战略是指企业将整体市场划分为若干细分市场，然后根据自身资源条件和营销实力选择部分或者全部细分市场作为目标市场，并且针对目标市场的需求设计不同的产品和营销方案的目标市场营销战略，如图 5-4 所示。

（三）集中化营销战略

集中化营销战略是指企业集中所有力量来满足一个或几个细分市场的需求的目标市场营销战略，如图 5-5 所示。例如，某儿童图书出版企业仅关注学龄前市场。

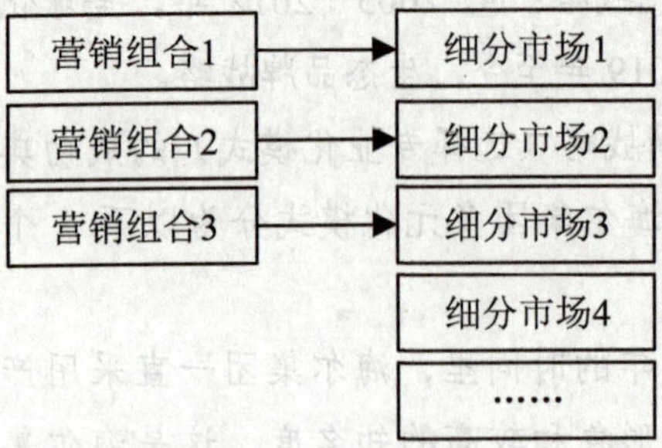

图 5-4　差异化营销战略

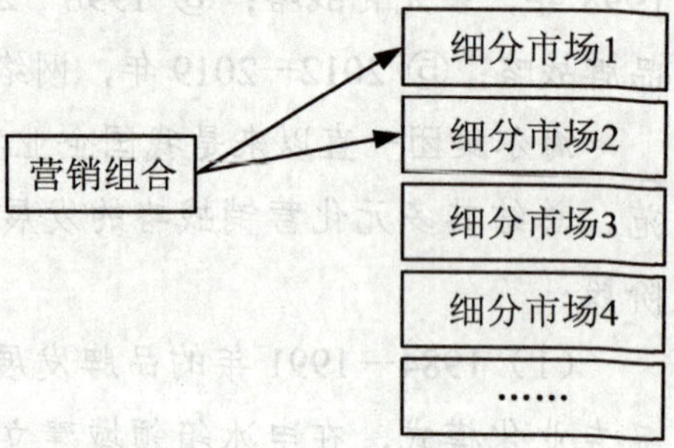

图 5-5　集中化营销战略

（四）3 种目标市场营销战略的比较

3 种目标市场营销战略的优势、劣势及适用范围如表 5-4 所示。

表 5-4　3 种目标市场营销战略的优势、劣势及适用范围

类　别	优　势	劣　势	适用范围
无差异营销战略	① 推动批量生产和经营，能够产生规模效益；② 推动统一营销，能够降低营销费用	① 无法满足多样化的市场需求；② 容易导致企业的市场应变能力变差，抗风险能力变弱	适用于需求广泛且高度相似的市场，产品要能够大批量生产和销售
差异化营销战略	① 有助于构建丰富的产品线，能够更好地满足市场多元化需求；② 有助于增强企业的抗风险能力，提高其市场份额	① 容易导致企业资源分散；② 导致产品研发和营销的费用增加	适用于实力较强且具有一定的资源调动经验的企业
集中化营销战略	① 有助于提高产品的针对性，能够更好地满足特定细分市场的需求；② 能够降低生产成本、研发和营销费用	① 选定的市场空间较小，使企业发展受限；② 容易导致企业的市场应变能力变差，抗风险能力变弱	适用于资源有限的中小企业或初次进入新市场的企业

四、选择目标市场营销战略时应考虑的因素

（一）企业资源

企业所拥有的资源是企业实力的表现，企业资源一般包括人力、物力、财力等，体现在企业的生产水平、技术水平、销售能力、管理能力和企业资产等方面。企业如果实力雄厚，技术水平高，营销能力强，则适合采用差异化营销战略或无差异营销战略；如果实力有限或者是初创企业，则适合采用集中化营销战略，以求集中有限的资源及优势来打开局面。

（二）产品特性

产品特性是指产品所表现出来的功能、特点、外观等方面的差异。

产品如果特性差异比较小，则适用无差异营销战略。例如，不同品牌的米面、食盐、食用油、白糖等日用消费品的原材料相同，而加工工艺不尽相同，使得其在质量上存在差别，但是从产品特性来看，这种差别并不明显，所以这类产品比较适合无差异营销战略。

反之，在产品特性方面具有较大差异的产品，适用于差异化营销战略或集中化营销战略。例如，在汽车市场和手机市场，产品之间的差异较大，消费者在购买产品时会考虑价格、性能、外观等多种因素，所以，企业应采用差异化营销战略或集中化营销战略，否则就难以在众多同类产品中脱颖而出。

（三）市场特性

市场特性是指不同细分市场中消费者需求的差异性。在同质市场，消费者对于产品的需求相近或基本相同，所以适用无差异营销战略；在异质市场，消费者需求的差异比较大，所以适用差异化营销战略或集中化营销战略。

（四）产品生命周期

产品生命周期主要包括导入期、成长期、成熟期、衰退期等阶段。企业应随产品生命周期阶段的变化而不断调整目标市场营销战略。

一般而言，在产品导入期，由于竞争者较少，企业可以采取无差异营销战略，以发现市场需求与潜在客户。当产品进入成长期或者成熟期时，市场上同类产品增加，市场竞争加剧，消费者需求日益多样化，这时，企业应采取差异化营销战略，以开拓新市场、满足新需求、延长产品生命周期。当产品进入衰退期时，为了巩固现有市场、延长产品的生命周期、全力应对竞争者，企业宜采取集中化营销战略或无差异营销战略。

（五）竞争者的状况

企业选择目标市场营销战略时，应着重考虑竞争者的状况，而且应根据竞争者的数量和战略来做出决策。

如果竞争者数量较少、实力较弱，企业可采用无差异营销战略；如果市场竞争激烈、竞争者过多，则企业宜采取差异化营销战略或集中化营销战略。当竞争者实施差异化营销战略或集中化营销战略时，企业应进行更为有效的市场细分，寻找新的良机与突破口。

总之，面对竞争者时，企业应根据竞争者和市场的具体情况，灵活选择目标市场营销战略。

典型案例

方太抽油烟机的目标市场选择

方太创建之初，市场上已有200多家抽油烟机厂商相互竞争，强手林立。帅康、老板、玉立等几个国内知名品牌已占据大部分国内市场，此时跻身其中无异于虎口夺食，似乎成功的胜算不大。但是，方太通过对国内抽油烟机市场进行了认真扎实的市场调研发现，市面上流行的抽油烟机风量和吸力达不到理想水平，而且由于结构设计不合理，普遍存在滴油、漏油的弊病。

经过审慎分析，方太决定将全副身家集中押宝在中高端市场，实施集中化营销战略，在小家电市场“巨头林立”的格局中杀出血路。此后，方太始终坚持“专业、高端、负责”的战略性定位，品牌实力不断提升。

任务实施

调研某企业的目标市场情况

任务要求

调研某企业的目标市场情况，进一步理解目标市场的选择模式和目标市场的营销战略。

任务流程

（1）学生分组：全班学生以5～8人为一组进行分组，每组选出一名成员担任本组的组长。

（2）展开调研：以小组为单位，选择某一企业，小组成员通过在线搜集资料、实地调研等方式，调研该企业的目标市场情况。

（3）调研总结：每位同学根据调研情况进行总结，并将表 5-5 填写完整。

表 5-5 某企业的目标市场情况

企业名称	
目标市场	
对应的目标市场的选择模式	
采取的目标市场的营销战略	
目标市场的发展现状和发展前景	

（4）展开讨论：以小组为单位，讨论下列问题。

① 本组所选企业选择的目标市场是什么？该企业的目标市场有什么特点？

② 本组所选企业采取的目标市场的营销战略是什么？你认为该企业采取的目标市场的营销战略是否合理？为什么？

（5）进行分享：以小组为单位整理相关资料并制作 PPT，各组分别派代表在课堂上进行分享。分享结束后，同学们交流讨论，教师点评。

任务三 进行市场定位

任务导入

格力电器坚持科技制胜

格力电器以科技作为多元化发展的核心驱动力，不断攻克关键“卡脖子”技术，在智能装备、生活家电、新能源等多元化领域持续发力，为业绩提供增长动力。

（1）智能装备领域——持续创新，提供可靠的智能制造解决方案。

目前，格力智能装备在广东省珠海市设立了 15 个研发单位、7 大技术服务中心，拥有3个省级科研平台，其中包含1个省级企业技术中心、1个省级制造业创新中心等。产品涵盖工业机器人、数控机床、智能物流仓储、工业自动化四大领域，应用到家电、新能源、汽车、3C等多个领域。

（2）生活家电领域——升级全品类智能家电，打造美好生活家居生态。

格力电器坚持科技制胜

格力电器坚持自主创新、自主研发、自主制造，以核心科技打造零碳健康家。持续升级全屋能源、空气、健康、安防和光照五大智慧生活系统；针对家居客厅、卧室、厨房等不同生活空间，研发个性化的空间智能解决方案，打造绿色、高效、便捷、安全的家庭万物互联空间。

（3）新能源领域——深耕技术创新，构筑美好未来。

“双碳”背景下，我国能源绿色转型正加快推进，以新能源为主体、安全高效的新型电力系统和储能系统，逐渐成为实现“双碳”目标的重要举措。近年来，格力电器在绿色能源持续发力，致力于新能源领域的关键技术研究和产品开发，协同构建新能源产业布局，为我国绿色经济转型发展助力。

思考

企业市场定位的方法有哪些？格力电器是如何通过坚持创新定位不断取得市场突破的？

一、认识市场定位

市场定位是指企业加强研发和设计，使自己的产品具有一定的特色，以适应目标市场需求和消费者偏好，同时塑造产品在目标消费者心目中的良好形象，从而找到合适的市场位置的过程。

市场定位的实质是产品差异化，即强化或放大某些产品特性因素，从而形成与众不同的产品形象，使消费者明显感觉和认识到本企业的产品与其他企业产品的差别。具体来说，产品特性既可以从产品实体上表现出来，如产品形状、成分、构造、性能等，也可以从价格水平、质量标准等方面表现出来。

在进行市场定位时，企业首先要了解竞争者的产品属性，其次要研究目标消费者对各项产品属性的重视程度，最后要结合自身实际情况选定本企业产品的特色和独特形象，从而完成产品的市场定位。

二、市场定位的战略

（一）产品差异化战略

1. 产品质量差异化战略

产品质量差异化战略是指企业向市场提供竞争者不可比拟的高质量产品的战略。产品的高质量能够帮助企业产生较高的产品价值，进而提高产品的销售收入并获得比竞争者更高的利润。例如，格力电器一直致力于产品的技术创新和质量管理，尤其是格力空调赢得了消费者的高度认可和信任。

2. 产品可靠性差异化战略

产品可靠性差异化战略是指企业产品具有绝对的可靠性，甚至出现意外故障时，也不会丧失其使用价值的战略。例如，从事网络营销和网络金融作业的商家和金融机构有不愿因系统故障而停机的要求，企业提供的电脑、操作系统、网络等产品可靠性越高，市场竞争力越强。

3. 产品创新差异化战略

产品创新差异化战略是指企业率先推出具有创新特征的产品，以争取到有利的竞争优势地位的战略。高科技企业，一般都会采取以产品创新为核心的差异化战略。例如，华为凭借勇于探索、锐意开拓的创新精神，不断提高企业的竞争优势和获利能力。

（二）服务差异化战略

服务差异化战略是指企业向目标市场提供与竞争者不同的优质或特色服务的战略。企业的竞争力越能体现在顾客服务水平上，市场差别化就越容易实现。如果企业把服务要素融入产品的支撑体系，就可以在许多领域建立“进入障碍”。因为，服务差异化战略能够提高顾客总价值，保持牢固的顾客关系，从而击败竞争者。

因此，企业可以在服务上不断创新，努力使自己与产品有关的服务不同于其他企业。例如，京东以其及时、安全的物流服务赢得市场竞争优势。

（三）人员差异化战略

人员差异化战略是指企业通过聘用和培训比竞争者更为优秀的员工以获取差别优势的战略。为此，企业应通过多途径加强员工培训，尽可能地使自己的员工具有以下基本素质：① 能力，具有产品知识和职业相关技能；② 礼貌，友好对待顾客，尊重和善于体谅他人；③ 诚实，使人感到坦诚和可以信赖；④ 可靠，强烈的责任心，保证准确无误地完成工作；⑤ 反应敏锐，对顾客的要求和困难能迅速反应；⑥ 善于交流，尽力了解顾客，并将有关信息准确地传达给顾客。

（四）形象差异化战略

形象差异化战略是指在产品的核心部分与竞争者类似的情况下，塑造不同的产品形象以获取差别优势的战略。企业或产品想要成功地塑造形象，必须具有创造性思维，并持续不断地利用企业所能利用的所有工具传播自己的形象信息。融入某一特色文化（如我国传统文化）的优秀创意，能更好地实现形象差异化战略。

三、市场定位的方法

市场定位实际上是根据产品的特点及消费者对产品的感觉，确定本企业产品与竞争者之间的竞争关系。概括而言，市场定位主要包括以下几种方法。

（一）避强定位

避强定位是指企业避开强有力的竞争者，通过研发使自己的产品在某些特征或属性方面与竞争者的产品形成显著差异的做法。

避强定位可以避开强有力的竞争者的关注，有助于企业快速地在市场上站稳脚跟，也有助于企业在消费者心中树立起鲜明的品牌形象。这种方法的市场风险较小，成功率较高。但是，采取避强定位方法往往意味着企业将放弃较好的市场机会，从而使企业处于较差的市场位置。

（二）对抗性定位

对抗性定位是一种与强势的竞争者“对着干”的做法，表现为企业为了实现经营目标，不惜与市场上已占据一定市场地位的竞争者进行正面交锋。

显然，这种定位方法会给企业带来一定的风险，但不少企业认为这种定位方法能够激励自身奋发上进，一旦成功就会取得巨大的市场竞争优势。采取对抗定位方法时，企业必须知己知彼，尤其要清醒地认识自身的实力，不要一味追求打败竞争者，只要能够压制竞争者就已经算是成功了。

（三）对立性定位

对立性定位是指企业使自己的产品与竞争者的产品形成显著差异的做法。这种方法适合市场已经相对饱和、后发创业的企业。企业通过对立性定位，分化并提出新的市场需求，让自己成为与众不同的对立者，从而跳出同质化竞争。例如，“二手车直卖网，没有中间商赚差价”的宣传口号，使消费者联想到传统二手车市场竞争者“有中间商”“赚得多”的对立面，从而体现出二手车直卖网的竞争优势。

（四）独特销售主张定位

独特销售主张定位（unique selling proposition, USP）是指企业通过强调产品具体的特殊功效和利益，给予消费者一个明确的利益承诺的做法。其特点是企业向目标消费者陈述产品的卖点，同时这个卖点必须是独特的、能够带来销量的。

（五）档次定位法

大部分产品都可划分为低档、中档和高档 3 个档次。不同的消费者群体对产品档次的要求是不同的，企业可以从自身实力和细分市场上消费者对档次的要求出发来进行市场定位。

（六）重新定位

重新定位是指企业通过通盘筹划打破现有的市场定位体系，建立新的市场定位体系，从而获得新的、更大的市场活力的做法。

进行重新定位时，企业应因势利导，顺应市场、消费者需求及企业竞争优势的变化等。例如，王老吉通过从“清热解毒去暑湿”的药饮产品重新定位为“预防上火”的饮料，成功地完成了企业转型，并通过“怕上火，喝王老吉”这句耳熟能详的广告词，迅速打开了市场。

（七）创新定位

创新定位是指企业全力寻找新的、未被发现或未被占领的市场，并且以此为突破口生产市场上没有的且具有某种特色的产品，从而填补市场空缺的做法。

任何企业的产品都不可能占据同类产品的全部市场，也不可能拥有同类产品的所有竞争优势。市场中存在着无限的机会，企业应善于发现和挖掘市场机会。

辉煌中国

中国 2030 年前实现载人登月

在神舟十六号载人飞行任务新闻发布会上，中国载人航天工程新闻发言人、载人航天工程办公室副主任介绍了中国载人航天工程下一步的发展计划，明确表示总的目标是：2030 年前实现中国人首次登陆月球，开展月球科学考察及相关技术试验，突破掌握载人地月往返、月面短期驻留、人机联合探测等关键技术，完成“登、巡、采、研、回”等多重任务，形成独立自主的载人月球探测能力，将推动载人航天技术由近地走向深空的跨越式发展，深化人类对月球和太阳系起源与演化的认识，为月球科学的发展贡献中国智慧。

四、市场定位的步骤

（一）分析市场现状，识别企业的潜在竞争优势

识别和分析企业自身的潜在竞争优势是市场定位的基础。

为了识别潜在优势，首先，应进行规范的市场分析，切实了解目标市场需求的特点，以及这些需求被满足的程度，这是企业取得竞争优势并实现产品差异化的关键。其次，企业应从以下 3 个方面研究自身及其主要竞争者，从而发现自身潜在的竞争优势：① 市场定位及经营管理情况，如技术水平、管理水平、组织结构、市场地位、市场份额等；② 核心营销能力，如产品开发能力、产品质量、服务水平、营销渠道等；③ 财务能力，如获利能力、营运能力、偿债能力等。

（二）准确地识别和选择竞争优势，初步进行市场定位

企业的竞争优势是指相对于竞争者而言，企业在经营管理、产品开发、产品质量、营销渠道、成本控制、服务水平、品牌知名度等方面所具有的可获取差别利益的优势。

企业应结合目标市场需求的特点及目标市场需求被满足的程度，梳理企业潜在竞争优势获取差别利益的可行性，从而准确地识别和选择自身的竞争优势，为初步进行市场定位提供依据。

初步进行市场定位后，为了确保销售顺利，企业应在初步定位的市场上再次进行市场调研和开展产品试销活动。

（三）发挥独特的竞争优势

在确定自身的竞争优势后，企业需要通过一系列宣传、促销等营销活动来进行宣传推广，准确地将自己独特的竞争优势传播给目标消费者，从而达到在目标消费者心中留下深刻印象的效果。

在宣传推广过程中，企业应先与目标消费者建立情感联系，促使目标消费者逐步了解、熟悉、认同、喜欢和偏爱本企业的市场定位，同时在目标消费者心中建立与市场定位相一致的品牌形象，然后通过提供良好的产品和服务强化企业在目标消费者心中的形象。

（四）随机应变，及时调整市场定位

市场定位不是一蹴而就的，而是不断调整的过程，企业应根据市场反馈对定位过程中出现的定位过高、定位过低、定位模糊或混乱等问题及时进行调整。

产品上市后，企业应密切关注市场环境的变化，做好调整市场定位的准备。促使企业调整市场定位的原因有 3 个：① 消费者偏好转移或需求萎缩；② 企业的资源状况发生了变化；③ 竞争者的实力发生了变化，或者竞争者已经调整市场定位策略，对企业构

成了威胁。调整市场定位，是企业为适应市场环境所做出的重大决策，是企业改变产品特色使消费者重新认识企业和产品的过程，更是企业增强应变力、降低市场风险的关键一步。

任务实施

调研某企业的市场定位情况

任务要求

调研某企业的市场定位情况，进一步理解市场定位的战略和方法。

任务流程

（1）学生分组：全班学生以5～8人为一组进行分组，每组选出一名成员担任本组的组长。

（2）展开调研：以小组为单位，选择某一企业，小组成员通过在线搜集资料、实地调研等方式，调研某企业的市场定位情况。

（3）调研总结：每位同学根据调研情况进行总结，并将表5-6填写完整。

表5-6　某企业的市场定位情况

企业名称	
市场定位	
采取的市场定位的战略	
采取的市场定位的方法	
企业的发展现状和发展前景	

（4）展开讨论：以小组为单位，讨论下列问题。

① 本组所选企业的市场定位是什么？该企业采取的市场定位的方法是什么？

② 本组所选企业采取的市场定位的战略是什么？你认为该企业采取的市场定位的战略是否合理？为什么？

（5）进行分享：以小组为单位整理相关资料并制作 PPT，各组分别派代表在课堂上进行分享。分享结束后，同学们交流讨论，教师点评。

项目实训

实训目标

通过实训练习，学生应进一步了解市场细分、目标市场和市场定位的概念，掌握企业在选择目标市场和进行市场定位时所采取的战略，从而能够帮助企业进行目标市场选择和市场定位。

实训要求

全班学生以 5～8 人为一组进行分组，每组选择某一企业，小组成员通过在线搜集资料、实地调研等方式，了解该企业所处的细分市场，分析其目标市场选择战略和市场定位战略，撰写分析报告（如果现有的目标市场选择战略和市场定位战略合理，分析其优势；若不合理，提出改善建议）。然后，各组分别派代表在课堂上分享实训过程及成果。

实训过程

将实训任务的具体完成情况记录在表 5-7 中。

表 5-7　实训过程

时间安排	实训步骤
	（1）选定企业 企业名称：
	（2）展开调研，了解该企业所处的细分市场 所处的细分市场：
	（3）进行分析 目标市场选择战略：
	市场定位战略：

续表

时间安排	实训步骤
	（4）撰写分析报告 完成情况： 分析其优势或提出改善建议：
	（5）进行分享 完成情况：

实训评价

学生、教师根据各组项目实训的完成和分享情况，结合表 5-8 中的内容进行评价。

表 5-8　实训评价

项目名称	评价标准	分　值	评价分数		
			自　评	互　评	师　评
素养评价（20%）	能够积极、认真地参与项目实训	6 分			
	具备团队精神，积极与他人合作	6 分			
	具备创新思维和自主探究学习的意识	8 分			
技能评价（40%）	具有较强的分析能力和洞察能力	10 分			
	调研内容详细，分析全面深入	10 分			
	能够帮助企业进行目标市场选择和市场定位	20 分			
成果评价（40%）	撰写的分析报告逻辑清晰、内容翔实、分析深入	20 分			
	分享效果良好	20 分			
合计		100 分			
总评	自评（20%）+互评（20%）+师评（60%）=		教师（签名）：		

项目考核

一、选择题

（1）在春节、中秋节、七夕节等节日即将来临的时候，许多商家都大力宣传促销自己的产品，他们对市场进行细分选取的标准是（　　）。

A. 地理因素　　B. 人口因素　　C. 心理因素　　D. 行为因素

（2）企业只针对一个细分市场，生产符合该细分市场需求的产品并进行集中营销的模式属于（　　）。

A. 市场集中化模式　　B. 产品专业化模式

C. 市场全面化模式　　D. 选择专业化模式

（3）企业选择目标市场的基础是（　　）。

A. 市场定位　　B. 市场细分　　C. 竞争状况　　D. 企业战略

（4）当产品进入成长期或者成熟期时，市场上同类产品增加，市场竞争加剧，消费者需求日益多样化，这时，企业应采取（　　）。

A. 无差异营销战略　　B. 差异化营销战略

C. 集中化营销战略　　D. 大市场营销战略

（5）（　　）是指企业使自己的产品与竞争者的产品形成显著差异的做法。

A. 对抗性定位　　B. 重新定位　　C. 对立性定位　　D. 避强定位

二、判断题

（1）在产品特性方面具有较大差异的产品，适用于差异化营销战略或集中化营销战略。（　　）

（2）产品专业化模式是指企业有选择、有目的地进入多个细分市场，针对不同的细分市场生产与消费者需求相匹配的产品的模式。（　　）

（3）实施无差异营销战略的企业不考虑细分市场的差异性。（　　）

（4）在同质市场，消费者对于产品的需求相近或基本相同，这时，企业可采用差异化营销战略或集中化营销战略。（　　）

（5）避强定位的市场风险较小，成功率较高。（　　）

三、思考题

（1）市场细分的原则是什么？企业为什么要进行市场细分？

（2）目标市场的选择模式有哪些？这些目标市场的选择模式各自有什么特点？

（3）市场定位的方法主要有哪些？举例说明现实企业采取的市场定位的方法。

市场营销策略组合

项目导读

在现代市场竞争中，企业之间不仅是产品、价格和服务等方面的较量，还是分销渠道和促销策略的比拼。因此，现代市场营销不仅要求企业开发适销对路的产品，制订富有吸引力的价格，还要求企业建立便捷的分销渠道，采取强有力的促销手段。这就意味着制订合适的市场营销组合策略，是企业市场营销活动获得成功的关键。

学习目标

知识目标

- ✧ 了解产品和产品组合，掌握产品生命周期营销策略、新产品开发策略和品牌策略。
- ✧ 理解影响企业定价的因素，掌握企业的定价方法和策略。
- ✧ 认识分销渠道，掌握分销渠道的选择策略。
- ✧ 认识促销和促销组合，掌握各种促销方式的决策过程。

能力目标

- ✧ 能够灵活运用产品、价格、渠道和促销等策略。
- ✧ 能够根据实际情况，帮助企业制订适当的市场营销组合策略。

素质目标

- ✧ 培养精湛的专业技能，提升职业素养。
- ✧ 了解我国“数商兴农”工程的成效，助力我国乡村振兴。

任务一 制订产品策略

任务导入

华为“1+8+N”战略引领五大场景持续创新

近年来，华为基于以智能手机为核心的“1+8+N”全场景智慧生活战略，围绕智慧办公、运动健康、智能家居、智慧出行和影音娱乐五大场景，通过HarmonyOS赋能生态，为消费者打造更极致的全场景智慧生活体验。

华为“1+8+N”战略引领五大场景持续创新

（1）“1+8+N”的内涵。

“1”是指智能手机，它是整个全场景体验的核心控制设备，是用户接入互联网的主要入口和控制中心。用户可以通过智能手机对其他设备进行便捷的操控和管理，如查看和控制智能家居设备的状态、同步和查看智能穿戴设备的数据等，实现信息的集中管理和交互。

“8”是指平板、PC、大屏、音箱、耳机、手表、车机、眼镜等8类华为自研智能设备。这些设备与用户的生活和工作密切相关，各自承担着不同的功能和场景角色。

“N”代表着大量的合作伙伴设备，如各类智能家居电器、智能穿戴设备、智能办公设备等。这些设备通过与华为的核心设备和主要入口设备进行连接和交互，融入华为的全场景生态中，共同为用户创造更加丰富多样的智慧生活场景。

（2）全场景智慧生活领域。

在智慧办公领域，华为持续引领创新，通过设备协同和生态融合，让连接更便捷、信息流转更通畅、人机交互更自然。美学与科技融合，赋予华为智慧办公产品高端、时尚的外观设计和便携、多变的形态，激发用户灵感，带来更加高效、沉浸的办公和创作体验。

在运动健康领域，华为通过专业技术创新、架构创新、材质工艺创新、商业模式创新，为消费者带来了丰富的产品组合，从儿童到成人、再到对健康管理有特殊需求的群体都能拥有优质的产品选择。华为在运动健康监测、疾病风险筛查与主动健康管理等领域持续突破，在体征检测的准确性和体验上不断精进，为消费者健康保驾护航。

在智能家居领域，华为全屋智能在空间3.0时代持续引领空间智能化产业，推出首款空间穿越屏智能中控屏S2，并以智能开关蒙德里安、智能MINI Pro、万能智点等创新产品，与不断丰富的子系统生态，焕新智美“未来家”。

在智慧出行领域，智选车业务全面升级鸿蒙智行，深度赋能合作车企，成功发布系列精品车型，智能座舱、智能驾驶、智能安全体验深入人心，用户口碑持续提升。

在影音娱乐领域，华为整合全球研发资源，打造从入耳、半入耳、开放式到眼镜的全场景音频体验，满足消费者多场景需求。

思考

华为“1+8+N”战略指的是什么？华为为消费者带来的全场景智慧生活领域有哪些？企业应如何制订产品策略？

一、产品和产品组合

产品组合策略是市场营销策略组合中最重要的因素，是市场营销策略组合中其他策略的基础。想要制订有效的产品策略，必须先明确产品的整体概念。

（一）产品的整体概念

在现代市场营销学中，产品的概念具有极其宽广的外延和深刻的内涵。一般来讲，产品是指通过交换提供给市场的、能满足消费者或用户某一需求和欲望的任何有形物品和无形服务。产品是一个包含着多层次内容的整体概念，主要包括核心产品、形式产品、期望产品、附加产品和潜在产品 5 个层次，如图 6-1 所示。

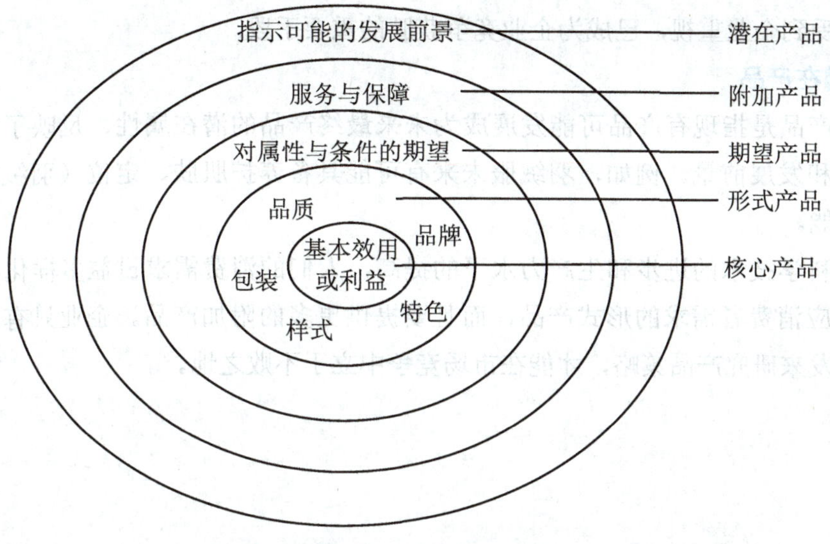

图 6-1 产品整体概念的 5 个层次

1. 核心产品

核心产品又称“实质产品”，是指向消费者提供基本效用或利益的产品属性，是产品整体概念中最基本、最重要的部分。消费者购买某种产品，不是为了获得它的所有权，而是为了满足某种特定的需求或欲望。例如，消费者购买羽绒服是为了“抵挡严寒”，购买化妆品则是为了“美貌”。因此，在开发和促销产品时，企业应明确产品的基本效用或利益，强调产品所具有的吸引力。

2. 形式产品

形式产品是指产品借以实现核心产品属性的外在形式，有品质、品牌、特色、样式和包装5个标志。形式产品可以为消费者所识别，是消费者选购产品的直观依据。例如，某品牌羽绒服轻薄时尚、色彩亮丽、做工考究，深受消费者欢迎。产品的基本效用必须通过特定形式才能实现，企业应努力寻求更加完善的外在形式以更好地满足消费者需求。

3. 期望产品

期望产品是指消费者在购买产品时期望得到的、与产品密切相关的属性和条件。例如，消费者在购买羽绒服时希望羽绒服保暖、透气性好、清洗方便、不跑绒等。消费者的期望往往是消费者选择购买某产品的条件，因此企业必须提供满足消费者期望的产品，否则就难以吸引消费者购买其产品。

4. 附加产品

附加产品又称“延伸产品”，是指产品附带的各种利益的总和，包括产品说明书、送货服务、安装服务、维修服务和分期支付服务等。例如，某羽绒服企业承诺提供无理由退货、免费干洗等服务。现代企业的产品同质化程度越来越高，不断提高产品的附加价值越来越受到企业重视，已成为企业竞争获胜的重要手段。

5. 潜在产品

潜在产品是指现有产品可能发展成为未来最终产品的潜在属性，反映了现有产品的演变趋势和发展前景。例如，羽绒服未来有可能具备养护肌肤、定位（羽绒服内安装芯片）等功能。

随着科学技术的进步和生产力水平的提高，人们的消费需求日益多样化，企业不但要提供适应消费者需求的形式产品，而且要提供更多的附加产品。企业只有从产品的整体概念出发来研究产品策略，才能在市场竞争中立于不败之地。

典型案例

福耀玻璃：一块玻璃的创新之路

多年来，从初期遮风挡雨的功能型玻璃，到具有多种高附加值的玻璃，福耀集团根据市场对玻璃提出的智能化、个性化等要求，不断开发适销对路的产品，努力提升产品的附加值。如今的福耀集团，已然成为汽车玻璃行业的巨头。

一块材质相差无几的汽车玻璃，包含着怎样的科技含量呢？

有人觉得造玻璃不需要技术含量，但福耀集团深知只有做到“人无我有，人有我强”，才能站得稳、站得高，因此，福耀集团最重视的也是技术研发。多年来，福耀集团自主研发了HUD抬头显示玻璃、憎水玻璃、隔热玻璃、隔声玻璃、加热玻璃、内嵌数据采集芯片的无人驾驶汽车玻璃等具有高技术含量的特殊玻璃。

福耀集团不断拓展“一块玻璃”的边界，由“产品供应商”向“为客户提供汽车玻璃解决方案”转型，超越客户需求。

（二）产品组合

1. 产品组合的概念

产品组合又称“产品搭配”或“产品结构”，是指企业所生产或经营的全部产品线和产品项目的有机组合。为了实现企业营销目标，充分有效地满足目标市场的需求，企业必须设计一个优化的产品组合。

（1）产品线是指产品组合中的某一产品大类，这类产品能满足某种需要或具有某些共性，表现为有些产品必须搭配使用，有些产品出售给同一消费群体或经由相同的销售渠道出售。例如，百货公司经营的产品线涵盖金银首饰、化妆品、服装鞋帽、家用电器、食品等产品大类。

（2）产品项目是指同一产品线中不同型号、规格、档次、质量和价格的特定产品，如百货公司经营的某一产品线中包括的具体品牌和品种。

2. 产品组合的宽度、长度、深度和关联度

衡量产品组合的变量通常有4个，即宽度、长度、深度和关联度（黏度）。企业的产品组合策略就是根据企业的目标与市场的需要对产品组合的宽度、长度、深度和关联度进行决策。

（1）产品组合的宽度是指企业产品组合中所拥有的产品线数目。产品线越多，则产品组合越宽，反之则越窄。例如，表6-1所示的甲企业有A、B、C、D、E五条产品线，其产品组合的宽度就是5。一般来说，百货公司经营的产品线较多，专营商场经营的产品线较少。

表 6-1 甲企业的产品组合

A 产品线	B 产品线	C 产品线	D 产品线	E 产品线
A1	B1	C1	D1	E1
A2		C2	D2	E2
A3		C3		E3
		C4		E4
		C5		

（2）产品组合的长度是指产品组合中产品项目的总数。例如，表 6-1 所示的甲企业 A 产品线下有 3 个产品项目，B 产品线下有 1 个产品项目，C 产品线下有 5 个产品项目，D 产品线下有 2 个产品项目，E 产品线下有 4 个产品项目，即该企业产品组合的长度为 15（3+1+5+2+4=15）。

（3）产品组合的深度是指每一产品项目所含的不同样式、规格、质量的产品数目的多少。例如，表 6-1 所示的甲企业 A1 产品项目有 3 种样式和 2 种规格，其深度就是 6（2×3=6）。统计产品组合中各个产品线下各个产品项目深度的总数目，将其除以产品项目总数目所得的商就是产品组合的平均深度。例如，表 6-1 所示的甲企业产品组合深度的总数目为 60 个（5 个产品线下 15 个产品项目深度的总和），则该企业产品组合的平均深度为 4（60÷15=4）。

（4）产品组合的关联度是指在企业的产品组合中，各条产品线之间在最终用途、生产条件、销售渠道等方面的相互关联程度。例如，格力电器虽然产品线较多，但各条产品线之间的关联度较大，都与电器有关。相反，百货公司经营的产品线较多，但其相互之间的关联度较小。

产品组合的宽度、长度、深度和关联度对企业产品组合策略的制订有重要意义，进而会影响企业的经营绩效。一般情况下，拓展产品组合的宽度，有利于企业扩大经营领域，实施多元化经营，更好地发挥潜在技术、资源优势并提升经营绩效，也有利于分散企业经营风险。开拓产品组合的长度和深度，有利于占领更多同类产品的细分市场，满足更广泛的市场需求，增强企业的竞争力。加强产品组合的关联度，则可以使企业在特定市场领域内增强竞争力和树立良好形象。因此，企业在开展营销活动的过程中有必要合理安排其产品组合的结构，力求恰到好处。

（三）产品组合策略

由于市场竞争和需求的发展变化，企业不可能保证产品组合始终是最合适的。这就要求企业及时对产品组合进行调整，以保持产品的最佳组合。常见的调整策略有以下几种。

1. 扩大产品组合策略

扩大产品组合策略是指企业开拓产品组合的长度、宽度和深度的做法。当企业预测现有产品线的销售额在未来可能下降时，可以考虑在原有产品组合中增加新的产品线，拓宽产品经营领域；或在原有产品线的基础上增加新的产品项目，增加产品线的长度；或在原有产品项目上增加新产品的规格、样式等，加深产品组合的深度。例如，某公司瞄准男性剃须美容市场，以主打产品喷射式剃须膏为基础打开市场，之后又进一步开发了护理霜、香水及烫发机等产品项目，增加了产品线的长度，获得了更多利润。

扩大产品组合策略的优点包括：① 有利于企业优化产品组合，扩大经营规模，满足不同消费者的偏好，提高产品的市场占有率；② 发挥企业潜在技术与资源优势，提高经济效益；③ 减小市场需求变动的不利影响，分散市场风险。

2. 缩减产品组合策略

缩减产品组合策略是指企业缩减产品组合的长度、宽度和深度的做法。在市场不景气或原料、资源供应紧张或想重新定位的时候，剔除亏损和获利少的产品线或产品项目，企业便可集中力量发展获利多的产品线和产品项目。

缩减产品组合的优点包括：① 有利于企业集中资源和技术力量改进产品品质，提高产品知名度；② 有助于实现生产经营专业化，提高生产效率，降低生产成本；③ 减少企业资金占用，加快资金周转。

3. 产品线延伸策略

产品线延伸策略是指企业完全或部分改变原有产品的市场定位的做法。产品线延伸的目的是开拓新的市场，吸引更多的消费者，或是适应消费者需求的变化。可供选择的产品线延伸策略有 3 种形态：向下延伸、向上延伸和双向延伸。

（1）向下延伸是指在原有的产品线中增加较低档产品项目的方式。

企业决定向下延伸的原因如下：① 高档产品受到竞争者同类产品的威胁；② 高档产品销售增长缓慢，只能将产品线向下延伸；③ 企业已建立品牌信誉，计划进入中、低档产品市场，扩大市场占有率；④ 企业需要弥补产品线的空白，防止中、低档产品市场成为竞争者的机会。

企业采用向下延伸策略可能面临的风险如下：① 分散资源和市场，可能削弱本企业高档产品的竞争力；② 企业的经销商可能不愿意经营中、低档产品；③ 可能会影响原有产品（特别是名牌产品）的市场形象。

（2）向上延伸是指在原有的产品线中增加较高档产品项目的方式。

企业决定向上延伸的原因如下：① 较高档产品市场的销售形势大好，利润很高；② 企业已达到进入较高档产品市场的条件；③ 企业需要重新进行产品线定位。

企业采用向上延伸策略可能面临的风险如下：① 较高档产品市场上的竞争者会不惜一切代价，坚守阵地，还可能伺机侵入较低档产品市场；② 若处理不慎，会影响原有产品的市场份额；③ 原有推销人员和经销商可能没有推销较高档产品的技能和经验，因而需要培养或物色新的销售人员。

（3）双向延伸是指原主攻中档产品市场的企业向产品线的上下两个方向延伸的方式。这种策略力争扩大产品阵容，全面出击，在一定条件下有助于加强企业的市场竞争地位。例如，某地便携式计算器市场一直由 A 公司的初级产品和 B 公司的高档产品所占据，C 仪器公司进入市场后，先上市中等价格、中等品质的计算器，然后逐渐向两个方向延伸，最后占据了便携式计算器市场的领导地位。

4. 产品线号召策略

产品线号召策略是指从产品线中提出一个或数个有特色的号召性产品去吸引消费者的做法。例如，将产品线中的低档产品作为促销产品，用于吸引消费者。

二、产品生命周期营销策略

产品生命周期的不同阶段具有不同的特征，企业应采取不同的营销策略来适应。

（一）产品生命周期的概念和阶段

1. 产品生命周期的概念

产品生命周期是指产品从进入市场到被市场淘汰，直至退出市场的全过程，是产品的市场寿命。一种新产品进入市场后，其生命周期即由此开始，当经历一段时间后它不再被消费者接受而退出市场时，其生命周期结束。

2. 产品生命周期的阶段

典型的产品生命周期通常包括导入期、成长期、成熟期和衰退期 4 个阶段，如图 6-2 所示。

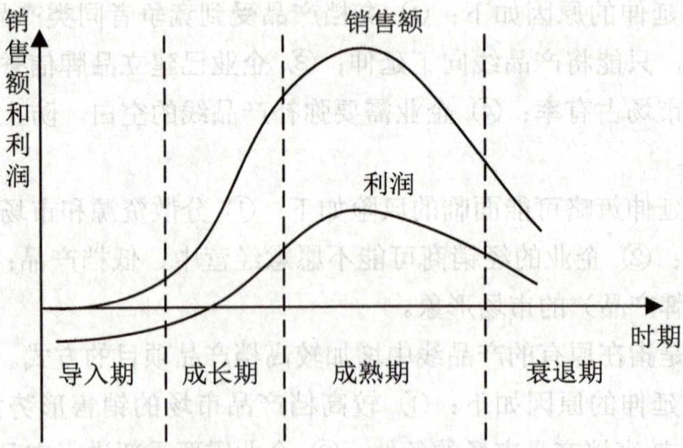

图 6-2　产品生命周期曲线

（1）导入期是指在市场上刚刚推出新产品的试销阶段。一般情况下，在此阶段，消费者对产品不熟悉，企业投入了大量的产品研发和推销费用，但产品产量低，分销渠道少，销量增长缓慢，几乎无利可图，甚至会出现亏损。这个阶段同类产品的竞争者也较少。

（2）成长期是指产品已打开销路后的销售增长阶段。一般情况下，在此阶段，产品在市场上已被消费者所接受，广告和促销费用降低，企业建立了比较理想的分销渠道，销售额迅速上升，成本大幅下降，企业利润明显提高。当然，这也是竞争开始加剧的时期。

（3）成熟期是指产品在市场上出现饱和状态的阶段。一般情况下，在此阶段，大多数消费者已拥有这种产品，产品销售额增长缓慢甚至出现下降的趋势。此外，由于竞争激烈，市场营销费用增加，导致企业利润下降。

（4）衰退期是指产品被迫退出市场的阶段。一般情况下，在此阶段，产品需求量、销量和利润迅速下降，消费者的兴趣开始转向其他性能更好的新产品，导致多数同类产品的企业无利可图，产品和企业纷纷退出市场。留在市场上的企业应采取削减促销费用、简化分销渠道、调低价格、处理存货等措施，以维持微利或保本经营。

（二）导入期的营销策略

在产品导入期，一方面，由于消费者对产品比较陌生，企业必须通过各种促销手段把产品引入市场，力争提高产品的市场知名度；另一方面，导入期的生产成本和销售费用相对较高，企业必须对新产品进行合理定价。因此，在导入期，企业营销的重点主要集中在促销和价格两个营销要素，一般有 4 种可供选择的营销策略，如图 6-3 所示。

价格水平 \ 促销水平	低	高
高	缓慢撇脂策略	快速撇脂策略
低	缓慢渗透策略	快速渗透策略

图 6-3 导入期的营销策略

1. 缓慢撇脂策略

缓慢撇脂策略是指企业以高价格、低促销水平推出新产品的做法。高价格、低促销水平结合有利于企业获取更多的利润，低促销的方法可以减少销售费用。这种策略的市场条件和对企业的要求如下：① 产品市场规模小，市场竞争威胁不大；② 企业的新产品能有效填补市场空白；③ 大部分潜在的消费者已经比较熟悉该产品，且他们愿意出高价购买。

2. 缓慢渗透策略

缓慢渗透策略是指企业以低价格、低促销水平推出新产品的做法。低价格有助于市场快速接受新产品，低促销又能使企业减少销售费用。这种策略的市场条件如下：

①产品市场容量大，市场竞争激烈；②消费者已了解该产品，并对价格敏感。

3. 快速撇脂策略

快速撇脂策略是指企业以高价格、高促销水平推出新产品的做法。其目的在于抢先占领市场，并希望在竞争还没有大量出现之前就能收回成本，获得利润。这种策略的市场条件和对企业的要求如下：①市场上消费者有较大的需求潜力；②消费者具有求新心理，有强烈的购买欲望且愿意为此付出高价；③面临潜在竞争者的威胁，企业能够尽快形成产品风格并建立品牌声誉。

4. 快速渗透策略

快速渗透策略是指企业以低价格、高促销水平推出新产品的做法。其目的在于先发制人，使产品迅速打入市场，为企业带来高市场占有率。这种策略的市场条件和对企业的要求如下：①产品市场容量大，市场竞争激烈；②消费者对产品不了解，但对价格敏感；③产品的单位制造成本可随生产规模和销售量的扩大迅速下降。

典型案例

小米公司的快速渗透策略

小米公司第一代手机以高配低价闻名，价格仅需1 999元。并且小米公司正式发布第一款小米手机时，以“探索黑科技，为发烧而生”的宣传语大力宣传促销。因此，小米手机自发布之后，直接颠覆了智能手机市场，通过低价格、高促销迅速打开市场，获得消费者的认可。

此外，小米公司首先开始官网直销，在国内率先开启了一种新的营销方式，并借助市场短暂的空缺期，迅速建立起自己的饥饿营销模式。等其他品牌纷纷效仿建立起自己的互联网直销后，小米公司已经在消费者之中打响了知名度，站稳了脚跟。

“论坛+微博+微信+QQ空间”成为小米公司营销的组合利器。线上利用社区和贴吧等与“米粉”互动，线下定期组织“爆米花”见面会，为“老米粉”提供新品试用特权，让用户参与新品研发……各种各样新奇有趣的玩法，通过多元化渠道满足“米粉”的参与感和成就感，进而形成了强大的舆论效益，在固化“老米粉”的同时吸引着越来越多的“新米粉”加入。小米公司就是这样充分地利用互联网，不断加强与消费群体之间的沟通和互动，从而不断增加用户黏度。

（三）成长期的营销策略

在产品的成长期，企业营销策略的重点应放在扩大市场份额、提高品牌声誉、提高消费者的偏好程度上，具体的营销策略如表6-2所示。

表 6-2 成长期的营销策略

策 略	内 容
扩大生产能力	企业积极筹措和集中必要的人力、物力和财力，进行基本建设或者技术改造，以利于扩大生产能力，满足其快速成长的需求
改善产品品质	企业根据消费者需求和市场变化，不断提高产品质量，努力开发新款式、新型号，发掘产品的新用途
适时调整价格	企业在大量生产的基础上，选择适当的时机调整价格，以争取更多的消费者
拓宽分销渠道	企业应巩固原有分销渠道，并努力增加新的分销渠道，以提高产品市场占有率
改变促销的重点	企业把促销的重心从建立产品知名度转移到树立产品形象上，主要目标是培养消费者的品牌偏好，争取新的消费者
寻找新的细分市场	企业通过市场细分，找到新的尚未满足的细分市场，根据其需求组织生产，并迅速进入这一新市场

（四）成熟期的营销策略

在产品的成熟期，企业应主动出击，可采取市场改良策略、产品改良策略、营销组合改良策略等。

1．市场改良策略

市场改良策略是指企业通过努力开发新的市场，来保持和扩大自己的产品市场份额的做法。其通常有以下几种方式：① 寻找新的细分市场，将产品引入新市场；② 刺激现有消费者，提高其使用率；③ 重新树立产品形象，寻找新的消费者。

2．产品改良策略

产品改良策略是指企业通过改进产品的品质或服务来满足消费者的不同需求的做法。从产品整体概念的任何一个层次进行改进，都可视为产品改良。企业可以通过改变产品的品质、特色、样式、服务与保障等来吸引新的消费者，扩大销售规模。

3．营销组合改良策略

营销组合改良策略是指企业通过改良营销组合中的某一要素或多个要素以延长产品成熟期的做法。其通常有以下几种方式：① 提高产品质量、改变产品性能、增加产品品种，提高服务水平；② 通过降低售价来加强竞争力；③ 开拓分销渠道，以提高市场占有率；④ 采用多种促销方式（如特价促销、折扣促销、补贴运费、附赠礼品等），以降价让利，采用多种促销策略（如广告促销、人员推销、营业推广等），以提高企业及产品的宣传力度；⑤ 上述方法的各种组合。

（五）衰退期的营销策略

在产品的衰退期，企业应进行认真的研究分析，进而决定是继续留在市场还是退出市场。在这个时期，企业可采取的营销策略如表 6-3 所示。

表 6-3 衰退期的营销策略

策 略	内 容
维持策略	企业保持原有的目标市场，采用原来的定价策略、分销渠道和促销方式，直到这种产品完全退出市场为止
集中策略	企业把资源集中到最有利的细分市场和分销渠道上，以推迟产品退出市场的时间，获取更多的利润
紧缩策略	企业采取一定的措施降低促销水平、压缩销售费用，以保持一定的利润
放弃策略	企业不再生产衰退期产品，转而出卖、转让产品商标及存货，处理好善后事宜
转移策略	企业把生产经营能力应用到新产品市场，力争在新产品市场获取成功

三、新产品开发策略

面对激烈的市场竞争，企业要想长久地占领市场，就要按照市场的要求不断地更新产品。只有把握市场竞争的变化趋势，企业才能不断发展，从而获得更多的利润。

（一）新产品的概念和种类

1. 新产品的概念

产品只要在功能或形态上得到改进，与企业原有产品有差异，能为消费者带来新的利益，即可视为新产品。面对激烈的市场竞争，企业要想长久地占领市场，就要按照市场的需求变化不断地更新产品。只有把握市场竞争的变化趋势，企业才能不断发展，从而获得更多的利润。

2. 新产品的种类

一般来说，新产品可分为以下几种：

（1）全新产品，即运用新一代科学技术创造的整体更新产品。对绝大多数企业来说，独立自主开发全新产品十分困难，需要耗费漫长的时间，花费巨大的人力和资金成本，且成功率较低，风险很大。

（2）新产品线中的产品项目，即能够使企业首次进入一个新市场的产品。

（3）现有产品线的增补产品。

（4）现有产品的改进或更新产品，即对现有产品性能进行改进或注入较多的新价值。

（5）市场再定位产品，即进入新的目标市场或改变原有产品市场定位而推出的新产品。

（6）降低成本推出的产品，即以较低成本推出同样性能的新产品。

总之，企业新产品开发的实质是推出上述不同内涵与外延的新产品。新产品开发的真正意义是改进现有产品，而非创造全新产品，这对企业各方面资源要求不高，风险较小，开发出的新产品容易为市场所接受，是广大企业特别是中小企业开发新产品的重要途径。

（二）新产品开发策略的类型

新产品开发策略是指企业根据市场需求和自身资源条件开发新产品的做法。新产品的开发方式主要有独自开发、联合开发、技术引进、模仿跟随等，企业可单独采用也可并行采用，以实现产品的不断推陈出新。

新产品开发需要耗费大量的资金和时间，对企业的未来有着深远的影响。因此，企业必须审时度势、深谋远虑，制订新产品开发策略。常见的新产品开发策略有以下几种。

1. 模仿式新产品开发策略

模仿式新产品开发策略是指仿制和改进其他企业推出的新产品，再推出自身新产品的做法。这种策略既可以避免市场风险，又可以节约研究开发费用。更重要的是，若企业对市场领导者开发的创新产品进行建设性改进，还有可能后来者居上。

2. 领先型新产品开发策略

领先型新产品开发策略是指企业率先研制、推出新产品，并利用新产品的独特优势，占据市场有利地位的做法。要想采用该策略，企业必须科研实力、经济实力兼备，且能对市场需求及其变化趋势进行超前预测。

这种策略可以使企业在市场上捷足先登，并利用先入为主的优势，培养消费者的品牌偏好，从而取得丰厚的利润。从市场竞争的角度看，如果企业能抢先一步，竞争者就只能在后面跟随，而企业连续不断地更新换代，开发以前没有的新产品，就会不断取得竞争优势。

3. 系列式新产品开发策略

系列式新产品开发策略是指企业不断延伸产品线，开发出一系列不同类型、不同规格、不同档次产品的做法。采用该策略，企业可以利用现有的资源设计开发更多的相关产品。例如，海尔开发的洗衣机系列产品，满足了高收入群体和低收入群体等不同消费群体的需求。

这种策略既可以使企业把握市场需求，又可以利用企业现有的资源与优势，还能节省企业的研究开发费用，因而成为企业开发新产品的一种基本途径。

4. 定制式新产品开发策略

定制式新产品开发策略是指企业根据消费者的个性化需求，设计研制满足不同消费者需求的新产品的做法。例如，海尔根据消费者需求开发出内衣专用洗衣机、抽屉式冰柜、带酒瓶架的冰箱等。

新产品的开发过程

采用这种策略的企业必须具备以下几个条件：① 树立“一切为了消费者”的经营理念；② 与消费者取得紧密联系，让消费者参与到新产品的开发活动中，与企业联合开发、设计新产品；③ 要有一套弹性设计的生产系统，以便能迅速及时地设计、生产消费者所需要的个性化新产品。这种策略能充分体现

"以消费者需求为中心"的经营理念，因此成为现代企业新产品开发策略的发展趋势。

综上所述，每种策略都有其优缺点和适用范围，企业应综合考虑消费者需求、企业资源条件、市场环境等方面，以选择合适的新产品开发策略。

四、品牌策略

（一）品牌的概念

品牌是一种名称、术语、标记、符号或设计，或是它们的组合运用，其目的是借以识别某个销售者或某个销售群体的产品或服务，并使之与竞争对手的产品或服务区别开来。

品牌主要包括品牌名称和品牌标志两部分。品牌名称是指品牌中能用语言表达的部分。品牌名称重在产生听觉效果，如华为、格力、海尔等耳熟能详的知名品牌。品牌标志是指品牌中可被识别而不能用语言表达的部分，包括符号、图案、色彩、字体等。品牌标志主要产生视觉效果，一个好的品牌标志，可以提高产品的附加价值，因而企业都十分重视甚至不惜重金公开征求产品的品牌标志设计。

营销视野

品牌设计的要求

（1）品牌名称要简练醒目、易读、易记、易认，发音悦耳和谐，字数宜在 2 至 5 个字之间，可参照企业名称、创始人姓氏、人名、产品功能，或选用具有吉祥意义、象征性意义的词汇，以引起消费者的联想和对产品的向往。

（2）品牌符号、图案等要内涵丰富、造型美观、新颖独特。设计人员要巧妙构思，遵循美学原则，灵活运用色彩，坚持设计风格的一致性和统一性。

（二）品牌的作用

品牌的作用可从消费者、企业、社会 3 个方面来分析。

1. 品牌对消费者的作用

品牌对消费者的作用主要表现在以下两个方面：① 品牌便于消费者识别和选购所需的产品，从而简化购买决策，提高购买效率；② 品牌是消费者选择产品的评判标准，是产品质量与信誉的保证，有利于维护消费者权益。

2. 品牌对企业的作用

品牌对企业的作用主要表现在以下几个方面：

（1）便于宣传，塑造企业形象。品牌是企业主要的营销工具，品牌宣传是提升产品知名度、塑造企业形象、提高企业核心价值的有效手段。

（2）便于区分，突出市场定位。品牌有自己独特的风格，是与竞争者进行区分的重要标志。品牌是形成市场差异化的载体，它有助于企业进行市场细分、目标市场选择和市场定位。

（3）通过品牌延伸，助力新产品开发。一般情况下，利用现有的知名品牌，企业可以成功地进行品牌延伸，推出新产品，扩大企业的产品组合。

（4）促成品牌忠诚，提升竞争优势。品牌一旦有一定的知名度和美誉度后，企业就可利用品牌优势扩大市场，促使消费者形成品牌忠诚。品牌忠诚是抵御同行竞争者进攻的最有力武器，也是抵御潜在竞争者进入的壁垒。因此，从某种程度上说，品牌可以看作企业保持竞争优势的一种强有力工具。

（5）实现资产增值，维护企业权益。品牌是产品的重要组成部分，也是企业重要的无形资产。企业通过品牌溢价，实现资产增值。此外，商标注册生效后，受法律保护，便于维护企业权益。

3. 品牌对社会的作用

品牌对社会的作用主要表现在以下几个方面：① 品牌承载了企业的社会责任，企业通过品牌传播其文化理念和社会价值观，并对整个社会产生深远影响；② 品牌保护企业间的公平竞争，促进市场经济健康发展；③ 品牌激励企业不断创新，提高整个国家的核心竞争力。

课堂讨论

某企业家说：“只有建立自己的品牌，才能将命运掌握在自己手中。”

你认为这句话对吗？和同学们讨论，说一说自己的看法。

（三）品牌策略的类型

为了使品牌在市场营销中更好地发挥作用，企业必须采取有针对性的品牌策略。现代市场营销中，品牌策略主要包括以下几种类型。

1. 品牌化策略

品牌化策略是指企业决定对产品加注品牌的做法。在商品经济发展初期，许多产品不标注品牌。中间商把产品从包装中取出来进行销售，无须供应商提供任何凭证。随着市场需求的个性化发展，人们越来越重视品牌。像大豆、水果、蔬菜、大米和肉制品等过去不使用品牌的产品，现在也被放在有特色的包装袋内，冠以品牌出售。

品牌化策略的优点包括：① 有助于市场细分，便于企业进行经营管理；② 保护产品的某些特征不被竞争者模仿；③ 有助于树立产品和企业的良好形象，便于吸引忠诚消费者。

在使用品牌化策略时，企业应考虑产品的实际情况。在获得品牌带来的好处的同时，建立、维持和保护品牌也要付出巨大的成本，如需要花费包装费、广告费和法律咨询费等。对于以下几种产品，企业可以采取无品牌策略：① 未经加工的原料、矿产品（如煤炭）；② 在加工中无法形成特色的产品（如电力）；③ 价格低廉、选择性不大、消费者购买时不注意品牌的产品（如食盐）；④ 临时性或一次性产品（如纸杯）。无品牌策略可以降低成本，便于企业利用低价来吸引消费者。

企业一旦决定对产品使用品牌化策略，不仅要为产品设计图案和名称，还必须通过各种手段使消费者认识、了解和快速识别品牌，否则这个品牌的存在就没有意义。

2. 品牌归属策略

品牌归属策略又称“品牌负责人策略”，是指品牌归谁所有就由谁负责的做法。品牌归属策略一般包括制造商品牌策略、中间商品牌策略和混合品牌策略 3 种。

（1）制造商品牌策略。

制造商品牌策略是指制造商对所生产的产品冠以自身品牌的做法。这是一种常见策略，市场上大部分产品都属于制造商品牌产品，如格力空调、海尔洗衣机等。该策略既便于制造商进行品牌管理，又便于制造商与消费者建立密切关系，从而树立良好的产品形象。

（2）中间商品牌策略。

中间商品牌策略是指对进入流通领域的产品冠以中间商品牌的做法。中间商品牌策略主要适用于中间商在目标市场品牌知名度较高、分销渠道健全，制造商实力不及中间商的情况。

（3）混合品牌策略。

混合品牌策略是指混合使用制造商品牌和中间商品牌的做法。当制造商和中间商实力、声誉相当时，两者常用以下折中的办法：① 对产品同时使用两种品牌；② 部分产品使用制造商品牌，部分产品使用中间商品牌。

在现代市场经济条件下，制造商和中间商之间经常展开品牌战。在选择品牌归属策略时，企业要结合具体情况，全面考虑相关因素，综合分析利益得失，关键要看谁在产品链上占据主导地位、谁拥有更好的市场信誉和拓展市场的潜能。一般来说，若制造商的市场声誉良好、实力较强、市场份额也较高，应较多地使用制造商品牌；若制造商资金拮据、市场营销实力薄弱，则应以中间商品牌为主，或全部采用中间商品牌。

需要注意的是，若中间商在某目标市场的信誉良好，并且拥有庞大、完善的销售体系，即使制造商有自营品牌的能力，也应考虑采用中间商品牌，这是跨国企业在海外市场拓展实践中常用的策略。

3. 品牌统分策略

（1）统一品牌策略。

统一品牌策略是指企业对所有产品都统一使用一个品牌的做法。

统一品牌策略的优点包括：① 彰显企业的实力，有助于树立企业良好的市场形象；② 能够借助品牌延伸效果推出新产品，易被消费者接受；③ 节省品牌设计费用和广告宣传费用。

统一品牌策略的缺点也很明显，具体包括：① 不易区分产品的质量和档次，不便于消费者进行选购；② 一种产品出现问题会影响其他产品甚至整个企业的声誉。

（2）个别品牌策略。

个别品牌策略是指企业对产品冠以不同品牌的做法。例如，立白科技集团使用了立白、好爸爸、婴元素、清怡等多个品牌。个别品牌策略的优点是能区分产品质量和档次，保持品牌声誉和独立性；其缺点是成本高，每一种品牌产品都需要投入大量的营销费用。

4．品牌组合策略

品牌组合是指企业推向市场的众多品牌和品牌线的组合。最佳品牌组合是指使品牌资产价值最大化的组合。选择品牌组合时，要注意以下两点：一是要使品牌覆盖的市场范围最大化，不能忽视任何潜在消费者；二是要使品牌之间存在明显差异，否则会浪费营销费用。品牌组合策略主要包括品牌角色策略和合作品牌策略。

（1）品牌角色策略。

品牌角色策略是指品牌组合中的多个品牌在整体上互相配合，扮演不同角色以提升品牌组合的整体价值的做法。品牌角色策略有以下几种常见类型。

① 品牌帮手策略是指将品牌定位于旗舰品牌的竞争者，使旗舰品牌保留其应有地位的做法。

② “现金牛”品牌策略是指在整体销售额减少时，企业持续售卖品牌组合中市场吸引力低但有盈利能力的品牌产品的做法。例如，某公司在推出主打产品的同时，持续销售其老款产品。

③ 低端品牌策略是指企业利用低价值品牌吸引消费者的做法。例如，某公司利用高级平价服装品牌吸引新客户。

④ 高端品牌策略是指企业设立高价值品牌，以提高品牌组合整体的声誉和可信性的做法。

（2）合作品牌策略。

合作品牌策略是指企业将两个或两个以上的品牌以某些形式联合起来的做法。其主要形式包括以下两种：① 企业内部两个品牌的合作。例如，某公司的A品牌产品和B品牌产品同时宣传并通过同一渠道销售。② 企业之间的品牌合作。例如，丙公司联合丁公司推出系列产品。

合作品牌策略的优点包括：① 能综合多个品牌的长处，产品易被认可；② 能提升销售额，扩大营销渠道和潜在消费者群；③ 能降低生产和销售产品的成本。当然，合作品牌策略也存在一定的风险。如果消费者对合作品牌产品预期较高，而实际产品却令消费者不满意，就会产生负效应。

成功的合作品牌要求两个或两个以上的合作品牌都有较好的品牌资产，并且它们之间的适应性较强。如果两个品牌能构成互补关系，则能大大提高合作品牌策略的成功率。

5．品牌拓展策略

品牌拓展策略是指企业利用其成功品牌的声誉推出改良产品或新产品的做法。品牌拓展策略可分为产品线拓展策略、品牌延伸策略、多品牌策略和新品牌策略，如图 6-4 所示。

	产品类别：现有的	产品类别：全新的
品牌名称：现有的	产品线拓展策略	品牌延伸策略
品牌名称：全新的	多品牌策略	新品牌策略

图 6-4　品牌拓展策略

（1）产品线拓展策略。

为了满足消费者的个性化需求，企业不断拓展产品线，并以“品牌名称+产品系列名称”的形式为产品命名，如华为 P 系列、华为 Mate 系列、华为 Pocket 系列、华为 nova 系列等。该策略既可使新产品受到企业声誉的有利影响，又可凸显新产品的特色，从而促进新产品的销售。

产品线拓展策略的优点包括：① 可以满足不同细分市场消费者需求；② 构建完整的产品线，可以抵御竞争者的攻击。

产品线拓展策略缺点也很明显，具体包括：① 产品线的延长会淡化品牌原有特征和形象，增加消费者认识品牌和选择产品的难度；② 如果消费者未能区别各种产品，那么不同产品线的产品就会形成竞争。

（2）品牌延伸策略。

品牌延伸策略是指将现有成功的品牌用于新产品的做法。品牌延伸策略并非只借用表面上的品牌名称，而是对整个品牌的策略性使用。品牌延伸策略是实现品牌无形资产转移和发展的有效途径。品牌作为无形资产，是企业的战略性资源。如何充分发挥企业的品牌资源潜能，是企业的一项重大课题。

品牌延伸策略的优点包括：① 有利于新产品顺利进入目标市场；② 降低宣传费用和促销费用，降低市场风险，加快新产品的市场定位过程；③ 有助于强化品牌效应，增加无形资产的经济价值；④ 能够增强核心品牌的形象，提高整体品牌组合的投资效益。

品牌延伸策略的缺点是，可能弱化原品牌所代表的形象。

（3）多品牌策略。

多品牌策略是指在相同产品类别中引进多个品牌的做法。

多品牌策略的优点包括：① 有助于企业最大限度地覆盖市场，提高整体市场份额；② 能够避免统一品牌下的负面株连效应。

多品牌策略的缺点包括：① 随着企业在同一产品线上品牌的增多，各品牌之间不可避免地会侵蚀对方的市场；② 品牌营销费用过高。

格力电器的多品牌策略

（4）新品牌策略。

新品牌策略是指为新产品设计新品牌的做法。当企业在新产品类别中推出一个产品时，它可能发现原有的品牌名称不合适，或是对新产品来说有更好更合适的品牌名称，企业需要设计新品牌。

任务实施

调研某企业的产品策略

任务要求

调研某企业的产品策略，进一步理解产品组合策略和产品生命周期营销策略。

任务流程

（1）学生分组：全班学生以 5～8 人为一组进行分组，每组选出一名成员担任本组的组长。

（2）展开调研：以小组为单位，选择某一企业，小组成员通过在线搜集资料、实地调研等方式，调研某企业的产品策略。

（3）调研总结：每位同学根据调研情况进行总结，并将表 6-4 填写完整。

表 6-4　某企业的产品策略

企业名称	
产品类型	
产品所处的生命周期	

续表

产品组合策略	
产品生命周期营销策略	
产品的市场现状 和市场发展前景	

（4）展开讨论：以小组为单位，讨论下列问题。

① 本组所选企业有哪些产品？该企业采取的产品组合策略是什么？

② 本组所选企业的各类产品所处的生命周期分别是什么？各类产品生命周期营销策略分别是什么？你认为该企业的各类产品生命周期营销策略是否合理？为什么？

（5）进行分享：以小组为单位整理相关资料并制作 PPT，各组分别派代表在课堂上进行分享。分享结束后，同学们交流讨论，教师点评。

任务二 制订价格策略

任务导入

低价不好销，高价反抢手

低价不好销，
高价反抢手

某珠宝店采购到一批漂亮的绿宝石，由于数量较大，店主担心短时间销售不出去，影响资金周转，便决心只求微利，以低价销售。本以为会被一抢而光，结果却事与愿违。几天过去了，仅销售出很少一部分。后来，店主急着要去外地谈生意，便在临走前匆匆留下一纸手令：我出差后，若绿宝石仍销售不出去，可按现价的 1/2 出售。几天后，店主返回，见绿宝石销售一空，一问价格，喜出望外。原来店员把店主的手令误读成“按现价的 1～2 倍出售”，于是他们就把价格提高了 1 倍，这才使绿宝石一售而空。

从价格策略上分析，销售成功的原因是变低价策略为高价策略。高价策略在市场营销学中又称“撇脂定价策略”，即在产品投放市场之初，把价格定得很高，以便企业在短期获得厚利，减少经营风险。古董、名画、宝石等贵重商品，带有特殊意义的商品或稀有商品更适用于高价策略，这样才能迎合消费者的心理需求。

思考

定价策略有哪些？为什么会出现这种低价不好销，高价反抢手的“怪现象”？珠宝行业适合什么样的定价策略？

一、影响企业定价的因素

价格是消费者为获得、拥有和使用产品或服务的利益而支付的货币总额。价格是营销组合中与收益直接相关的要素，也是最灵活的营销要素。

影响企业产品定价的因素有很多，可分为内部因素和外部因素。企业在确定价格时，必须综合考虑以下因素。

（一）内部因素

1. 定价目标

定价目标是指企业在制订产品价格时，期望达到的目的和标准。企业的定价目标一般包括维持生存、利润最大化、市场占有率最大化、树立产品形象及企业形象、保持产品质量几种情况。企业应根据自身的性质和特点，对具体情况进行具体分析，权衡各种定价目标的利弊，灵活确定自己的定价目标。

企业的定价目标

2. 产品成本

产品成本是影响产品价格的主要因素。产品成本不仅包括产品的生产成本，还包括流通费用和税金。企业为了保证生产经营活动的不断循环，通过市场销售，必须回收成本，同时也要形成一定的利润。在市场竞争中，产品成本低的企业，在价格制订中有较大的灵活性，在市场竞争中将占有有利地位，能获得较好的经济效益；反之，产品成本高的企业在市场竞争中就会处于被动地位。

3. 产品差异性

产品差异性使消费者能有效区分本企业与竞争者提供的同类产品，从而使本企业产品在市场竞争中占据有利地位。差异性产品定价的灵活性较大，可以使企业获得较高的利润。

(二)外部因素

1. 消费者需求

消费者需求总和即市场需求。产品的价格会受该产品的市场供求关系影响，如表6-5所示。一般情况下，当产品供过于求时，定价权在买方（消费者）手中，价格下降；当产品供不应求时，定价权在卖方（供应商）手中，价格上升。

表6-5　供求关系的反应

供求关系	产品多少	竞争态势	购销态度	价格变化	市场状况
供不应求	产品短缺	买方竞争	卖方趁机提价	价格上升	卖方市场
供过于求	产品过剩	卖方竞争	买方持币待购	价格下降	买方市场

但对于不同产品，由于其需求价格弹性大小不一，其供求关系对价格的影响也是不相同的。需求价格弹性小的产品，其供求关系对价格的影响较小，需求价格弹性大的产品，其供求关系对价格的影响较大。

营销视野

需求强度及需求价格弹性对定价的影响

需求强度是指消费者需要某种产品的迫切程度。消费者对某种产品的需求强度越大，其价格敏感度越低；反之，其价格敏感度越高。而需求价格弹性对产品定价的影响，可分为以下3种情况：

(1) 当产品需求价格弹性系数等于1时，价格变动幅度与销售量变动幅度大小一致，方向相反，总收入不变。在这种情况下，企业不宜采用价格手段进行竞争。

(2) 当产品需求价格弹性系数大于1时，产品小幅度降价，销售量就会显著增加，企业的总收入也会增加；相反，产品小幅度提价，销售量就会明显下降，企业的总收入反而会减少。价格变动方向同总收入的变动方向相反。在这种情况下，企业宜采取薄利多销策略。

(3) 当产品需求价格弹性系数小于1时，即使产品价格下降很多，销售量也只有较少的增加，企业总收入减少；相反，价格提高很多，销售量也只有较少的减少。价格的变动方向同总收入的变动方向相同。在这种情况下，企业在保证产品质量的前提下，适当调高价格，可增加利润。

2. 国家政策法规

随着我国社会主义市场经济的建立，除少数关系国计民生的重要产品国家仍然制订指导价格外，绝大多数产品采用市场价格。但是，为了指导生产和消费，控制物价的增长，调节市场价格，国家必然会发布一系列有关物价的方针政策，这是企业定价时必须遵守的准则。在我国，规范企业定价行为的法律和法规有《中华人民共和国价格法》《中华人民共和国反不正当竞争法》《制止牟取暴利的暂行规定》《关于制止低价倾销行为的规定》等，这些法律和法规在不同程度上约束着企业的定价行为。

3. 竞争对手行为

价格是竞争对手关注的焦点和竞争的主要手段，定价是挑战性行为，任何一次价格制订与调整都会引起竞争对手的关注，并导致竞争对手采取相应对策。在这种对抗中，竞争力最强的同行业企业（市场领导者）有较大的定价能力，竞争力弱的同行业企业的定价往往是被动跟从或应对的，通常是跟随市场领导者进行定价。此外，竞争对手定价行为也影响同行业企业的定价，迫使同行业企业做出相应的反应。

因此，企业必须关注竞争对手的产品和价格，以及竞争对手对本企业的价格策略的反应。

4. 市场结构

根据市场的竞争程度，市场结构可分为 4 种不同的市场类型，即完全竞争市场、垄断竞争市场、寡头垄断市场和完全垄断市场。不同类型的市场有着不同的运行结构和特点，对企业行为具有不同的约束力，因而在定价方面表现出显著的差异性。

（1）完全竞争市场又称“自由竞争市场”，是指不受任何阻碍和干扰的市场结构。在完全竞争条件下，企业的数量多而规模小，产品都是同质的，企业和消费者都能充分地获取市场信息。在这种情况下，无论是企业还是消费者都不能影响产品价格，只能在既定市场条件下进行生产和交易。完全竞争是一种假设，在现实中并不存在，但有些市场接近完全竞争市场，如农产品市场。在完全竞争市场中，市场营销调研、产品开发、定价及促销活动几乎没有什么作用或者根本不发挥作用。因此，在完全竞争市场中，企业没有必要在营销战略上花太多时间。

（2）垄断竞争市场是指许多企业在市场上销售同类但不同质的产品的市场结构。在垄断竞争条件下，企业有一定的定价权利，但产品价格仍主要受市场供求关系的影响。垄断竞争市场在现实中比较常见，是一种竞争比较激烈的市场结构，如服装市场、化妆品市场等。

营销视野

垄断竞争市场的价格策略

在垄断竞争市场中，企业会根据自身在行业中的竞争地位，采取以下不同的定价策略：

（1）市场领导者策略。在垄断竞争市场中，企业若是市场领导者，那么它就有自主定价的权利，可以通过价格优势和规模优势来继续保持领导地位。这种策略需要企业不断追求创新，提高产品品质，同时不断降低成本，从而获得更大的市场份额。

（2）市场挑战者策略。在垄断竞争市场中，企业若是市场挑战者，它希望通过更低的价格和更好的产品品质来争夺市场领导地位。在这种情况下，企业需要在保证产品品质的前提下，考虑适当降低价格，增加产品的附加值，以吸引更多消费者。

（3）市场跟随者策略。在垄断竞争市场中，企业若是市场跟随者，它的主要目的是跟随市场领导者或其他挑战者进行竞争。在这种情况下，企业需要灵活调整价格策略，以适应市场需求，增加自身的竞争力。

（3）寡头垄断市场是指由少数大企业控制整个市场的生产和销售的市场结构。这些少数企业垄断了某个市场，占有大部分的市场份额，称为“寡头企业”。寡头垄断行业往往是生产高度集中的行业，如钢铁、汽车、石油等行业。

营销视野

寡头垄断市场的价格策略

在寡头垄断市场中，企业需要考虑如何平衡市场份额和利润之间的关系。常见的寡头垄断市场定价策略有以下几种：

（1）联盟策略。在寡头垄断市场中，企业可以通过联盟来增加对市场的控制力和竞争力。这种策略需要企业有强大的合作精神和团队意识，同时需要掌握好联盟的统制力，以避免联盟分裂。

（2）固定价格策略。在寡头垄断市场中，企业可以通过固定价格来稳定市场，避免价格战。这种策略需要企业能够评估价格和市场需求之间的关系，并进行充分的市场调研。

（3）差异化定价策略。在寡头垄断市场中，企业可以针对不同的消费群体制订不同的价格策略，以满足不同消费群体的需求，提高自身的市场竞争力。

（4）完全垄断市场是指产品的供应完全由一家企业控制的市场结构。在完全垄断条件下，交易的数量与价格由垄断者单方面决定，但这并不意味着企业可以随意提高价格，企业需要考虑消费者的购买力、政府限价等因素。完全垄断市场在现实中也不存在，但有些市场接近完全垄断市场，如电力市场、铁路运输市场等。

营销视野

完全垄断市场的价格策略

常见的完全垄断市场定价策略有以下几种：

（1）价格歧视策略。在完全垄断市场中，企业可以根据消费者的购买力、消费习惯、地理位置等因素制订不同的价格，通过差别价格以达到获取超额利润的目的。

（2）低价格策略。在完全垄断市场中，企业也需要考虑到对潜在竞争对手的威胁和打压。如果市场中存在一些潜在的竞争对手，企业可以通过降价来扼杀其进入的可能性，从而保持市场垄断地位。

（3）心理定价策略。在完全垄断市场中，消费者的决策更多地受到心理因素的影响。因此，企业可以利用消费者的心理需求调整定价，如通过打折、促销等方式来吸引消费者。

课堂讨论

有人说："产品的定价就是成本、利润、税金的总和，所以企业只要处理好这三者的关系，进行产品定价就无后顾之忧了。"

你认为以上说法正确吗？和同学们讨论交流，说一说自己的看法。

二、企业的定价方法

企业进行产品定价，不仅要考虑诸多影响因素，还要运用适当的定价方法。企业常用的定价方法主要有以下 3 种。

（一）成本导向定价法

成本导向定价法是指企业以成本为主要依据，综合考虑其他因素来制订产品价格的方法。这种定价法有以下 3 种具体形式。

1. 总成本加成定价法

总成本加成定价法是指按照单位成本加上一定百分比的利润来制订产品价格的方法。大多数企业按成本利润率来确定所加利润的多少，成本利润率的确定一般遵循行业平均水平或企业利润目标等因素。总成本加成定价法的计算公式为：

单位价格=单位成本×（1+成本利润率）

例如，某企业生产某款玩具的固定成本为 100 万元，计划销量为 20 万件，单位变动成本为 6 元，成本利润率为 10%，则该款玩具的定价为：单位价格=（1 000 000/200 000+6）×（1+10%）=11×1.1=12.10（元）。

总成本加成定价法计算简便，能保证企业生产经营的产品成本得到补偿并取得合理利润，是企业较常用的定价方法。但这种定价方法通常没有考虑市场供求关系和市场竞争，缺乏灵活性，且定价的主观随意性较大。

2．变动成本加成定价法

变动成本加成定价法又称“边际贡献定价法”，是指企业在定价时只考虑变动成本，不计算固定成本，以预期的边际贡献（预期的销售收入减去变动成本后的余额）适当补偿固定成本的方法。变动成本加成定价法的计算公式为：

单位价格=（变动成本+边际贡献）/生产数量=单位变动成本+单位边际贡献

例如，某企业生产某款玩具 20 万件，已知总变动成本为 120 万元，边际贡献为 180 万元，则该款玩具的定价为：单位价格=（1 200 000+1 800 000）/200 000=15（元）。

变动成本加成定价法有利于维护企业与消费者之间的良好关系，从而扩大产品销售规模，提高企业竞争力。但这种定价方法忽视了市场供求关系和市场竞争的影响，缺乏适应市场变化的灵活性，容易掩盖企业经营中非正常费用的支出，不利于提高企业的经济效益。

3．目标利润定价法

目标利润定价法是指企业将价格设定为刚好能够实现目标利润的定价方法。企业根据目标利润的原则，首先确定一个目标利润，然后加上总成本，再除以预期销量，就能得出销售单价。目标利润定价法的计算公式为：

单位价格=（总成本+目标利润）/预期销量

例如，某企业生产某款玩具的固定成本为 100 万元，计划销量为 20 万件，单位变动成本为 6 元，目标利润为 30 万元，则该款玩具的定价为：单位价格=[（1 000 000+6×200 000）+300 000]/200 000=12.50（元）。

目标利润定价法能保证企业达到目标利润，但企业必须测算好销售价格与预期销量之间的关系，避免出现确定了价格而销量达不到预期目标的被动情况。

（二）需求导向定价法

需求导向定价法是指企业以市场需求为主要依据来制订产品价格的方法。企业只有抓住消费者的心理来定价，才能有效提升价格，获取更多收益。这种定价法主要有以下 3 种具体形式。

1．感知价值定价法

感知价值定价法是指企业以消费者对产品的感知价值为依据进行定价的方法。感知价值具有一定的主观性和不确定性，不同的消费者对同一产品的价值判断会有所不同，而产品的实际价值往往会与消费者的感知价值之间产生一定偏差。

运用感知价值定价法的关键是要准确掌握消费者的价值观念。企业如果高估了消费者的感知价值，定价就可能偏高，这样会影响产品的销量；反之，企业如果低估了消费者的感知价值，定价就可能偏低，企业可能会减少利润总额。因此，企业必须做好市场营销调研，了解消费者的消费偏好，准确地估计消费者的感知价值，并以各种营销策略和手段，影响消费者对产品的认知，使消费者形成对企业有利的感知价值，然后再根据产品在消费者心中的感知价值来制订价格。

2. 需求差异定价法

需求差异定价法是指企业根据消费者对同种产品或服务的不同需求制订不同价格的方法。需求差异定价法的 4 种具体形式如表 6-6 所示。

表 6-6 需求差异定价法的 4 种具体形式

类 型	概 念	实 例
以消费者为基础的差别定价	企业对同种产品或服务，针对不同的消费群体制订不同价格的做法	某商场采用会员制，会员与非会员在购买同种产品或服务时，价格是不同的
以产品为基础的差别定价	企业对不同质量、规格、型号、样式的同类产品制订不同价格的做法	礼品装、普通装和特惠装营养品的价格是不同的
以销售地点或位置为基础的差别定价	企业对同种产品或服务，随着销售地点或位置的不同而制订不同价格的做法	电影院和超市的饮料价格是不同的；演唱会的门票，座位不同，票价也不同
以时间为基础的差别定价	企业对同种产品或服务，在不同的时间制订不同价格的做法	旺季与淡季的景区门票价格是不同的

3. 逆向定价法

逆向定价法是指企业依据消费者能够接受的最终销售价格，扣除自身经营的成本和利润后，逆向推算出产品价格的方法。这种定价方法不以实际成本为主要依据，而以市场需求为定价出发点，力求使价格为消费者所接受。分销渠道中的批发商和零售商多采取这种定价方法。

逆向定价法确定的价格能反映市场需求情况，这种定价方法有利于加强企业与中间商的良好关系，保证中间商的正常利润，使产品迅速向市场渗透，且企业可根据市场供求情况及时调整价格，定价比较灵活。但是，这种定价方法容易造成产品的质量下降并引起消费者的不满，导致客源减少。

（三）竞争导向定价法

企业定价时不仅要考虑自身成本利润、市场需求情况，还要考虑市场中竞争对手的定价水平。竞争导向定价法是指企业以市场竞争者的同类产品价格为依据进行定价的方法。这种定价法主要有以下 4 种具体形式。

1. 随行就市定价法

随行就市定价法是指与本行业同类产品的价格水平保持一致的定价方法。这种方法主要适用于需求弹性较小或供求基本平衡的产品。它既可避免挑起价格竞争，减少市场风险，又可补偿平均成本，获得一定的利润，也易为消费者所接受。因此，这是一种比较稳妥的定价方法，尤其为中小企业所普遍采用。

2. 竞争价格定价法

竞争价格定价法是指根据本企业产品的实际情况及与竞争对手产品的差异状况来进行定价的方法。这是一种主动竞争的定价方法，一般适用于实力雄厚或产品独具特色的企业。

企业利用竞争价格定价法定价时，首先，将市场上竞争对手产品的价格与企业估算价格进行比较，分为高于、等于、低于 3 种价格层次；其次，将本企业产品的性能、质量、成本、产量等与竞争对手产品进行比较，分析造成价格差异的原因；再次，根据以上综合指标确定本企业产品的特色、优劣势及市场地位，在此基础上，按定价所要达到的目标确定产品价格；最后，跟踪竞争对手产品的价格变化，及时分析原因，相应调整本企业产品的价格。

3. 密封投标定价法

密封投标定价法是指企业（买方）引导卖方竞争，通过竞争进行定价的方法。一般由企业（买方）公开招标，卖方竞争投标、密封递价、参加比价。该法主要适用于投标交易，如建筑施工、工程建设、设备制造、政府采购等，这些项目需要投标以取得承包合同。

4. 拍卖定价法

拍卖定价法是指企业（卖方）委托拍卖行，以公开叫卖的方式引导买方报价，利用买方竞争求购的心理，从中选择高价格成交的定价方法。该法主要适用于品质不易标准化的产品，如各类藏品、土地等。

以上各种定价方法只是大体的分类，在实际情况中，企业应根据市场情况灵活地运用各种定价方法。

三、企业的定价策略

定价策略是指在特定的情况下，企业根据确定的定价目标所采取的定价方针和价格对策。企业的定价策略一般包括以下几种。

（一）基本定价策略

1. 新产品定价策略

新产品定价合理，则企业能及时打开销路、占领市场及获得预期利润，这对于新产品以后的发展具有十分重要的意义。新产品的定价策略主要有以下 3 种。

（1）撇脂定价策略。

撇脂定价策略是指在新产品刚进入市场时，企业利用消费者的求新、求奇心理，抓住激烈竞争尚未显现的有利时机，将产品价格定得很高，以便在短期内获得尽可能多的利润，尽快收回成本的做法。

撇脂定价策略是一种高价策略，这种策略的市场条件和对企业的要求如下：① 产品的质量与高价格相符；② 要有足够多的消费者能接受这种高价格并愿意购买；③ 竞争者在短期内很难进入该产品市场。

这种策略的优点是能够尽快收回新产品投资成本，并在短期内获得高额利润；掌握降低价格的主动权；以高价格树立优质产品形象。这种策略的缺点是企业面临的市场风险大，高利润容易吸引竞争者大量涌入；高定价限制了消费者购买，不利于开拓市场；若产品价格远高于产品价值，在某种程度上会损害消费者利益，易招致消费者抵制。因此，企业采用此策略时，要求其对市场需求有较准确的预测。

（2）渗透定价策略。

渗透定价策略是指在新产品刚进入市场时，企业将产品价格定得较低，以物美价廉的形象吸引消费者，借此打开销路、扩大市场占有率的做法。

渗透定价策略是一种低价策略，这种策略的市场条件和对企业的要求如下：① 新产品的需求价格弹性较高；② 新产品市场需求潜力大，存在着规模经济效益。

这种策略的优点是有利于吸引消费者并迅速占领市场，增强产品的竞争力，有效限制竞争者介入。其缺点是投资回收期长，具有一定的风险性。

（3）满意定价策略。

满意定价策略是指在新产品刚进入市场时，企业将产品价格定为适中水平，力求使自身和消费者都满意的做法。

满意定价策略是一种折中定价策略，该策略既可避免因价高而带来的市场风险，又可避免因价低而引起的生产经营困难，因而既能使企业获取平均利润，又能兼顾消费者的利益。这种策略不会引起竞争者对抗，可适当延长产品生命周期，风险较小。在正常情况下，盈利目标可按期实现。但是，该策略比较保守，不适合需求复杂多变和竞争激烈的市场环境。该策略适用于批量生产、批量销售、市场稳定、需求价格弹性较小的日用生活必需品和部分生产资料产品。

2. 折扣定价策略

折扣定价策略是指通过有导向性的折扣促销来争取更多消费者的做法，在现实生活中应用十分广泛。折扣定价策略主要有以下 4 种。

（1）现金折扣。

现金折扣是指企业对能够在规定时间内按期或提前付款的消费者给予价格折扣的做法。现金折扣策略有利于促进产品销售，能帮助企业及早回笼资金。

现金折扣策略包括折扣比例、给予折扣的时间限制和付清全部货款的最终期限 3 个要素，一般用“2/10，1/20，N/45”表示，其含义是客户如果 10 天之内付款可以得到 2%

的现金折扣，如果20天之内付款可以得到1%的现金折扣，如果20天之后付款则无现金折扣优惠，而45天是约定付款的最后期限。

（2）数量折扣。

数量折扣是指企业对大量购买产品的消费者给予价格折扣的做法，通常消费者购买的产品数量越多，折扣越大。

数量折扣策略一般有一次折扣和累计折扣两种形式。一次折扣是指按照单次购买的数量或金额达到一定标准后，给予消费者的优惠折扣政策，目的是鼓励消费者加大单次购买的数量和金额，从而帮助企业快速回笼资金。累计折扣是规定一定时间内多次购买的数量或金额达到一定标准后，按总数量或总金额给予消费者一定的优惠折扣，目的是与消费者建立长期的合作关系，培养忠诚客户。

（3）交易折扣。

交易折扣又称“功能性折扣”，是指企业根据各类中间商在市场中的不同地位和功能，给予不同折扣的做法。通常企业给予批发商的折扣较大，给予零售商的折扣较小。交易折扣策略可以鼓励中间商大批量订货，使企业和中间商互利共赢，从而建立长期良好的合作关系。

（4）季节折扣。

季节折扣是指企业为鼓励消费者在淡季购买而给予价格折扣的做法。季节折扣是对一些具有明显季节性消费的产品所采取的价格策略，该策略有利于促进企业均衡生产，减轻企业的仓储压力，保持企业销售收入的持续性和稳定性。

3. 心理定价策略

心理定价策略是指企业根据消费者的心理特点，迎合消费者心理需求来定价的做法。心理定价策略主要有以下5种。

（1）尾数定价。

尾数定价是指企业为产品制订一个以零头数结尾的非整数价格的做法，通常是以8、9结尾，如49.98元、9.9元等。这样定价在直观上给消费者一种物美价廉的感觉，并认为企业定价经过精确核算、接近成本从而使消费者对企业产品及其定价产生信任感。例如，小米总是将手机或其他家电产品的定价尾数定为9这个数字，通过采用尾数定价方法抓住消费者的求廉心理。

（2）整数定价。

整数定价是指企业将产品的价格定为整数的做法。该策略适用于高档产品、价格较高的耐用品、消费者不太了解的产品等。企业有意将产品价格定为整数，以显示产品具有一定质量，从而有利于销售。

（3）声望定价。

声望定价是指企业对在消费者心中具有较高信誉的产品制订高价的做法。该策略适用于豪华轿车、高档手表、名牌时装、名人字画、珠宝古董等名牌产品和稀缺产品。针对消费者“便宜无好货”“价高质必优”的消费心理，一般情况下，这些产品定价越高，消费者心理满足的程度也越高。

（4）招徕定价。

招徕定价是指企业利用消费者的求廉心理，将产品价格定得很低，以此吸引消费者上门，借机扩大销售规模的做法。采用这种策略时，企业看似不赚钱，甚至亏本，但从企业的总体经济效益看，企业还是有利可图的。

（5）习惯定价策略。

习惯定价策略是指企业按消费者的消费习惯进行定价的做法。对于消费者已习惯的产品价格，企业不宜轻易变动，以免引起消费者的不满。

4. 产品组合定价策略

产品组合定价策略是指企业为了实现整个产品组合利润最大化，在充分考虑不同产品之间的关系及个别产品定价高低对企业总利润的影响等因素的基础上，系统地调整产品组合中相关产品的价格的做法。产品组合定价策略主要有以下 3 种。

（1）产品线定价。

产品线定价是指企业对产品线内的不同产品根据不同质量和档次，结合消费者的不同需求和竞争者的产品情况，来确定不同价格的做法。

例如，某服装企业把男士西装分别定价为 1 200 元、650 元、199 元 3 个水平，消费者自然会把这 3 种价格的西装分为高档、中档、低档 3 个档次，根据自己的消费水平及需要选择不同档次的西装，从而消除了消费者在选购产品时的犹豫心理。

（2）备选产品定价。

备选产品是指企业在提供主要产品的同时所附带的与主要产品相关的可选产品，如汽车用户可以订购倒车雷达、除雾器和行车记录仪等。但是备选产品定价是一件棘手的事，企业必须确定价格中应包括哪些产品，又有哪些产品可作为选择对象。

例如，许多饭店酒水定价较高，以酒水收入带来较高利润；也有饭店酒水定价较低，以吸引爱饮酒的消费者。

（3）附属产品定价。

附属产品是指消费者使用主要产品时必须与之配套使用的关联产品。企业通常为主要产品（如剃须刀和打印机等）制订较低的价格，同时对其附属产品（如剃须刀片和墨盒等）制订较高的价格。消费者一旦购买了主要产品后，还必须购买其附属产品。企业可以通过提高附属产品的价格来弥补主要产品低价造成的损失，并获取长期的利益。

课堂讨论

有人说：“理性的价格竞争应该建立在降低企业经营和产品成本的基础上。”你如何理解这句话？和同学们讨论交流，说一说自己的看法。

（二）调整定价策略

产品价格确定后，并非是固定不变的。随着市场环境的变化，企业必须对产品价格做出适当的调整，而价格的调整可能会引发一系列的价格竞争。

1. 价格调整的形式

（1）降价。

降价是指企业为了适应市场环境和内部条件的变化，把现有产品的价格调低的做法。降价往往容易引起同行竞争者的不满和抵抗，引发价格竞争。但若企业面临以下情况，还是需要考虑降价：① 企业的生产能力过剩，需要扩大市场，但企业运用加强促销、产品改进等手段都不能达到扩大市场的目的；② 企业面临激烈的价格竞争，并且企业的竞争力和市场占有率下降；③ 企业成本费用比竞争者低，企业企图通过降价控制市场或提高市场占有率，从而扩大生产和销售量，进一步降低成本费用。企业降价一般采取的策略有让利降价、加大折扣比例、心理性降价、增加延期支付的时间等。

（2）提价。

提价是指企业为了适应市场环境和内部条件的变化，把现有价格调高的做法。盲目提价会引起消费者和中间商的不满，但成功的提价决策会增加企业的利润。企业一般在以下情况下考虑提价：① 由于通货膨胀，企业产品成本增加，企业不得不调价，以确保利润，但企业调价应注意消费者和竞争对手的反应；② 产品供不应求，不能满足消费者需求，这时企业可以适度提价，但必须保证产品质量。

企业往往因为提价会失掉部分市场，所以企业在提价时应注意幅度和频率，并且要把握提价的时机。例如，企业可通过小幅多次提价、取消打折、限量供应、明降暗涨、提高服务附加费用等方式提价，并且在提价的同时向消费者做出合理的解释。

2. 企业应对竞争者变价的策略

在市场经济条件下，企业可以通过调整价格参与市场竞争，但也面临着竞争者的变价挑战。如何对价格竞争做出正确、及时的反应，是企业定价策略的重要内容。

（1）企业应对竞争者变价时必须考虑的因素。

为了做出正确的反应，企业应该了解以下问题：为什么竞争者会调价？竞争者的调价是长期的还是临时的？如果不理会竞争者的调价行为，企业的市场占有率会发生什么变化？其他企业对竞争者的调价是否会做出反应？这又会对企业产生什么影响？

（2）企业应对竞争者变价时的策略选择。

在同质市场上，如果竞争者降价，企业必须随之降价，否则消费者就会转而购买竞争者的产品。如果某一企业提价，其他企业可能会随之提价，但如果其他企业不随之提价，那么最先发动提价的企业也将不得不取消提价。

在异质市场上，企业对竞争者价格变动的反应则有多种情况，因为消费者选择产品时不仅考虑产品的价格高低，还考虑产品质量、服务、可靠性等因素。这些因素降低了消费者对价格差异的敏感度，使企业面对价格竞争时有了更大的选择余地。

总之，在价格变动时，企业要准确地预测竞争者可能出现的价格变动，并预先准备适当的对策，从而缩短做出调价决策的时间，提高应变速度。

任务实施

调研某企业的价格策略

任务要求

调研某企业的价格策略，进一步理解定价方法和定价策略。

任务流程

（1）学生分组：全班学生以5～8人为一组进行分组，每组选出一名成员担任本组的组长。

（2）展开调研：以小组为单位，选择某一企业，小组成员通过在线搜集资料、实地调研等方式，调研某企业的价格策略。

（3）调研总结：每位同学根据调研情况进行总结，并将表6-7填写完整。

表6-7　某企业的价格策略

企业名称	
影响定价的因素	
定价方法	
定价策略	
产品的市场现状和市场发展前景	

（4）展开讨论：以小组为单位，讨论下列问题。

① 本组所选企业在定价环节主要考虑的影响因素有哪些？该企业采取的定价方法及定价策略分别是什么？

② 本组所选企业的产品的市场现状和市场发展前景如何？你认为该企业采取的定价方法及定价策略是否合理？为什么？

（5）进行分享：以小组为单位整理相关资料并制作 PPT，各组分别派代表在课堂上进行分享。分享结束后，同学们交流讨论，教师点评。

任务三 制订渠道策略

任务导入

格力电器的渠道布局

近年来，家电行业销售整体承压，市场竞争愈发激烈。新兴渠道渗透率持续增长，加速了线上线下渠道的融合。短视频、直播等新兴渠道的崛起占据了传统电商的部分市场份额，带动渠道结构调整。

随着家电行业新兴渠道渗透率的逐渐提升，格力电器的渠道布局如下。

格力电器的渠道布局

（1）线上线下业态融合，打造渠道生态布局。

格力电器持续坚持搭建自主管控、互利共赢的销售渠道及销售模式，实行线上、线下双线融合的“新零售”营销模式变革。以 30 个区域、超 3 万家线下网点、第三方电商平台官方旗舰店为基础，建立覆盖全国的双线销售网络。

格力电器紧跟智慧零售浪潮，积极打造线下场景营销模式，提供体验式、沉浸式的购物环境，并将互联网工程技术应用到销售渠道，通过数字化信息系统建设，打通采购、物流、销售、服务各环节，实现终端门店数字化升级和渠道扁平化的零售渠道变革，打通线上线下，提升渠道的整体效率和用户服务水平。

（2）内销渠道：助推门店数字化升级、稳步开拓下沉渠道。

格力电器大力推进数字化门店的建设，引进智能导购大屏、云货架、电子价签等一系列数字化设备，推动升级门店的健康舒适性、科技便捷性，让消费者能够深入体验产品。

格力电器在下沉渠道坚持稳中创新，充分把握平台资源，共同开发下沉渠道的市场发展，专注平台+品牌的渠道深耕，实现京东专卖店和天猫优品持续向好发展。

（3）海外渠道：深入营销转型、拓宽海外电商布局。

格力电器强化海外社媒矩阵，打造多元内容生态，加强海外主流零售电商平台布局，拓宽海外市场品类，以品优质强、创新高端的产品形象迅速占领当地消费者心智。

思考

什么是分销渠道？格力电器是如何进行渠道布局的，其分销渠道有哪些类型？企业应如何制订渠道策略？

一、认识分销渠道

在现代市场经济条件下，由于产销活动在时空上的错位，客观上需要营销中介帮助企业实现商品流通。因此，畅通高效的分销渠道成为营销的重要环节。

（一）分销渠道的概念

分销渠道是指某种产品或服务在从生产者向消费者或用户转移的过程中所经过的途径，由在这一转移过程中取得产品或服务的所有权、帮助转移所有权的所有企业和个人组成。因此，分销渠道包括生产者、中间商、最终消费者或用户，但是不包括供应商、辅助商（运输、仓储与广告部门等）。分销渠道主要包含以下三层含义：

（1）分销渠道是产品及其所有权转移的通道。完整的分销渠道，是指产品这种自始至终的流通过程，而非产品流通过程中的某一阶段。

（2）分销渠道是一个相互依存的组织。分销渠道的组织是由产品流通过程中的渠道成员组成的。处于分销渠道两端的生产者、消费者或用户及各种职能的中介组织统称渠道成员，渠道成员可以是企业，也可以是个人，其职责都是帮助生产者转移产品的所有权。

（3）分销渠道是由承担不同职能的渠道成员所构成的一个多功能系统。现代企业都十分重视分销渠道建设，已经不是简单地从产品转移的通道去思考分销问题，而是从企业整个营销体系运作系统来构思渠道建设，从物流、资金流、信息流、商流来构思生产者与消费者或用户之间的通道，从而提高企业整个营销体系的运作能力，以达到提高企业竞争力的目的。此外，分销渠道还要面对系统之外的竞争，实现自我调节与创新。

营销视野

市场营销渠道

市场营销渠道是指参与某产品供应、生产、销售过程的所有相关企业和个人，如供应商、生产者、中间商、辅助商、最终消费者或用户等。

分销渠道与市场营销渠道的区别就在于分销渠道的成员不包括供应商和辅助商。

（二）分销渠道的职能和作用

1. 分销渠道的职能

分销渠道是连接企业与市场、产品与消费者的桥梁，是企业完成产品交换、产生效益的重要载体。分销渠道的基本职能如表 6-8 所示。

表 6-8　分销渠道的基本职能

职　能	内　容
开展调研	收集制订营销计划和产品研发等所需要的信息
开展促销	设计和传播有关产品的信息，实现与消费者或用户的充分沟通，促进销售
开展调节	按照消费者或用户的要求调整供应的产品，包括分等、分类和包装等活动
开展谈判	尽力达成有关产品价格和其他条件的最终协议，以促成产品交易
提供服务	提供附加服务，如信用、交货、安装、修理等
风险承担	承担与从事渠道工作有关的风险
产品储运	负责产品的仓储、运输和管理，使产品适时地到达消费者或用户手中

2. 分销渠道的作用

分销渠道的作用主要有以下几个方面。

（1）节约社会劳动，提高流通效率。

生产者通过中间商将产品卖给顾客，不仅减少了生产者在营销工作方面的时间和费用，减轻了生产者的营销负担，而且使营销职能专业化、集约化、社会化，速度更快，费用更低，效率更高。分销渠道作用示意图如图 6-5 所示。

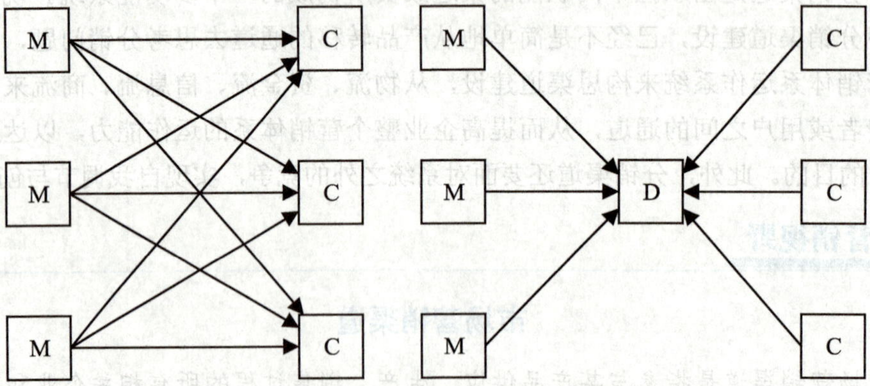

（a）交易次数 M×C=3×3=9　　（b）交易次数 M+C=3+3=6

M—生产者；C—顾客；D—中间商

图 6-5　分销渠道作用示意图

图 6-5 表明，使用中间商有利于节约社会劳动，提高商品流转的经济效益。图 6-5（a）表示 3 个生产者分别直接将产品售予 3 个顾客，需要进行 9 次交易；图 6-5（b）表示在同样条件下，通过一个中间商，则交易次数降到 6 次。交易次数的减少，使得产品流通的效率大大提高。以此类推，生产者和顾客的数量越多，中间商介入所减少的交易次数及节约的社会劳动就越多，这是中间商最大的作用。

（2）获取大规模分销的经济利益。

生产者与中间商结成亲密的渠道伙伴关系，可以综合利用中间商的优势为自己服务。中间商的销售网络，可以使生产者的产品在更广泛的市场面上铺开，并使生产者得到大规模分销的经济利益。因此，企业市场的开拓实质就是渠道成员之间的销售网络的构筑。

（3）提高产品的市场竞争力。

分销渠道的选择直接制约和影响着企业其他方面营销策略的确定，从而影响到产品的市场份额及竞争力。只有选择合理的分销渠道，配置好中间商，制订相关的营销策略，保证产品及时销售出去，才能加快资金的周转，提高资金的使用效益，同时也能扩大市场份额，提高产品的市场竞争力。

（4）更好地发挥信息沟通功能。

中间商直接与生产者和消费者打交道，更了解市场供求，并可通过信息沟通促使生产者更有效地组织生产经营活动。同时，这也能为消费者购买和使用产品提供便利。

课堂讨论

生产者生产的产品是如何到消费者手中的？在这个过程中，渠道中间商都起到了什么作用？

（三）分销渠道的类型

根据不同的标准，分销渠道可分为以下几种类型。

1. 直接渠道和间接渠道

按照有无中间商参与交换活动，分销渠道可分为直接渠道和间接渠道。

（1）直接渠道。

直接渠道又称“零级渠道”，是指在产品从生产者流向消费者或用户的过程中，没有中间商参与的分销途径。直接渠道的形式有两种：① 传统直销，主要靠人与人的接触销售产品，节省了流通费用，降低了产品成本，如保险、银行、房地产等行业多采用传统直销；② 现代直销，是指借助大众传媒工具销售产品，如电话销售、电视购物、网上购物等，这种形式提高了沟通的时效性和便利性，节约了一对一沟通的成本。

分销渠道的组织形式

直接渠道主要适用于以下领域：① 工业品的分销，如大型设备、原材料等；② 部分消费品的分销，如海鲜、生鲜等；③ 服务产品，如法律咨询、健康咨询等。

直接渠道有利于生产者了解市场，能促进生产者与消费者或用户进行沟通，便于生产者提供售后服务。这种模式若运用得当，可以加快产品流通，节省流通费用，增加生产者的收益。但一般情况下，这种模式成本较高，生产者很难在短期内广泛建立销售网络，销售范围受到较大的限制，且生产者独自承担较大的市场风险。

（2）间接渠道。

间接渠道是指产品从生产者流向消费者或用户的过程中，经过若干中间商转手的分销途径。间接渠道可以减少交易次数，节约流通的时间和成本，缓解生产者的压力，扩大产品的销售范围。但生产者与消费者不能直接沟通，不易准确地把握消费者需求，消费者也不易了解生产者情况。间接渠道主要适用于消费品的销售。

2. 短渠道和长渠道

按照渠道层次的多少，分销渠道可分为短渠道和长渠道。

在产品从生产者流向消费者或用户的过程中，任何一个对产品拥有所有权或负有销售责任的机构，都称作一个渠道层次。生产者、消费者或用户都参与了将产品及其所有权转移到消费领域的工作，因此，他们都被列入每一类渠道中。但是，市场营销学以中间机构层次的数目确定渠道的长度，消费者市场的分销渠道层次如图 6-6 所示。

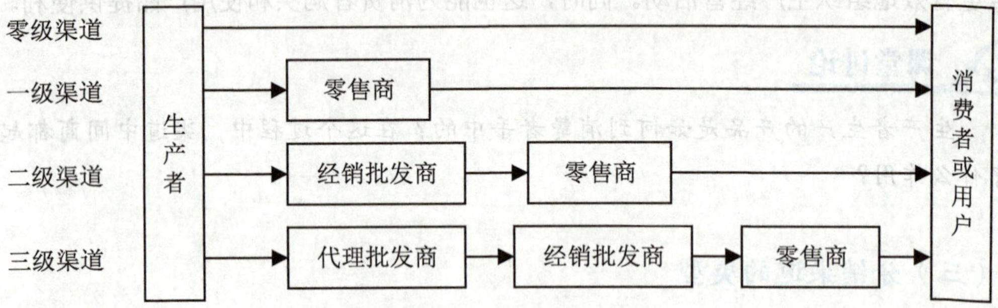

图 6-6　消费者市场的分销渠道层次

（1）短渠道。

短渠道是指没有中间环节或只经过一个中间环节的渠道，主要包括零级渠道和一级渠道两种形式。

零级渠道是指生产者和消费者或用户之间没有中间环节，产品由生产者直接到消费者或用户，即生产者→消费者或用户。

一级渠道是指生产者和消费者或用户之间只有一个中间环节。在消费者市场，中间机构大多是零售商，即生产者→零售商→消费者或用户；在生产者市场，中间机构则大多是代理批发商或经销批发商。

短渠道的优点包括：① 中间环节少，产品可以迅速到达消费者或用户手中，生产者能够及时了解消费者或用户的需求，并调整生产经营策略；② 流通费用较低，产品价格较低；③ 便于生产者开展售后服务，提高产品竞争力。短渠道的缺点是流通环节少，销售范围受到限制。

（2）长渠道。

长渠道是指经过两个或两个以上中间环节的渠道，主要包括二级渠道和三级渠道两种形式。

二级渠道是指生产者和消费者或用户之间有两个中间环节。在消费者市场，中间机构通常是经销批发商和零售商，即生产者→经销批发商→零售商→消费者或用户；在生产者市场，中间机构则大多是代理批发商和经销批发商。

三级渠道是指生产者和消费者或用户之间有三个中间环节，适用于一些技术性很强的产品。在消费者市场，生产者与经销批发商之间又增加了代理批发商这一中间机构，即生产者→代理批发商→经销批发商→零售商→消费者或用户；在生产者市场，代理批发商、经销批发商及其分支机构并存。

长渠道的优点包括：① 减少生产者资源的占用，生产者能够集中精力组织生产；② 更有效地覆盖市场，从而扩大产品销售规模。

长渠道的缺点包括：① 流通费用增加，产品售价较高；② 增加了产品的损耗；③ 生产者对市场的控制力较小。

3. 宽渠道和窄渠道

按照同一层级中间商的数目多少，分销渠道可分为宽渠道和窄渠道。

（1）宽渠道。

宽渠道又称“密集型分销渠道”，是指生产者在同一渠道层级尽可能多地选择中间商来销售其产品的渠道形式。宽渠道适用于日用品和大部分食品、工业品中的标准化和通用化产品、需要经常补充和替换或用于维修的产品、替代性强的产品等。例如，某饮料产品的一级宽渠道形式如图 6-7 所示。

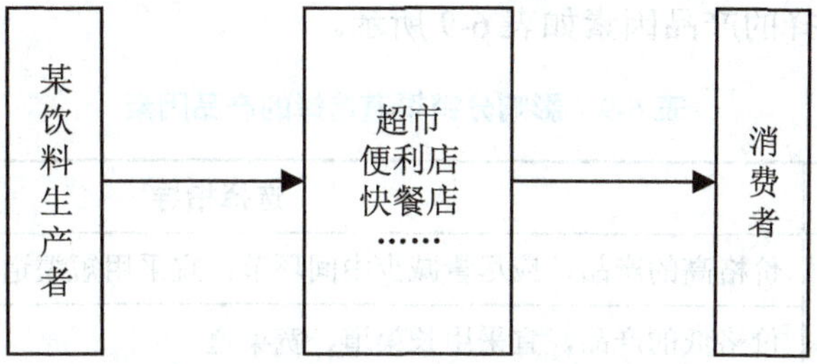

图 6-7　某饮料产品的一级宽渠道形式

宽渠道的优点包括：① 中间商多，分销广泛，可迅速把产品推入流通领域，使消费者随时可以买到产品；② 促使中间商展开竞争，提高产品的销售效率。宽渠道的缺点是不利于生产者与中间商建立密切的关系，而且生产者几乎要承担全部的促销费用。

（2）窄渠道。

窄渠道又称“选择性分销渠道”，是指生产者在同一渠道层次只选择少数中间商来销售其产品的渠道形式。窄渠道一般适用于专业性很强或者贵重耐用的工业品、选择性较强的耐用消费品及高档消费品等。例如，某工业设备的一级窄渠道形式如图 6-8 所示。

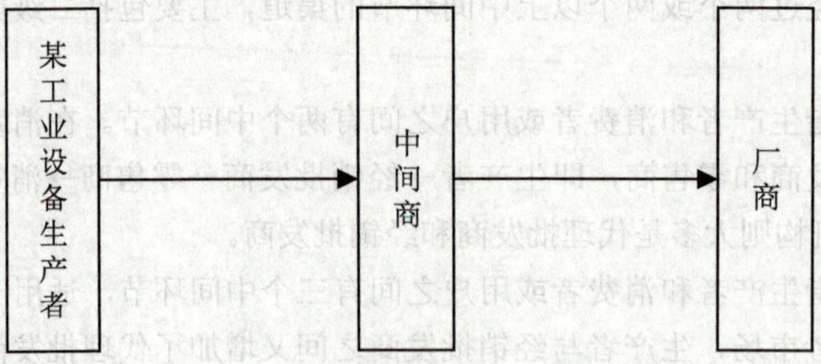

图 6-8　某工业设备的一级窄渠道形式

窄渠道的优点包括：① 中间商少，便于生产者指导和支持中间商开展销售业务，有利于合作双方互相配合和监督，从而建立更密切的业务关系，增强各自的市场竞争力；② 生产者可以借助中间商的信誉和形象提高产品销量；③ 简化了销售、运货、结算的手续，便于生产者进行新产品试销，有利于迅速获得反馈信息。

窄渠道的缺点包括：① 中间商要求的折扣较大，生产者开拓市场的成本较高；② 生产者的分销途径少，对中间商的依赖性大。

二、选择分销渠道

（一）影响分销渠道选择的因素

企业在选择分销渠道时往往会受到多种因素的影响，其中主要因素有以下几种。

1. 产品因素

影响分销渠道选择的产品因素如表 6-9 所示。

表 6-9　影响分销渠道选择的产品因素

产品因素	选择指导
价格	价格高的产品，应尽量减少中间环节，宜采用短渠道、窄渠道
	价格低的产品，宜采用长渠道、宽渠道
体积与重量	体积大、笨重的产品，其运输和储备成本较高，宜采用短渠道
	体积小、轻巧的产品，宜采用长渠道
时尚性	款式多变、时尚性较高的产品（如时装、新奇玩具等），宜采用短渠道、宽渠道，以避免产品过时造成积压

续表

产品因素	选择指导
用途广泛性	特殊设备、专用性较强的产品，宜采用短渠道、窄渠道
	用途广泛、通用性较强的产品，宜采用长渠道、宽渠道
物理化学性质	易腐、易破、易坏的产品，宜采用短渠道
	耐损性好的产品，宜采用长渠道
技术与服务要求	技术性强、服务要求高的产品，需要企业为用户提供专业的技术服务（如安装、调试、培训等），宜采用短渠道、窄渠道
	技术性弱、标准化的产品，宜采用长渠道、宽渠道
生命周期	处于导入期的产品，为打开销路需要采取有力的促销策略并及时获得市场数据反馈，宜采用短渠道、窄渠道
	处于成长期、成熟期的产品，为了扩大市场范围，宜采用长渠道、宽渠道

课堂讨论

生产精密机床的企业适合选择什么类型的分销渠道？生产洗发用品的企业适合选择什么类型的分销渠道？

2. 市场因素

影响分销渠道选择的市场因素如表 6-10 所示。

表 6-10　影响分销渠道选择的市场因素

市场因素	选择指导
市场规模	市场规模较小，企业宜采用短渠道、窄渠道
	市场规模较大，企业宜采用长渠道、宽渠道
市场的地理位置	市场地理位置集中，企业宜采用短渠道、窄渠道
	市场地理位置分散，企业宜采用长渠道、宽渠道
消费者的购买习惯	对于耐用消费品，消费者要求买得放心，企业宜采用短渠道、窄渠道
	对于日用品，消费者要求购买方便，企业宜采用长渠道、宽渠道
交易量	消费者一次购买量大，企业宜采用短渠道、窄渠道
	对于零星交易，企业宜采用宽渠道
竞争情况	本企业的产品在质量、价格和性能等方面优于竞争对手的产品，企业宜选择与竞争对手相同的销售渠道，这样更有利于赢得竞争的胜利
	本企业的产品在质量、价格和性能等方面劣于竞争对手的产品，企业可选择与竞争对手不同的销售渠道及不同的中间商，以避免与其直接对抗

3．企业自身因素

影响分销渠道选择的企业自身因素如表 6-11 所示。

表 6-11　影响分销渠道选择的企业自身因素

企业自身因素	选择指导
企业的规模和实力	规模大、资金雄厚的企业，可自由选择分销渠道
	规模小、资金薄弱的企业，需要依靠中间商开展产品销售、提供服务
企业声誉与市场地位	企业声誉和地位越高，选择分销渠道的余地就越大
	声誉和地位不高的企业，选择分销渠道的余地就比较小
企业的经营管理能力	经营管理能力较强的企业，可选择较短渠道，不必太依赖中间商
	经营管理能力较弱的企业，宜选择较长渠道，需要物色可靠、信誉好的中间商
控制渠道的要求	若企业要求有效控制分销渠道，则可选择短渠道
	若企业不需要控制分销渠道，则可选择长渠道

4．环境因素

（1）经济因素。

经济形势会直接影响分销渠道的选择。例如，当经济不景气时，企业为了降低产品成本和价格，会尽量减少中间环节，使用较短的渠道销售产品。

（2）政治法律因素。

政府制定的商品流通政策、法规会限制分销渠道选择的范围。例如，对于专卖产品（烟、酒）、专控产品（指国家机关事业单位购买的消费品，如轿车、录像及音响设备等），企业应严格遵循指定的分销渠道和购销方式进行销售。

（3）科学技术因素。

科技发展可能为某些企业创造新的分销渠道，如企业可利用新技术开展电子商务。

辉煌中国

“数商兴农”持续推进，有效助力乡村振兴

自中央一号文件提出实施“数商兴农”工程以来，我国一直着眼于改善农村电商的服务基础设施，提升农产品网货化能力，助力乡村振兴战略实施。商务部指导各地方和电商企业举办“数商兴农”专场活动，带动地理标志产品和各地农特产品销售；指导中国电商乡村振兴联盟开展助农帮扶，助力农产品产销对接。

> 随着“数商兴农”工程深入实施，工业品下乡、农产品进城的农村电商双向流通格局得到巩固提升，直播电商、社区电商等新型电子商务模式在农村和农产品网络零售领域不断创新发展，在促进农产品上行、更好保障农产品有效供给等方面发挥了重要作用。

（二）分销渠道的选择策略

企业在选择分销渠道时，不仅要求其保证产品及时到达市场，还要求其销售效率高、营销费用低，能帮助企业取得最佳的经济效益。因此，企业进行分销渠道选择前，必须结合企业的战略目标、营销组合策略及其他分销渠道选择因素等，综合考虑，在分销渠道的长短、宽窄及具体渠道成员的选择等方面做出相关的决策。

1. 分销渠道类型的选择策略

企业在选择分销渠道类型时，一般应该从选择直接渠道还是间接渠道、长渠道还是短渠道、宽渠道还是窄渠道这几个方面进行考虑。

（1）直接渠道和间接渠道的选择策略。

企业在选择分销渠道类型时，在考虑直接渠道和间接渠道各自的优缺点及适用情况的基础上，还应结合自身经营管理能力、营销经验水平、综合财力及对控制渠道的要求等方面进行综合分析。若企业自身经营管理能力较强、营销经验丰富、财力雄厚、要求有效控制分销渠道，则宜采用直接渠道；反之则宜采用间接渠道。

（2）长渠道和短渠道的选择策略。

在分销渠道中，中间环节的多少表示渠道的长度。一般情况下，越短的分销渠道，生产者承担的销售任务越多，信息传递越快，销售越及时，生产者越能有效地控制分销渠道。越长的分销渠道，中间商越要承担大部分销售渠道职能，信息传递越慢，产品流通的周期越长，生产者对渠道的控制越弱。因此，企业在选择分销渠道类型时，应根据影响分销渠道选择的因素，如产品因素、市场因素、企业自身因素、环境因素等，确定适合自己的渠道长度。

（3）宽渠道和窄渠道的选择策略。

企业通常根据市场、中间商、企业自身、产品的具体情况来选择同一渠道层级的中间商数目，一般采用以下 3 种策略：

① 密集型分销策略，又称“广泛型分销策略”或“普遍性分销策略”，即采用宽渠道的做法。该策略可以使产品在目标市场上形成铺天盖地之势，以实现路人皆知且随处可买的效果，促使企业广泛地占领目标市场。

典型案例

OPPO 与 vivo 的普遍分销

OPPO 与 vivo（以下简称 OV）将密集型分销做到了极致，实现了终端网络体系全覆盖。OV 利用其庞大的代理商模式，通过门店、服务中心、体验中心渗透到 1～4 线城市，甚至是 5、6 线城镇。

一般 3 级市场是手机品牌覆盖的边际线，因为大部分企业难以覆盖 4 级市场。但 4 级市场包含许多城镇，恰恰是消费品的决定性市场，同时城镇向下对农村市场具有极强的吸附、引领作用。4 级市场相当于整个消费市场巨人的“腰”，对上支撑，对下引领，OV 以占领 4 级市场为核心，实现了 1～6 级的终端渠道全覆盖。

② 选择性分销策略，是指企业在同一渠道层级精心选择几家中间商来分销其产品的做法。例如，跨国企业常采用选择性分销策略。当企业初次进入国际市场时，通常会选用几个中间商进行试探性营销，等到企业积累了一定的经验后，再调整市场营销策略，以降低营销风险。

③ 独家分销策略，是指生产者在同一渠道层次只选择一家中间商来经销其产品的做法，这是一种专营型分销策略。采用这一策略的企业必须与选中的独家经销商签订协议，来保证彼此的权利和义务，如规定企业不得把同类产品委托给其他中间商经销，经销商不得经营其他竞争性产品等。同时，在协议中对广告宣传费用的分摊方式、产品的优惠额度等都应做出规定，以便共同遵守。该策略适用于技术性强、价格较高、售前售后服务水平要求比较高的产品。

密集型分销策略、选择性分销策略及独家分销策略 3 种分销渠道策略的比较如表 6-12 所示。

表 6-12　3 种分销渠道策略的比较

类　型	中间商数量	优　点	缺　点
密集型分销策略	较多或尽可能多	覆盖面广、速度快	成本高、易管理失控
选择性分销策略	少数	控制力强	成本较高、承担一定的市场风险
独家分销策略	一家	易控制、成本低	市场覆盖面窄、市场风险较大

2. 分销渠道成员的选择策略

企业在确定了分销渠道类型后，需要选择分销渠道成员（构成渠道的中间商）。对渠道成员的选择应注意以下基本条件：① 中间商能够接近企业的目标市场；② 中间商的地理位置便利；③ 中间商市场覆盖面较广；④ 中间商对产品的销售对象或使用对象较熟悉；⑤ 中间商经营的产品大类中，有本企业的互补产品；⑥ 中间商资金实力较雄厚；⑦ 中间商从业人员的数量较多、素质较高；⑧ 中间商销售能力、售后服务能力、信息反馈能力较强。

企业可以针对自己的营销目标和现有条件，采用正确的分销策略，选择适当的分销渠道，对分销渠道实施有效的管理，以达到企业的营销目标。

课堂讨论

生产标准化工业产品的企业想要拓展分销渠道增加中间商，此时企业该如何选择分销渠道类型和分销渠道成员？

任务实施

调研某企业的渠道策略

任务要求

调研某企业的渠道策略，进一步理解分销渠道的类型和分销渠道的选择策略。

任务流程

（1）学生分组：全班学生以5～8人为一组进行分组，每组选出一名成员担任本组的组长。

（2）展开调研：以小组为单位，选择某一企业，小组成员通过在线搜集资料、实地调研等方式，调研某企业的渠道策略。

（3）调研总结：每位同学根据调研情况进行总结，并将表6-13填写完整。

表6-13 某企业的渠道策略

企业名称	
影响分销渠道选择的因素	
渠道策略	
分销渠道的类型	
主要的分销渠道成员	
分销渠道的现状和发展前景	

（4）展开讨论：以小组为单位，讨论下列问题。

① 本组所选企业的渠道策略是什么？该企业采取的分销渠道属于什么类型？

② 本组所选企业的分销渠道的现状和发展前景如何？你认为该企业的渠道策略是否合理？为什么？

（5）进行分享：以小组为单位整理相关资料并制作 PPT，各组分别派代表在课堂上进行分享。分享结束后，同学们交流讨论，教师点评。

任务四 制订促销策略

任务导入

三只松鼠的促销策略

三只松鼠是我国第一家定位于纯互联网食品品牌的企业，其主营业务覆盖了坚果、肉脯、果干、膨化食品等全品类休闲零食。

在促销方面，三只松鼠也一直是行业中的翘楚，其促销策略如下。

（1）多领域创新增强营销有效性。

三只松鼠致力于人设 IP 的打造，并通过制作与社会热点、日常生活息息相关的短视频进行营销，在各大营销平台取得了良好的营销效果。

三只松鼠的促销策略

在面对客户提问时，三只松鼠的客服会称呼消费者为主人，在线上聊天沟通时也打破了僵硬死板的聊天风格。这种方式为三只松鼠塑造了亲民、友好、贴心的松鼠形象，将品牌 IP 嵌入生活的各个方面，成功拉近了企业与消费者之间的距离。

三只松鼠一直以来与几大电商巨头建立了良好的合作关系，通过与各个渠道创新合作布局电商市场，打造品牌竞争力。

品牌定位方面，三只松鼠也十分创新，凭借“森林系”“慢食快活”等宣传语，深受消费者青睐。同时，三只松鼠落实在细节上的人性化服务，大大超出了消费者的预期。

（2）利用营业推广提高客单价。

零食行业的一个显著特征就是客单价比较低，三只松鼠也不例外。三只松鼠不断创新，通过满减优惠券、下单立减、第二件折扣、组合销售等方式增加产品销量，提高客单价。

满减优惠券。三只松鼠在各大电商平台通过发放大额优惠券来吸引消费者，其满减优惠多种多样，如满 188 元减 100 元、满 288 元减 150 元、68 元包邮等。优惠力度看似很大，但实则单价较高，三只松鼠正是利用大额优惠券的方式起到降价促销的作用，让消费者有“薅羊毛”的感觉。

下单立减。下单立减也是三只松鼠的重要促销手段。下单立减是指消费者拍下产品后，可以立即享受减免一定金额的优惠。这种方式可以直接吸引消费者下单。一般情况下，下单立减是有名额限制的，这样能在短时间内促进成交量最大化。

第二件折扣。三只松鼠经常利用第二件折扣的方式来吸引消费者购买，如第二件半价、第二件 0 元等。由于边际效用递减，对消费者来说，购买第二件产品的效用不如购买第一件产品的效用大。此时第二件给予折扣，给消费者带来占便宜的心理效用，让消费者更愿意为第二件产品买单。

组合销售。三只松鼠时常利用零食大礼包、99 元任选 10 件、159 元任选 20 件等组合销售的方式进行促销。组合销售的方式不仅帮助企业通过销量高的产品带动销量低的产品或借助明星产品的名气打开新产品市场，还可以降低消费者的交易成本和时间成本。此外，三只松鼠往往会赋予零食大礼包很大的噱头，通过场景营销来创造需求，吸引消费者购买。

思考

什么是促销？促销有哪些方式？三只松鼠的促销策略有哪些？企业应如何选择合适有效的促销方式？

一、认识促销和促销组合

（一）促销

促销是指企业通过各种方式将产品或服务信息传递给目标消费者，激发消费者的购买欲望，使消费者产生购买行为的营销活动。

促销的实质就是企业加强与目标消费者的信息沟通。在市场经济条件下，产品生产和流通分属不同的、相互独立的经济主体，决定了生产者、经营者和消费者之间在客观上存在着信息不对称，这就要求企业必须将有关信息传播给消费者，增进消费者对产品及服务的了解，激发他们的购买欲望，为消费者最终的购买行为提供依据。

（二）促销组合

促销组合是指企业根据产品的特点和营销目标，将人员推销、广告促销、营业推广和公共关系等 4 种基本促销方式有机地结合起来，最大限度地发挥整体促销效果，从而顺利实现企业营销目标的策略。

促销组合体现了现代市场营销理论的核心思想——整体营销。促销组合是一种系统化的整体策略，4 种基本促销方式构成了这一整体策略的 4 个子系统。每个子系统都包含了一些可变因素（具体的促销手段或工具），每一种因素的改变都会导致促销组合关系的变化，也就意味着促销策略发生改变。

在实际运用中，企业应扬长避短，适当地选择和运用促销方式，以有效地开展促销活动。

（三）影响促销组合的因素

在确定促销组合时，企业应考虑以下几个因素。

1. 促销目标

促销目标是指企业从事促销活动要达到的目的。在企业营销的不同阶段会有不同的促销目标，所以促销组合也会有差异。不同的促销组合在实现相同的促销目标方面有不同的效果。例如，在促进消费者对企业及产品的了解方面，广告促销的效果要强于人员推销；而在获取消费者对企业及产品的信任方面，广告促销的效果不如人员推销。

2. 企业实力

企业的规模和资金实力是影响企业经营的重要因素，也是决定企业营销投入的关键因素。营销预算充足时，企业倾向于选择广告促销和人员推销；营销预算有限时，企业倾向于选择营业推广。在选择促销方式时，企业要以自身的资金状况能否支持某一促销方式的顺利进行为标准，做出的促销决策要符合经济效益原则。

3. 产品性质

不同性质的产品适合采用不同的促销组合。一般对于消费品，因其市场范围广，企业促销时常以广告促销为主；对于生产资料和工业品，因消费者购买批量较大，市场相对集中，企业促销时主要以人员推销为主。

4. 产品生命周期

产品生命周期不同阶段的促销目标和促销组合不同，具体如表 6-14 所示。

表 6-14　产品生命周期不同阶段的促销目标和促销组合

产品生命周期	促销目标	促销组合
导入期	扩大产品知名度	以广告促销为主，人员推销、营业推广和公共关系为辅
成长期	树立产品品牌形象	改变广告促销形式，宣传产品特色，辅以公关手段，减少营业推广
成熟期	增进消费者的偏好	增加营业推广，减少广告促销，辅以人员推销
衰退期	维持消费者的偏好	以营业推广为主，辅以提示性广告促销

5. 市场条件

市场条件也会影响促销组合。这里的市场条件包括市场范围大小、消费者数量多少、产品是否有品牌效应等。从市场范围大小看，如果促销产品的目标市场是小规模的地方市场，则企业应以人员推销为主；而对于全国市场，企业应采用广告促销方式。从消费者数量看，如果消费者多而分散，则企业应采用广告促销等非人员推销方式；如果消费者较少而成交额较大，则企业应采用人员推销方式。对于已经形成一定品牌效应的产品，企业应根据品牌效应的强弱来选择促销组合。如果产品的品牌效应强，则企业应以广告促销为主；如果产品的品牌效应较弱，则企业应以营业推广为主。

此外，企业制订促销组合时还应考虑竞争者的促销方式，要有针对性地不断变换自身的促销组合，以适应市场竞争的需要。

二、人员推销

（一）人员推销的概念和特点

1. 人员推销的概念

人员推销是企业运用推销人员直接向推销对象推销产品或服务的一种促销活动。在人员推销活动中，推销人员、推销对象、推销产品或服务是3个基本要素。其中前两者是推销活动的主体，后者是推销活动的客体。通过推销人员与推销对象之间的接触、洽谈，将推销产品或服务推荐给推销对象，从而达成交易，实现既销售产品或服务，又满足消费者需求的目的。在建立消费者偏好、培养消费者信任和促进消费者行动时，人员推销是最有效的方式。

2. 人员推销的特点

（1）双向沟通。

人员推销中的推销人员起到桥梁作用，实现生产者与顾客之间的信息双向沟通。一方面，推销人员将有关产品特性、用途、使用方法、价格等方面的信息传递给潜在的目标顾客；另一方面，推销人员与顾客直接接触，能及时了解顾客对本企业产品和竞争产品的评价，并为企业制订和调整营销组合策略提供依据。

（2）灵活性。

推销人员与顾客当面洽谈，双向沟通，可以及时观察到顾客对推销活动的反应和态度，灵活掌握顾客需求，便于企业做出快速反应。

（3）针对性。

人员推销与广告促销相比，其针对性更强，无效劳动更少。广告促销虽受众十分广泛，能激发顾客购买欲望，却不能实现立即销售。而人员推销总是带有一定的倾向性，目标顾客较为明确，推销人员在拜访之前对他们进行调研，制订一个特定的推销方案，且顾客会倾听推销人员的宣传并做出反应，因此成交机会更大。

（4）完整性。

与其他促销方式相比，人员推销能提供更完整的服务。推销人员的任务不仅是访问顾客、传递信息、说服顾客购买、达成实际的交易，还包括提供各种服务，如资金融通、信息咨询、市场调研、安装调试、技术指导、维修等。特别是一些结构复杂的产品，人员推销的效果更优。

（5）公关性。

人员推销具有公关作用。好的推销人员善于与顾客建立起超出单纯买卖关系的友谊和信任，为企业赢得一批忠实的客户。

（6）高成本性。

人员推销耗费时间多，传播范围窄，支出费用大，并且优秀的推销人员非常难得。

课堂讨论

在网络时代，人员推销会不会被替代？

（二）人员推销的方式

人员推销主要有上门推销、柜台推销和会议推销 3 种方式。

1. 上门推销

上门推销是指推销人员携带产品样品、说明书和订单等上门走访，并进行产品推销的行为，是最常见的人员推销方式。这种推销方式可以针对顾客需求提供有效的服务，但因为接触的大多是陌生的顾客，所以推销失败率较高。

2. 柜台推销

柜台推销又称“门市推销”，是指企业在适当地点设置门店或柜台，由营业员接待进入门店的顾客，并进行产品推销的行为。柜台推销与上门推销正好相反，属于等客上门式推销。门市产品种类齐全，能满足顾客的多种购买需求，营业员还能为顾客提供购买便利和售后服务，所以顾客比较乐于接受这种方式。

3. 会议推销

会议推销是指企业利用各种会议（如推销会、订货会、展销会等）向与会人员宣传、介绍、推销产品的行为。这种推销方式受众较广，成交额较大，推销效果较好。

（三）人员推销的基本策略

在推销过程中，推销人员应根据不同的推销环境、推销范围、推销对象和推销产品，审时度势，巧妙地运用推销策略并促成交易。人员推销策略主要有以下 3 种。

1. 试探性策略

试探性策略又称“刺激-反应策略”，是指在不了解顾客的情况下，推销人员利用刺激性方法引发顾客产生购买行为的做法。推销人员事先设计好能引起顾客兴趣、刺激顾客购买欲望的推销语言，并对顾客进行试探，同时观察顾客的反应，了解顾客的真实需求，然后根据其反应采取相应的对策，诱发顾客的购买动机，引导顾客产生购买行为。

2. 针对性策略

针对性策略又称“配方-成交策略”，是指在对顾客有了基本了解的情况下，推销人员有针对性地进行宣传、介绍，引起顾客的兴趣，引导顾客产生购买行为的做法。采用这种策略的关键是促使顾客对推销人员产生强烈的信任感。

3. 诱导性策略

诱导性策略又称“诱发-满足策略”，是指推销人员运用推销语言激起顾客的购买需求，并说服顾客产生购买行为的做法。采用这种策略要求推销人员有较强的推销技巧，能不失时机地宣传、介绍、推销产品，以满足顾客需求，并在不知不觉中完成产品交易。

（四）人员推销的决策过程

企业的人员推销决策一般包括以下几个步骤。

1. 寻找顾客

寻找顾客是人员推销过程的首要环节，也是最基础、最关键的一步。由于推销是向特定的顾客推销，推销人员必须先确定自己的潜在顾客，然后再开展实际推销工作。

推销人员获取顾客信息的主要途径包括：从营销管理人员那里获取；请顾客介绍；请供应商、中间商、非竞争对手的推销员、行业协会等介绍；通过参加各种展销会了解；通过报刊、工商名录等资料了解；通过电话或信函了解等。

推销人员应善于从各种线索中迅速筛选出最可能达成交易的顾客，详细分析其购买能力、可能成交量、特殊要求及长期合作的可能性。

2. 接洽准备

推销洽谈前的准备工作主要包括掌握有关信息、确定洽谈目标、拟定洽谈方案等。洽谈前的准备工作做得是否充分是决定洽谈成败的关键。准备工作做得充分，洽谈时就能处于主动地位；否则，仓促上阵，往往使自己陷于被动状态，难以取得好的洽谈结果。

3. 约见顾客

约见顾客即推销人员事先征得顾客同意接见的行动过程。一般来说，顾客都不大欢迎推销人员来访。成功约见顾客是推销成功的先决条件。推销人员一定要给潜在顾客一个良好的印象，为推销洽谈打下基础。

4. 接近顾客

接近顾客是指推销人员为进行推销洽谈与目标顾客进行的初步接触。能否成功地接近顾客，直接关系到整个推销工作的成败。在这个过程中，要想争取主动，使顾客有继续谈下去的热情和信心，推销人员还要掌握一定的方法和技巧，要有注重礼仪、稳重自信、不卑不亢的态度，能选好话题，并把握消费心理，积极引导、启发、刺激顾客，使顾客对产品产生兴趣。

5. 洽谈沟通

洽谈沟通是指推销人员运用各种技巧和方法说服顾客购买的过程，是整个推销活动中的关键环节，其目的在于向顾客传递有关产品及服务方面的信息，诱发顾客的购买动机，激发顾客的购买欲望，说服顾客采取购买行动。

推销人员在向潜在顾客展示介绍产品时可从以下几个方面入手：① 正统法，主要强调企业的声誉和地位；② 专业性，主要表明对产品和顾客情况有深刻了解；③ 影响力，可逐步扩大自己与顾客共有的特性、利益和心得体会；④ 主动迎合，可向对方表达善意，以加强情感交流；⑤ 树立形象，在顾客心中建立良好的企业形象及产品形象。

6. 处理异议

异议是顾客对推销人员、推销产品、推销活动有所怀疑、否定的反应。常见的异议有需求异议、产品异议、功能异议、价格异议、信用异议、服务异议等。面对顾客提出的异议，推销人员应采取积极的方法，耐心倾听，认真分析顾客异议的类型及根源，并能灵活地使用多种方法（如转化处理法、询问处理法、以优补劣法等）消除顾客的异议。

7. 达成交易

达成交易是消费者接受推销人员的建议，做出购买决定和行动的过程。推销时，当推销人员从顾客身上发现可以达成交易的信号（如顾客的语言、动作、评论等）时，应抓住机会向顾客提供购买建议，或者主动提供价格优惠、便利服务等，促使顾客做出购买决策。

8. 售后追踪

达成交易并不意味着整个推销活动的结束，推销人员还必须为顾客提供各种售后服务（如安装、维修、退换货等），以消除顾客的后顾之忧，树立企业信誉。尤其对于重要客户（very important person, VIP），推销人员要特别重视与他们的长期合作，并实施关系营销。因此，售后追踪既是人员推销的最后一个环节，也是新一轮工作的起点，它能加深顾客对企业和产品的信赖，促成其重复购买。同时，企业通过售后追踪服务可以获得各种信息，从而积累经验并为营销决策提供参考。

三、广告促销

（一）广告促销的概念

随着市场经济的迅速发展，广告发挥着越来越重要的作用，是促销组合的一个重要组成部分。广告促销是指企业为某种特定需要，有计划地借助大众传播媒体对产品或服务进行广泛宣传，向广大消费者传递信息，促进产品销售的宣传方式。广告促销活动由以下 4 个基本要素构成：

（1）广告主体，是指为了宣传产品或服务，自行或委托他人设计、制作、发布广告的法人、其他经济组织或者个人，主要指企业。

（2）广告信息，是指广告的主要内容，包括产品信息、服务信息等。

（3）广告受众，是指广告信息的传播对象，主要包括中间商、消费者及其他社会公众。

（4）广告媒体，是指信息传播的中介，主要包括报纸、杂志、广播、电视及新媒体等。

（二）广告促销的功能

1. 传递信息，沟通产需

广告促销的最基本功能就是认识功能。广告能帮助消费者认识和了解各种产品的商标、性能、用途、使用和保养方法、购买地点和购买方法、价格等内容，从而起到传递信息，沟通产需的作用。

2. 激发需求，增加销量

一则好的广告，能起到诱发消费者的兴趣，引起消费者购买欲望，激发消费者购买需求，直至促进消费者的购买行动的作用。广告激发的需求分为初级需求和选择性需求两种类型：初级需求是指广告激起消费者对某种产品的需求，如电脑、汽车等；选择性需求是指广告激起消费者对某一品牌产品的需求，如某品牌电脑、某品牌汽车等，从而引导消费者进行选择性购买。

3. 促进竞争，开拓市场

大规模的广告促销是企业的一项重要竞争策略。当一种新产品上市后，如果消费者不了解它的名称、用途、购买地点、购买方法，就很难打开销路。特别是在市场竞争激烈，产品更新换代大大加快的情况下，企业通过大规模的广告促销，能使消费者对本企业的产品产生吸引力，这对于企业开拓市场是十分有利的。

提高产品的知名度是企业竞争的重要内容之一，而广告则是提高产品知名度不可缺少的武器。精明的企业家总是善于利用广告促销，提高企业和产品的“名声”，从而抬高“身价”，促进竞争，开拓市场。

4. 引导潮流，指导消费

广告促销引导着消费潮流，指导消费者的消费行为。随着人们物质生活水平和精神文化需求的提高，消费者在消费时已逐渐具有品牌意识，他们更倾向于选择并信赖品牌。例如，海尔集团的“真诚到永远”通过大众传媒的推广，已深入千家万户，成为人们心中可信赖的国产品牌。

5. 丰富生活，陶冶情操

路牌广告、售卖场所（point of purchase, POP）广告、霓虹灯广告等，优化了城市形象，使都市的夜晚变得星光灿烂，绚丽多姿。因此，广告又被形象地称为“现代城市的脸”。优美的广告歌曲、绚丽的广告画面、精彩的广告词，给人以艺术的享受。

此外，广告不仅是现代社会中的一种重要宣传工具，还是一种文化现象。广告对社会的价值观念、文化传承都具有非常重要的影响。

营销视野

广告设计的“SCORE”原则

广告设计一般遵循“SCORE”原则，主要包括以下几个方面：

（1）S 代表 simplicity，即简洁。越是简洁的广告，越能给人们留下深刻的印象。为了突出广告主题的记忆点，广告表现形式应力求简洁。

（2）C 代表 credibility，即可信度。广告不能欺骗、误导消费者，不能夸大事实。广告的表现形式应与内容相适应，以增加广告的可信度。

（3）O 代表 originality，即创新。无论是广告理念还是表现手法，都应带给人们新的感受。

（4）R 代表 relevance，即切题。广告表现形式可以不拘一格，但必须遵循“形散而神聚”的原则，围绕产品的核心部分（利益点）进行宣传。

（5）E 代表 empathy，即共鸣。广告要与目标受众实现有效沟通，在目标受众心中引起共鸣，使目标受众产生认同和好感。

（三）选择广告媒体应考虑的因素

广告媒体具有不同的特点，所起到的作用也有差别。为了使广告达到预期的促销效果，企业在选择广告媒体时一般要考虑以下几项因素。

1. 消费者接触媒体的习惯

消费者的年龄、性别、文化程度、经济收入和社会地位不同，接触媒体的习惯也不同，企业选择的媒体应该与目标消费者的习惯相适应。例如，针对老年人，企业宜采用广播、报纸等媒体；针对年轻人，企业宜采用网络媒体。

2. 产品特性

不同性质和特点的产品适合不同的广告媒体形式。针对生活用品（如服装、化妆品等），企业可通过电视、杂志或借助网络等发布广告，给消费者以直观的感受，以增强产品的吸引力；针对专业性很强、技术性较强、价格昂贵的产品，可利用专业性杂志发布广告，以便详细地说明产品的技术、性能。

3. 广告媒体的渗透性、时效性和知名度

企业营销策略不同，对广告信息传播的要求也不同。有些企业要求广告能够迅速、及时地传播，因此需要选择渗透性和时效性强、知名度高的媒体，如电视、广播和海报等；有些企业对广告信息发布时间要求不高，那么可以考虑制作时间与发行时间都比较长的杂志等媒体。

4. 产品的销售范围

广告的最终目的是销售产品，因此企业选择的媒体范围应该与产品的销售范围保持一致。如果产品只在某一地区销售，企业应该选择当地的报纸、杂志、广播、电视等媒体；如果产品要销往全国各地，则企业应选择有全国影响力的媒体。

5. 广告的收费标准

不同广告媒体的收费标准是不同的，同一媒体不同时段、不同版面的收费标准也有所不同。企业应根据自身经济实力和对广告的预期选择合适的媒体。

综上所述，企业应综合考虑各种因素，合理选择广告媒体，从而以较低的成本获得较好的促销效果。

（四）广告促销的决策过程

企业的广告促销决策一般包括以下5个步骤，即5M。

1. 确定广告目标（mission）

企业广告促销决策的第一步是确定广告目标。广告目标是指企业通过广告促销活动要达到的目的，其实质就是企业要在特定的时间对特定的目标受众完成特定内容的信息传播，并获得目标受众的预期反应。企业的广告目标取决于企业的整体营销目标。由于企业营销任务的多样性和复杂性，企业的广告目标也是多元化的。根据产品生命周期不同阶段中广告的作用和目标的不同，可以把广告目标大致分为告知、劝说和提示三大类。

2. 确定广告预算（money）

广告目标确定后，企业必须确定广告预算。广告预算应该保持适度，合理的广告预算对于企业来说非常关键。广告预算不宜过高，过高则会导致浪费，降低其使用效率；也不宜过低，过低则会导致费用不足，无法达到预期的广告目标和效果。

广告预算的确定方法有量力支出法、销售百分比法、竞争对等法和目标任务法。

3. 确定广告信息（message）

广告信息又称“广告内容”，是指广告传递的信息，主要包括要传递什么样的信息（广告的主题），要怎样传递信息（要有什么样的创意）。广告的效果在很大程度上取决于

广告的主题和创意。只有符合目标受众需求的广告内容，才能让广告具有鲜明的特色，吸引目标受众的注意力，让目标受众产生较好的联想，进而促进销售。

广告信息的确定通常分为以下 3 个阶段。

（1）确定广告的主题。

广告主题是广告所要表达的中心思想。广告的主题应该展示企业及产品主要的优势和应用，以吸引消费者。针对同一种产品，可以从不同的视角来提炼出不同的广告主题，以迎合不同的消费者需求。广告信息的产生，可以通过对消费者、中间商及竞争者的调研获得创意。

（2）广告信息的评估与选择。

广告信息的载体是广告文案。对广告文案的评价标准有很多，如具有吸引力、具有独特性、具有可靠性等。广告信息必须从实际出发，实事求是，而不要以偏概全，夸大其词，更不能无中生有，这样才能持久地建立企业和产品的信誉。

（3）信息的表达。

广告信息的效果不仅取决于“说什么”，还取决于“怎么说”，即广告信息的表达。广告表现的手段包括语言手段和非语言手段。语言在广告中可以准确、精练、完整、扼要地传达广告信息。非语言就是语言以外的、可以传递信息的一切手段，主要包括构图、色彩、行动、体态等。企业进行广告促销时，应根据不同产品的不同广告定位，把语言手段和非语言手段有机地结合起来。

4．选择广告媒体（media）

只有正确地运用广告媒体，广告促销才能达到其营销目的。在选择广告媒体时，须了解各广告媒体的优缺点，如表 6-15 所示。

表 6-15　各广告媒体的优缺点

类　型	优　点	缺　点
报纸	阅读有效时间长、对当地市场的覆盖率高、消费者易于接受和信任	时效短、针对性不强
杂志	阅读有效时间长、针对性强	周期较长、不利于快速传播、成本较高、对象狭窄
广播	重播频率高、听众层次广泛、速度快、成本较低	信息只能以声音的形式传播、没有视觉图像
电视	收视率高、形声兼备、视觉刺激性强	成本高、展露瞬间即逝、对观众无选择性
户外广告	传播面广、展露重复性强、成本低、竞争少	针对性不强、创造力受到局限
交通媒体	传播面广、成本低	针对性不强、关注度低
网络媒体	交互性强、形式丰富、跨越时空、可控性强、成本较低	广告屏蔽、公信力弱

5. 评估广告效果（measurement）

为了对广告进行有效控制，企业必须对广告促销活动的效果进行评估。一般情况下，广告的效果可以从广告的传播效果、广告的销售效果和广告的社会效果 3 个方面进行评估。广告的传播效果是前提和基础，广告的销售效果是广告效果的核心和关键，企业的广告活动也不能忽视对社会风气和价值观念的影响。

（1）广告传播效果的评估。

广告传播效果评估主要包括认知效果评估和态度效果评估。认知效果即目标受众通过广告接触，对广告产品品牌的认知情况。态度效果即目标受众对广告的心理感受，一般通过语义差异实验来进行评估。

（2）广告销售效果的评估。

对于广告的销售效果，通常采用以下方法来衡量。

① 广告费用占销率法，主要是通过测定一定时期内广告费用占产品销售额的比重，来反映广告销售效果的方法。一般认为，广告费用占销率越低，广告效果越好；否则越差。广告费用占销率的计算公式为：

$$广告费用占销率=广告费用/销售额\times100\%$$

② 广告费用增销率法，主要是通过测定一定时期内广告费用的增减引起的销售额的增减变化情况，来反映广告销售效果的方法。一般认为，广告费用增销率越高，广告效果越好；否则越差。广告费用增销率的计算公式为：

$$广告费用增销率=销售额增长率/广告费用增长率\times100\%$$

③ 单位广告费用促销额法，主要是通过测定一定时期内单位广告费用实现的产品的销售额，来反映广告销售效果的方法。一般认为，单位广告费用促销额越大，广告效果越好；否则越差。单位广告费用促销额的计算公式为：

$$单位广告费用促销额=销售额/广告费用$$

（3）广告社会效果的评估。

广告社会效果是指广告对整个社会道德、社会文化价值观等方面的影响和作用。广告所倡导的消费观念、道德规范、文化意识等都会产生一定的社会影响。因此，广告社会效果的评估不容忽视。

典型案例

每种选择，都能美团

作为本地一站式生活服务平台，美团一直致力于打造“美好生活小帮手”的品牌形象。事实上，大众对美团的认知，仍集中在“外卖”“酒店”等业务，“玩乐”“门票”等低频使用业务认知度较低。而只有“既能帮这个，又能帮那个”，才能算是真正的小帮手。

为此，美团推出了一组广告（包含了多支15秒广告）来宣传“美好生活小帮手”的品牌形象，使人们对美团形成新的认知。在每支15秒广告中，前后都设置两个相互联系的业务，通过前后矛盾，放大美团的多业务优势，加强用户的记忆，如“出去吃！才够浪漫——美团，你的餐厅美食小帮手”“亲手做！更有诚意——美团，你的买菜小帮手”。这种广告，在15秒中就能够给出两种提案，既新鲜，又能让人一下记住核心卖点。除商业电视广告（television commercial, TVC）外，美团还发布了一系列海报。相同场景的问题，用不同业务解决，两个业务前后矛盾，美团毫无保留也毫无态度地支持一切，形成一种“打脸”效果，既满足了消费者需求，又具有趣味性。看似充满矛盾的广告设计，却突出表现了“美团没有态度，美团支持每一种生活态度”。

美团作为一个多业务的生活平台，面向的是大众各种各样的生活方式，不适用于某种单一的态度。因此，针对大多数消费者的选择困难或不同的生活选择，美团并没有告诉消费者怎么选，也没有强行输出某种态度，而是通过广告让大家知道“每种选择，都能美团”。

这种对生活态度的万能感，在消费者心智中潜移默化地建立了小帮手什么都能帮的形象，让品牌在信息的传递上更加高效。而高认知的业务，也有助于提升消费者对低频使用业务的认知。

四、营业推广

（一）营业推广的概念

营业推广是指企业为刺激消费者购买产品而进行的具有短期诱导性和强刺激性的宣传活动。

（二）营业推广的作用

1. 吸引消费者购买

吸引消费者购买是营业推广的首要目的。营业推广的刺激比较强，较易吸引消费者的注意，使消费者在了解产品的基础上采取购买行为，或使消费者因追求某些方面的优惠而使用产品。

2. 奖励品牌忠诚者

营业推广手段较多，如销售奖励、赠券等，一般会在价格上给予一定的优惠。而这些优惠的直接受益者是那些长期使用该品牌的消费者，因此，他们会更加愿意购买、使用本企业的产品，以此来巩固企业的市场份额。

3. 实现企业营销目标

实现企业营销目标是营业推广的最终目的。营业推广实际上是企业让利于购买者，它可以使广告促销的效果得到有力的保障，破坏消费者对竞争产品的品牌忠诚度，从而达到促进本企业产品销售的目的。

（三）营业推广的方式

根据不同的推销对象，企业应采取不同的营业推广方式，具体如下。

1. 针对消费者的营业推广方式

针对消费者进行营业推广的目的是促使消费者重复购买，吸引新消费者试用，以争取更多的消费者。针对消费者的营业推广方式如表 6-16 所示。

表 6-16　针对消费者的营业推广方式

方　式	内　容
赠送样品	赠送样品是有效推广新产品的方法。企业通过直接邮寄、上门派送、店内赠送等方式赠送样品，宣传本企业产品，刺激消费者的购买欲望
赠送礼品	赠送礼品（如“买一送一”）可以吸引消费者购买或重复购买本企业产品
赠送优惠券	消费者持券可免付一定金额的价款，刺激消费者的购买欲望
现场展示	企业的销售人员在销售现场展示本企业产品的独特功能，增强说服力
消费信贷	支持消费者通过赊销或分期付款购买本企业产品，从而降低消费者的购买门槛
打折促销	打折促销是最直接、最有效的促销手段之一，但要避免给消费者留下处理滞销产品、清库存的印象
抽奖促销	消费者购买一定的产品之后可获得抽奖券，凭券抽取奖品或奖金
组合促销	以较优惠的价格提供产品组合

2. 针对中间商的营业推广方式

企业应调动中间商的积极性，鼓励其大批量进货，这对提高产品市场占有率、提升企业形象有重要作用。针对中间商的营业推广方式如表 6-17 所示。

表 6-17　针对中间商的营业推广方式

方　式	内　容
销售折扣	企业给予长期合作或销售卖力的中间商一定的折扣。销售折扣主要包括大额交易折扣、现金交易折扣和错峰交易折扣等
资金奖励或补贴	企业提供一定的资金奖励或补贴，如经销奖励、推广补贴、降价补贴等，激励和促进中间商增购本企业的产品，鼓励其对最终消费者开展促销活动，扩大企业产品的影响力
免费赠品	企业提供一些额外的赠品，如货柜、电子秤、带有企业标志的办公用品等，提高中间商推销本企业产品的积极性
业务会议	在每年销售旺季来临之前，企业举行购销业务会议，促成大额交易

3. 针对企业销售人员的营业推广方式

为了调动企业销售人员的积极性，企业一般会采取一定的激励措施，鼓励销售人员积极开展销售活动，开拓潜在市场。常用的营业推广方式包括业务提成、销售竞赛、技能培训等。

（四）营业推广的决策过程

为保证营业推广活动取得预期的结果，企业必须事先进行周密的策划，策划主要包括以下内容。

1. 确立营业推广目标

企业进行营业推广时，首先要明确营业推广的目标是什么。一般来说，针对消费者的推广目标是鼓励其试用和购买；针对中间商的推广目标则是鼓励其大量推销本企业产品，从而建立紧密的合作关系；针对推销人员的推广目标是鼓励其大力推销本企业新产品或促使其积极开拓新市场。

2. 制订营业推广方案

一般来说，企业的营业推广方案主要包括以下内容。

（1）推广对象。

推广对象可以是目标市场中的全部对象，也可以是一部分对象，企业应优先选择那些积极参与并容易产生最佳推广效果的消费者或经销商作为推广对象。

（2）刺激程度。

推广活动如果对推广对象的刺激程度过小，则达不到预期销售目标；如果对推广对象的刺激程度过大，则产品的销量能快速增长，但可能产生过高的成本或引起推广对象的逆反心理。

（3）推广规模。

推广规模即推广对象的范围。企业必须结合目标市场的实际情况，根据推广收入与推广成本之间的效用关系来确定推广规模的大小。

（4）推广方式。

适当的推广方式是企业营业推广获得成功的关键。企业应根据目标市场的类型、营销目标、竞争环境、产品特点、推广方法的成本和效益等，选择适当的推广方式。

（5）推广期限。

推广期限即营业推广活动持续时间的长短。如果营业推广活动持续时间太短，许多消费者可能还未来得及购买；如果营业推广活动持续时间太长，消费者可能会对产品质量产生怀疑，从而使优惠政策失去吸引力。企业可以参照消费者的平均购买周期或淡旺季间隔确定推广期限。

（6）推广预算。

企业应在营业推广活动开始之前对所需费用做好详细的预算，这是制订营业推广方案应考虑的重要因素。

3. 实施营业推广方案

营业推广方案确定后，若条件允许，企业应先进行小范围的测试，以检验方案的可行性与效果。测试通过后，企业还应制订详细的实施计划，以便有效执行营业推广方案。在方案实施过程中，企业应密切关注市场变化，以便根据实际情况及时对方案进行调整。

4. 评价营业推广效果

每次营业推广活动结束后，企业都要对推广效果进行评价。准确的评价有利于企业总结经验、吸取教训，为今后营业推广决策提供依据。

五、公共关系

（一）公共关系的概念

公共关系（public relations, PR）简称“公关”，是指企业通过大众传播与社会公众建立良好的关系的做法。通过公关手段可以帮助企业树立和维护自己良好的社会形象，因此，作为促销组合策略中的一个重要手段，公共关系已越来越受到企业的重视。

从公共关系的概念中可以看出，公共关系是通过企业、社会公众及传播这三者之间的相互作用来实现的，而这三者也就是公共关系的构成要素。在企业公共关系结构中，企业是公共关系的主体，社会公众是公共关系的客体，传播则是连接公共关系主客体的桥梁。企业公共关系结构如图 6-9 所示。

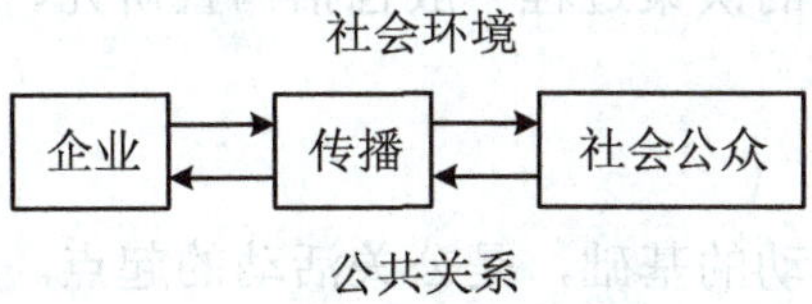

图 6-9　企业公共关系结构

（二）公共关系的功能

在开放、竞争的市场经济条件下，只有处理好企业与市场、客户及社会公众之间的关系，才能为企业的生存和发展营造良好的社会环境。公共关系的主要功能如下。

1. 凝聚功能

公共关系的宗旨是对内求团结，对外求发展。公共关系既可作为管理手段，也可作为促销手段。企业可运用公共关系这一管理手段，使员工对企业产生归属感、自豪感、信任感，从而充分调动员工的潜能和积极性；还可以运用公共关系这一促销手段，争取社会公众对企业的认同、信任和好感，从而树立良好的企业形象。

2. 监测功能

企业定时对企业内部和外部的信息进行采集、处理和反馈，可以监视和预测公共关系状态，并做出快速反应。这是保证企业正常运行、防止出现偏差的一种有效手段。监测功能表现为对内监测和对外监测两个方面。

（1）对内监测是指企业自身通过对企业内部和外部的各种细微变化的把握来对企业运行状态和企业目标实现的可行性进行监测。对内监测关注企业内部和外部社会公众两个方面的信息。

（2）对外监测是指企业监测社会公众对企业的态度或行为的情况。即企业通过监测各种信息传播媒介，及时掌握与企业自身有关的各种信息及走向，以监视和预测社会公众的态度及行为变化趋势。其目的是使企业在自身运行过程中，能及时做出应变对策，以防当社会公众意向发生变化时束手无策。对外监测的监测重点是企业外部的大众传播媒介。

3. 应变功能

企业通过构建一个良好的公共关系机制，增进企业和社会公众的认识，可以尽量避免企业与社会公众的冲突。当遇到突发事件时，企业通过公关手段因势利导，减少由于信任危机而给企业带来的声誉和形象损失，可能把坏事变成好事。这是人员推销、广告促销、营业推广所没有的功能。

公共关系活动的方式

（三）公共关系的决策过程

企业的公共关系活动必须遵循一定的程序，进行全面的规划和安排，方能达到预期的目的。企业公共关系活动的决策过程一般包括调查研究、确定目标、制订并实施计划和评价效果 4 个步骤。

1. 调查研究

调查研究是进行公关活动的基础，是公关活动的起点。企业进行调查研究，目的在于了解社会公众的意见，及时把握舆论导向，从而使企业准确地进行形象定位、环境监测和科学决策。公共关系调查研究的范围很广，涵盖了企业的基本情况、社会公众舆论和社会环境等方面。

2. 确定目标

在调研的基础上，企业应根据企业营销的总目标及社会公众对企业的了解和意见来确定具体的公共关系目标。公共关系的目标通常包括提升企业知名度、可信度，减少社会公众对企业的误解，消除危机事件的负面影响等。

3. 制订并实施计划

企业公共关系活动能否获得预期的效果，不仅要看公共关系计划是否可行，还要看其实施的情况如何。对企业而言，开展公关活动存在许多不确定的因素，因此企业在制订和实施公共关系计划时需要具有一定的灵活性。

4. 评价效果

评价效果是企业公关活动的最后一个阶段。评价效果的目的在于为今后的公关工作提供资料和经验，对企业的公关活动形成一个有效的闭环管理。

任务实施

调研某企业的促销策略

任务要求

调研某企业的促销策略，进一步理解各种促销方式的特点和决策过程。

任务流程

（1）学生分组：全班学生以5～8人为一组进行分组，每组选出一名成员担任本组的组长。

（2）展开调研：以小组为单位，选择某一企业，小组成员通过在线搜集资料、实地调研等方式，调研某企业的促销策略。

（3）调研总结：每位同学根据调研情况进行总结，并将表6-18填写完整。

表6-18 某企业的促销策略

企业名称	
影响促销组合的因素	
促销策略	
促销效果	
企业的发展现状和发展前景	

（4）展开讨论：以小组为单位，讨论下列问题。

① 本组所选企业在制订促销策略时主要考虑的影响因素有哪些？该企业采取的促销策略是什么？

② 本组所选企业采取的各种促销方式分别取得了怎样的促销效果？你认为该企业

的促销策略是否合理？为什么？

（5）进行分享：以小组为单位整理相关资料并制作 PPT，各组分别派代表在课堂上进行分享。分享结束后，同学们交流讨论，教师点评。

项目实训

实训目标

通过实训练习，学生应进一步掌握产品策略、价格策略、渠道策略和促销策略，能够分析企业现有的市场营销组合策略，并为其制订适当的市场营销组合策略。

实训要求

全班学生以 5～8 人为一组进行分组，每组选择某一企业，小组成员通过在线搜集资料、实地调研等方式，了解该企业现有的市场营销组合策略，分析其产品策略、价格策略、渠道策略和促销策略，撰写分析报告（如果现有的市场营销组合策略合理，分析其优势；若不合理，提出改善建议）。然后，各组分别派代表在课堂上分享实训过程及成果。

实训过程

将实训任务的具体完成情况记录在表 6-19 中。

表 6-19　实训过程

时间安排	实训步骤
	（1）选定企业 企业名称：
	（2）展开调研，了解该企业现有的市场营销组合策略 现有的市场营销组合策略：
	（3）进行分析 产品策略： 价格策略： 渠道策略： 促销策略：

续表

时间安排	实训步骤
	（4）撰写分析报告 完成情况： 分析其优势或提出改善建议：
	（5）进行分享 完成情况：

实训评价

学生、教师根据各组项目实训的完成和分享情况，结合表 6-20 中的内容进行评价。

表 6-20 实训评价

项目名称	评价标准	分 值	评价分数		
			自 评	互 评	师 评
素养评价（20%）	能够积极、认真地参与项目实训	6 分			
	具备团队精神，积极与他人合作	6 分			
	具备创新思维和自主探究学习的意识	8 分			
技能评价（40%）	具有较强的分析能力和洞察能力	10 分			
	调研内容详细，分析全面深入	10 分			
	能够帮助企业制订适当的市场营销组合策略	20 分			
成果评价（40%）	撰写的分析报告逻辑清晰、内容翔实、分析深入	20 分			
	分享效果良好	20 分			
合计		100 分			
总评	自评（20%）+互评（20%）+师评（60%）=		教师（签名）：		

项目考核

一、选择题

（1）企业以高价格、高促销水平推出新产品的做法属于（　　）。

A. 缓慢撇脂策略　　B. 快速撇脂策略

C. 缓慢渗透策略　　D. 快速渗透策略

（2）（　　）是指品牌归谁所有就由谁负责的做法。

A. 品牌归属策略　　B. 品牌统分策略

C. 品牌组合策略　　D. 品牌拓展策略

（3）在企业的定价方法中，目标利润定价法属于（　　）定价法。

A. 成本导向　　B. 需求导向　　C. 竞争导向　　D. 市场导向

（4）消费品中的日用品通常采用的分销策略是（　　）。

A. 直接分销策略　　B. 密集型分销策略

C. 选择性分销策略　　D. 独家分销策略

（5）刺激产品销量短期快速增长的促销方式是（　　）。

A. 人员推销　　B. 广告促销　　C. 营业推广　　D. 公共关系

二、判断题

（1）典型的产品生命周期通常包括导入期、成长期、成熟期和衰退期 4 个阶段。（　　）

（2）一般情况下，利用现有的知名品牌，企业可以成功地进行品牌延伸，推出新产品，扩大企业的产品组合。（　　）

（3）随行就市定价法主要适用于需求弹性较小或供求基本平衡的产品。（　　）

（4）企业的市场地理位置分散，这种情况下，企业宜采用长渠道、窄渠道。（　　）

（5）在建立消费者偏好、培养消费者信任和促进消费者行动时，营业推广是最有效的促销方式。（　　）

三、思考题

（1）新产品开发策略有哪些？企业进行新产品开发时需要考虑哪些因素？

（2）企业常用的定价方法有哪些？举例说明某企业采取的定价方法及其取得的效果。

（3）分销渠道类型的选择策略有哪些？举例说明某企业采取的分销渠道类型及其取得的效果。

（4）促销方式有哪些？举例说明某企业采取的促销方式及其取得的效果。

项目七

市场营销的管理过程

项目导读

市场营销计划、组织与控制，构成了市场营销管理的三大核心支柱，各自扮演着举足轻重的角色。市场营销计划作为企业预先规划的行动蓝图，不仅是企业市场营销管理的重要基石，其有效实施还依赖于高效的市场营销组织作为载体；而市场营销控制则通过持续地监测、检查市场营销计划的执行和实现情况，灵活调整策略，确保市场营销计划的有效执行。

学习目标

知识目标

- 了解市场营销计划的概念、类型和作用，掌握如何制订和执行市场营销计划。
- 了解市场营销组织的概念和演变，理解市场营销组织的形式。
- 了解市场营销控制的概念，理解市场营销控制的内容。

能力目标

- 能够根据企业营销目标制订适当的营销计划。
- 能够根据企业实际情况设计市场营销组织结构。
- 能够根据市场营销计划进行营销控制。

素质目标

- 增强计划意识，培养大局观和规划全局的能力。
- 了解我国经济和社会发展的远景目标，用实际行动为实现国家的远景目标贡献力量。

任务一 制订和执行市场营销计划

任务导入

云南白药的经营计划

云南白药的经营目标是，到2025年，云南白药的业务结构持续优化、企业活力显著增强、经营业绩有效提升。为此，云南白药制订了如下经营计划。

（1）聚焦核心主业，强化战略管理。

云南白药的经营计划

未来，云南白药将聚焦药品、健康和医药流通三大核心业务，进一步强化中药的核心地位，做大做强品质大中药，确保行业市场领军地位，打造云药领军品牌；做新做精健康好生活，确保领域市场先锋地位；做稳做优区域新流通，确保区域市场龙头地位。同时，云南白药将根据总体战略部署，结合自身业务特点和能力禀赋，围绕相关领域科学、审慎地开展业务拓展，持续、有效打造全新业务增长点。

（2）提升精益效能，激发高质量发展。

未来，云南白药将进一步强化预算管理、风险管控和成本意识，通过全链提质增效，推动改革转型，实现高质量发展。

预算管理。云南白药将通过打造战略导向下的全面预算管理体系，推动战略管理和全面预算串联贯通，实现战略的有机生长和业绩的有序增长。

风险管控。云南白药将不断强化各级管理过程中对自身职业行为的规范，防范化解各类经营风险，不断强化员工的底线意识、风险意识，确保企业发展行稳致远。

成本意识。云南白药将通过全流程视角，打造全价值链降本增效能力，有效协同、全盘考量、逐一解决，最终实现全链成本最优、竞争力最强。

（3）科技创新赋能，驱动企业发展。

未来，云南白药将继续坚持以消费者为中心的“客户化创新”，以政—产—学—研—医为承载的“社会化创新”，以人工智能、大数据、云计算等先进技术为驱动的“数智化创新”，构建符合国家战略、市场需求、企业实际的创新，实现云南白药内在价值的进一步提升，驱动企业的进一步发展。

（4）关注投资者回报，实现多方共赢。

未来，云南白药将不断为股东创造价值，助力增加社会财富和居民消费；同时，云南白药将始终严格按照法律法规及企业相关规定的要求，真实、准确、完整、及时、公平地披露企业信息，通过对环境、社会、治理信息的披露，深化可持续发展理念，更全面地向投资者呈现企业价值，构筑优良的企业价值传播体系，为实现各利益相关方的长期高质量共赢不懈努力。

思考

什么是市场营销计划？市场营销计划应如何贯彻执行？云南白药为实现其2025年的经营目标制订了怎样的经营计划？

一、认识市场营销计划

（一）市场营销计划的概念

市场营销计划是指企业在整体经营战略的指导下，根据自身的资源条件与经济实力，分析市场环境，结合市场需求与预期市场目标，选择相应的市场营销组合策略，制订市场营销计划，并据此对市场营销活动进行有效的实施与控制的过程。

市场营销计划涉及两个最基本的问题，一是企业的营销目的是什么？二是怎样才能实现这一营销目的？企业在开展市场营销活动之前必须明确市场营销活动的目的及实施手段。换句话说，脱离营销目的的市场营销活动是盲目的；而脱离营销计划的市场营销活动，即便完成了也是混乱的和低效率的。

（二）市场营销计划的类型

1. 按计划重要性和期限划分

按重要性和期限的不同，市场营销计划可分为以下几种：

（1）战略计划（长期计划），是指确定未来发展方向和奋斗目标的纲领性计划，一般计划期在5年以上。

（2）战术计划（中期计划），是指兼具指导性与操作性的计划，一般计划期在1年至5年之间。

（3）具体计划（短期计划），是指具有较强的可操作性的计划，一般计划期是在1年以内。

2. 按计划范围划分

按计划范围的不同，市场营销计划可分为以下几种：

（1）专项营销计划，是指针对某一专项问题或围绕某一特定产品的单项计划，通常具有灵活性较大、针对性较强等特点，在某一特定时期往往作为重要的营销任务，如品牌计划、渠道计划、促销计划、定价计划等。

（2）总体营销计划，是指对企业所有产品的营销和各营销职能部门的任务所做的整体安排。总体营销计划是一种全面的、综合性的计划，需要从业务、渠道、促销、风险控制、市场调研、产品开发、人员培训、费用预算、整合营销传播、品牌战略等方面综合考虑。

（3）营销职能部门计划，是指由企业内各营销职能部门制订的计划，是制订企业整体营销计划的具体化，如广告部门、营销部门、客户服务部门、企划部门等制订的营销计划。

3. 按计划对象划分

按计划对象的不同，市场营销计划可分为以下几种：

（1）产品计划，是指针对具体产品或产品组合的营销计划。

（2）盈利计划，是指由各个职能部门制订的以盈利为中心的营销计划。

（3）市场计划，是指针对某一细分市场的营销计划。

（三）市场营销计划的作用

市场营销计划规定了企业各种营销活动的任务、目标、具体指标、策略和措施，能够促使企业按既定计划有条不紊地开展营销工作，从而避免营销活动的混乱和盲目。归纳起来，其作用主要表现在以下 4 个方面。

1. 有助于明确工作方向

市场营销计划能帮助企业内部各部门和全体员工明确工作方向，并保持协调一致。市场营销计划详细说明了预期的营销目标，这样各部门和全体员工就可预判计划期末本企业营销活动的开展情况，既有利于减少经营的盲目性，又便于在整个计划执行期中根据预期的目标不断调整行动方案，采取相应措施，力争达到预期目标。

2. 有助于节约营销成本

营销计划确定了实施营销活动所需的资源，便于企业预测资源的需要量和所要承担的成本，从而有利于企业精打细算，节约开支。

3. 有助于明确划分责任

市场营销计划描述了需要执行的任务和将要采取的行动，便于企业明确规定有关人员的职责，使他们有目标、有步骤地去完成自己的任务。

4. 有助于控制营销活动

借助市场营销计划，企业可以监测各项营销活动的开展情况和效果，这样企业就能有效控制营销活动的各环节，协调各部门的关系，从而顺利完成营销任务，达成营销目标。

二、制订市场营销计划

（一）制订市场营销计划的步骤

企业应以国家有关方针、政策、法律法规为指导，依据市场需求、企业经营目标、企业经营能力等来制订市场营销计划。制订市场营销计划的步骤如下。

1．调查研究，分析现状

认真开展市场调研，是制订市场营销计划的前提。只有对企业的内部环境和所面临的外部环境进行深入细致的分析，才能认清企业的优势和劣势，进而发现市场机会，规避市场风险，把控企业经营中的机遇和风险。

2．统筹安排，确定目标

市场营销目标的确定是一项系统性工作，需要综合考虑企业经营战略、经营目标、市场调研和预测结果等。在市场营销目标的确定过程中，可以采用分层次编制的方法，将目标分为总目标、中间目标和具体目标等，使各层次目标形成一个统一的、相互联系的、相互制约的目标体系。

3．制订策略，实施方案

市场营销策略是保证营销目标实现的必然选择。制订市场营销策略时，不能脱离企业营销的实际，而应依据企业的现实条件进行资源配置。行动实施方案则是在具体目标与营销策略的指导下，针对具体的营销任务制订的详细的任务落实方案，规定在什么时间、什么地点、由谁来开展，怎样开展，开展到什么程度等方面的内容，并且附有详细的时间表。

4．协调平衡，确定计划

在制订市场营销计划的过程中，既要侧重计划目标与企业总体经营目标的协调一致，也要做好企业内部各个部门的关系协调和各个环节的衔接。只有这样，才能制订出符合企业实际且具有较强的可操作性的计划方案，为计划的执行奠定良好的基础。

5．跟进调整，有效监控

制订计划时要考虑计划的监控问题，即计划应反映计划实施过程中的监控措施，包括监控主体、责任、标准、检查、信息反馈等，进而对市场营销计划的进度信息进行实时跟进，及时对有问题的地方进行调整，确保计划的顺利完成。

（二）明确市场营销计划的内容

市场营销计划的内容一般包括以下几个部分，如图 7-1 所示。

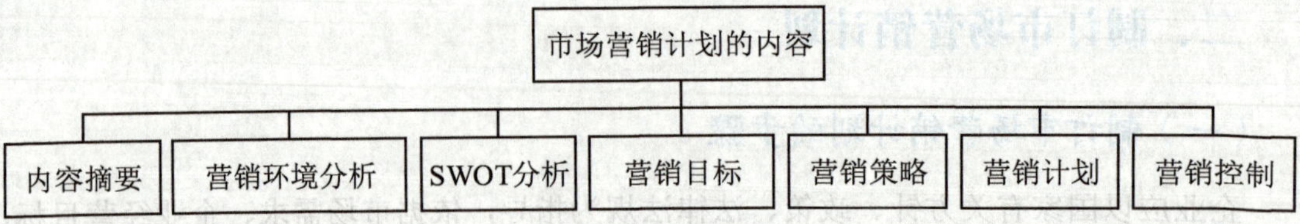

图 7-1　市场营销计划的内容

1. 内容摘要

内容摘要是市场营销计划的开端。内容摘要应对营销目标和营销策略做出简短的介绍，目的是使管理者迅速了解该计划的主要内容，抓住计划的要点。

2. 营销环境分析

营销环境分析主要分析市场、产品、竞争者、营销中介及宏观环境等要素的现状及变化趋势，这是进行市场细分、确定目标市场和进行市场定位的前提条件，也是制订营销目标及营销策略的依据。

3. SWOT 分析

SWOT 分析包括两个维度：① 从企业在整个市场或某个细分市场所面临的外部环境入手，分析企业面临的主要威胁和机会；② 从企业内部条件入手，分析其优势和劣势。

企业在市场营销环境分析的基础上，将企业的优势和劣势、机遇和威胁相结合，从而制订营销战略和计划。

4. 营销目标

营销目标是指企业在某一阶段要达到的总体目标和财务目标。总体目标主要包括市场占有率、产品及企业形象、品牌知名度、客户忠诚度、渠道网络等方面；财务目标主要包括销售收入、销售利润、净利润等方面。

营销目标决定了营销资源的投向。企业在设置营销目标时要注意以下两点：① 营销目标不能概念化，要尽可能量化成可以衡量的指标，以便日后进行考核；② 要将近期目标与长远目标结合起来，不能为了追求眼前利益，而忽视企业长远发展。

5. 营销策略

营销策略是指企业针对具体目标市场、某种业务和所要达成的营销目标所进行的营销措施安排，主要包括产品策略、价格策略、渠道策略及促销策略等。

6. 营销计划

在制订了营销战略和营销策略后，须将其转变为具体可行的营销计划。制订营销计划时，须明确相关的细节，以便于相关工作人员理解、执行和控制。

为了实现营销目标、保证营销战略和营销策略的实施，营销计划中应包括营销预算的内容。营销预算是关于盈利或亏损的预计，即预算收入减去预算支出的差额。

营销视野

5W2H 分析法

5W2H 分析法指企业制订和执行营销计划时，通常需要从谁负责（who）、计划起始和完成时间（when）、计划实施的地点或场合（where）、应该做什么（what）、怎样做（how）、资源配置和经费预算（how much）、为什么这样做（why）等 7 个方面进行考虑。

7. 营销控制

市场营销计划的最后部分是对营销计划执行过程的控制，它的重点在于管理计划的执行过程和进度。营销控制部分一般应包括应急预案，以应对突发情况。

（三）进行市场营销计划的动态调整

市场营销计划强调适应性和针对性，市场营销计划制订后并不意味着一成不变。企业应根据市场的变化对营销计划进行动态调整，但并不是说可以任意对计划进行调整，而应在不同层次上进行不同程度的调整。就全国性计划而言，要使其体现全国市场的特点；就省级计划而言，要使其体现省级市场的共同特点。动态调整其实是一种建立在共同性基础上的调整，既考虑了各区域市场的特点，又保持了计划的统一性。

三、执行市场营销计划

制订市场营销计划后，企业需要采取行动，执行计划。执行过程一般包括以下几个步骤。

（一）制订行动方案

为了有效落实市场营销战略，企业必须制订详细的行动方案，明确市场营销战略中的关键决策和任务，将执行这些决策和任务的责任落实到小组或个人，还应制订具体的时间表，规定每项行动的确切时间。

（二）建立组织结构

在营销计划的执行过程中，组织结构起着决定性的作用。组织结构应当与企业战略、市场营销计划、自身特点和所处环境相适应。企业通过组织结构明确的分工和有效的协调作用，实现内部各项决策和行动。

（三）设计规章制度

为了保证营销计划能够落到实处，企业必须设计相应的规章制度。在这些规章制度中，不仅应明确与营销计划有关的各个环节、岗位和人员的责、权、利，还应明确具体要求、评价方式和奖惩措施等。

（四）开发人力资源

营销计划最终要由企业内部的工作人员来执行，所以人力资源的开发至关重要。这涉及人员的考核、选拔、安置、培训和激励等方面。

（五）建设企业文化

企业文化是一个企业内部全体人员共同维护和遵循的价值标准、基本信念和行为准则，包括企业环境、价值观念、模范人物、文化仪式、文化网络5个要素。良好的企业文化能够把全体员工团结在一起，为企业计划的执行奠定坚实的基础。

（六）确定管理风格

企业中管理人员不成文的习惯约定和共同工作的方式，会影响工作环境氛围和营销计划的执行。有些企业习惯保持一种紧张而富有逻辑的工作秩序；有些企业则推崇宽松、和谐的工作氛围，给予员工较大的自由度。采取何种管理风格，主要取决于企业的计划任务、组织结构、人员和环境等方面的特点。

辉煌中国

2035年远景目标

按照全面建设社会主义现代化国家的战略安排，我国2035年远景目标如下。

展望2035年，我国将基本实现社会主义现代化。经济实力、科技实力、综合国力将大幅跃升，经济总量和城乡居民人均收入将再迈上新的大台阶，关键核心技术实现重大突破，进入创新型国家前列。基本实现新型工业化、信息化、城镇化、农业现代化，建成现代化经济体系。基本实现国家治理体系和治理能力现代化，人民平等参与、平等发展权利得到充分保障，基本建成法治国家、法治政府、法治社会。建成文化强国、教育强国、人才强国、体育强国、健康中国，国民素质和社会文明程度达到新高度，国家文化软实力显著增强。广泛形成绿色生产生活方式，碳排放达峰后稳中有降，生态环境根本好转，美丽中国建设目标基本实现。形成对外开放新格局，参与国际经济合作和竞争新优势明显增强。人均国内生产总值达到中等发达国家水平，中等收入群体显著扩大，基本公共服务实现均等化，城乡区域发展差距和居民生活水平差距显著缩小。平安中国建设达到更高水平，基本实现国防和军队现代化。人民生活更加美好，人的全面发展、全体人民共同富裕取得更为明显的实质性进展。

任务实施

为某企业制订未来一年的市场营销计划

任务要求

为某企业制订未来一年的市场营销计划，进一步理解制订市场营销计划的步骤，明确市场营销计划的内容。

任务流程

（1）学生分组：全班学生以5～8人为一组进行分组，每组选出一名成员担任本组的组长。

（2）展开调研：以小组为单位，选择某一企业，小组成员通过在线搜集资料、实地调研等方式，调研某企业当前的市场营销现状及其所处的市场营销环境。

（3）调研总结：每位同学根据调研情况进行总结，并将表7-1填写完整。

表7-1 某企业所处的市场营销环境

企业名称	
当前的市场营销现状	
市场营销宏观环境	
市场营销微观环境	

（4）展开分析：以小组为单位，对本组所选企业当前的市场营销现状及其所处的市场营销环境进行分析，认清企业的优势和劣势，发现市场机会和威胁，明确营销目标。

（5）制订计划：以小组为单位，基于调研和分析的结果，为本组所选企业制订未来一年的市场营销计划。

（6）进行分享：以小组为单位整理相关资料并制作 PPT，各组分别派代表在课堂上进行分享。分享结束后，同学们交流讨论，教师点评。

任务二 选择市场营销组织

任务导入

海尔集团从“人单合一”到链群合约

在现代企业管理中，树立“以人为中心的新的价值观”是以人为本的精髓。

海尔集团从“人单合一”到链群合约

（1）“人单合一”。

在组织结构方面，海尔集团提出了“人单合一”模式，把“正三角”式的组织结构变成“倒三角”式的组织结构，让基层的每个员工都直面顾客、满足顾客需求。

“人单合一”的基本含义是，让员工成为“自主人”创客，使企业转型为自组织，每个员工直接面对顾客，创造顾客价值，并在为顾客创造价值中实现自己的价值分享。员工不从属于岗位，而是因顾客而存在，有“单”才有“人”。员工不再是被动执行者，而是拥有“三权”，即现场决策权、人事权和分配权的创业者和动态合伙人。“单”起引领作用，并动态优化，即“竞单上岗、按单聚散”“高单聚高人、高人树高单”。

“人单合一”的做法释放了基层员工的活力，但也遇到了新的问题，即一线员工面对顾客个性化需求必须倒逼总部提供资源，由于中间管理层仍存在，这种倒逼机制就不顺畅。随后，海尔集团彻底拆除企业部门之间的“围墙”，取消了约 1.2 万名中间管理层，整个企业拆分成 4 000 多个小微组织，让小微组织成为创造顾客价值的基本单元。小微组织网络在产品经济方面发挥了积极作用，但随着顾客需求从高质量产品向高质量生活场景的转型升级，单个小微组织已经无法适应顾客场景体验的迭代需求。于是，海尔集团在小微组织网络的基础上推进生态链小微群，也就是链群组织。链群是开放的，不但海尔集团内部的小微组织可以加入其中，外部的合作方也可以很方便地整合在一起，关键是顾客也被纳入链群中，大家一起共创、共赢、共享。

（2）链群合约。

链群是一种小微组织升级之后的组织形式，它可以自适应“一切皆有可能”的变化，即顾客体验需求的动态变化，不断自增强以实现边际收益递增。链群充分契合数字经济时代由生态系统创造顾客的最佳体验，并实现增值分享的理念。

链群合约作为以人为本、数字赋能、动态寻优的内部创业机制，是生态链和小微群基于员工契约精神进行的融合企业家精神和厂商理论的组织管理机制新探索。

链群合约最大魅力在于实现顾客节点能力的激活、重组与整合优化，这种机制使得小微组织兼顾了个体创新能力优势、动态匹配和链群之间的协同配合和资源共享，实现“活而不乱，高度协同”。

链群合约中的“链”是生态链，借助区块链、数字化实现多资源多主体的有效协同；“群”是小微群，是生态链各节点的合集；“合”意为和而不同、共创共赢；“约”即智慧合约，是“链”存在并维持的内力。

链群合约作为数字经济时代海尔集团管理新模式，具备“以人为本、体验为上；开放整合、协同共创；混序交融、边缘竞争；数技赋能、动态寻优；利他共益、永续发展”的特征。

思考

市场营销组织的形式有哪些？海尔集团的组织形式有什么特点？随着科技的不断发展，市场营销组织会有哪些新的形式？

一、市场营销组织的概念

市场营销组织是指制订和实施市场营销计划的职能部门。有效而灵活的市场营销组织是现代企业在市场竞争中取胜的关键因素。

二、市场营销组织的演变

现代企业的市场营销组织是随着营销观念的发展，长期演变而形成的产物，其发展过程可划分为简单销售部门、销售部门兼有营销功能、独立的营销部门、现代营销部门和现代营销企业（企业所有部门和每一个员工的工作都是“为顾客服务”）5 个阶段。其中，前 4 个阶段的市场营销组织结构如图 7-2 所示。

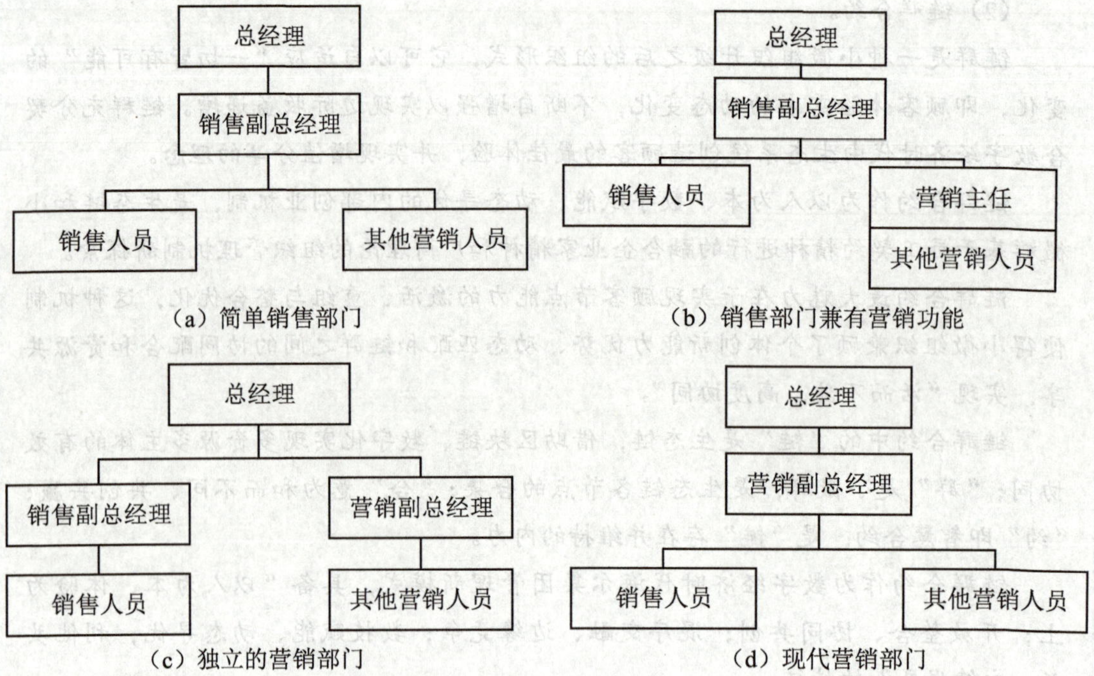

图 7-2　前 4 个阶段的市场营销组织结构

三、市场营销组织的形式

为了实现企业目标，企业须选择合适的市场营销组织类型。市场营销组织可以分为专业化组织和结构型组织两种。

（一）专业化组织

专业化组织主要包括以下 4 种类型。

1．职能型组织

职能型组织是一种常见的市场营销组织形式。它由营销副总经理负责协调各营销职能部门之间的关系，把销售职能当成市场营销的重点，而把广告管理、产品管理和市场研究置于次要位置，如图 7-3 所示。

职能型组织结构的主要优点是结构简单，管理方便。其适用于产品种类不多，对市场营销人员的专业知识要求不高，以及经营地区的情况差别不大的企业。随着产品的增多和市场的扩大，这种组织形式就会暴露出许多问题。例如，由于没有人对某一个产品或市场具体负责，有些产品或市场就很容易被忽略。又如，各职能部门之间常为获得更多的预算或更高的地位而竞争，使企业经常面临协调上的难题。

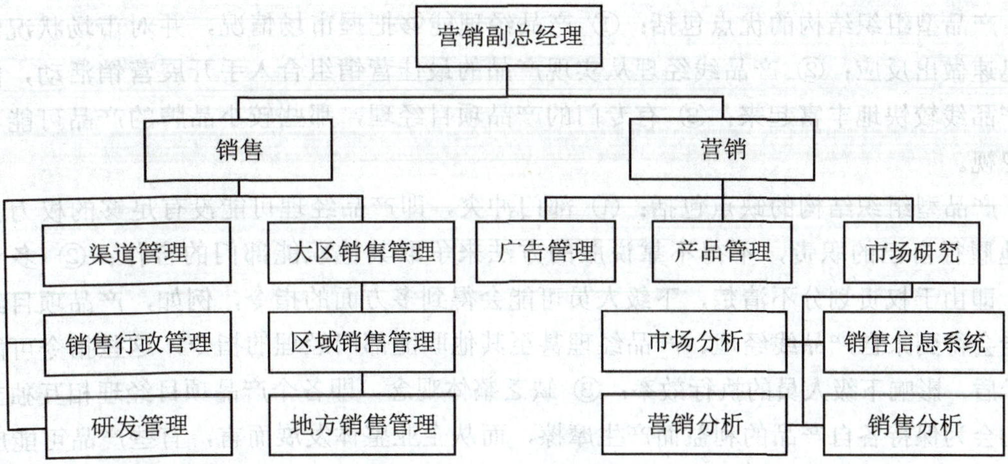

图 7-3　职能型组织

2. 产品型组织

产品型组织是指企业内部建立的产品经理组织结构，用来协调职能型组织中的部门冲突。企业如果所生产的产品差异很大，产品品种很多，以致按职能设置的市场营销组织无法处理，那么建立产品型组织是适宜的。产品型组织一般设置一名产品经理负责本企业的产品管理，下设几个产品线经理，产品线经理之下再设几个具体产品项目经理负责各个具体的产品项目，如图 7-4 所示。

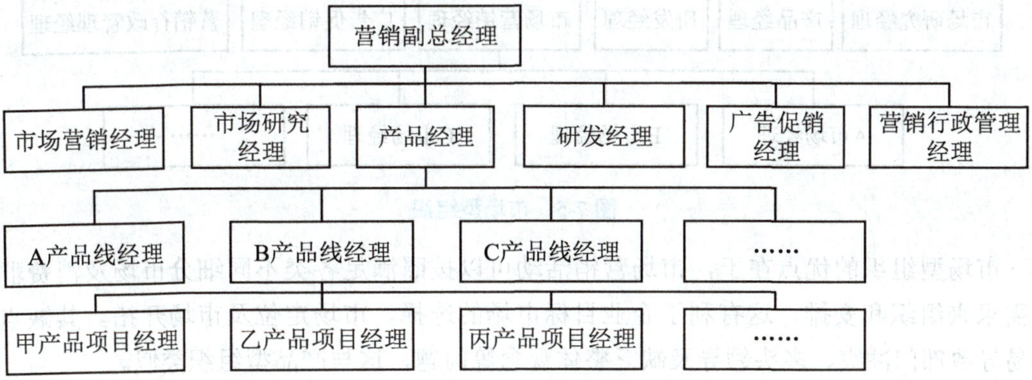

图 7-4　产品型组织

产品经理的职责可以细分为以下几项：① 制订产品的长期经营和竞争战略；② 编制年度营销计划，并进行销售预测；③ 与广告代理商和经销商一起研究广告的文案设计、宣传方案和宣传活动；④ 激发市场营销人员和经销商经营本企业产品的积极性，提升他们对本企业产品的支持度；⑤ 搜集相关市场信息，包括消费者及经销商对本企业产品的看法、面临的营销问题及营销机会等；⑥ 促进新产品开发，适应不断变化的市场需求。

产品型组织结构的优点包括：① 产品经理能够把握市场情况，并对市场状况的变化迅速做出反应；② 产品线经理从实现产品的最佳营销组合入手开展营销活动，能促进产品线较快地丰富起来；③ 有专门的产品项目经理，那些较小品牌的产品可能不会被忽视。

产品型组织结构的缺点包括：① 部门冲突，即产品经理可能没有足够的权力去有效地履行自己的职责，不得不靠说服的方法来争取其他职能部门的合作；② 多头领导，即由于权责划分不清楚，下级人员可能会得到多方面的指令，例如，产品项目经理可能会得到来自产品线经理、产品经理甚至其他职能部门经理的指令，这些指令可能相互矛盾，影响下级人员的执行效率；③ 缺乏整体观念，即各个产品项目经理相互独立，他们会为保持各自产品的利益而产生摩擦，而从企业整体发展而言，有些产品可能应该收缩或淘汰。

3. 市场型组织

企业如果产品线单一，但是面临着市场上不同偏好的消费群体、不同的分销渠道，那么适合建立市场型组织，如图 7-5 所示。许多企业都在按照市场系统安排其市场营销组织结构，使市场成为企业各部门服务的中心。

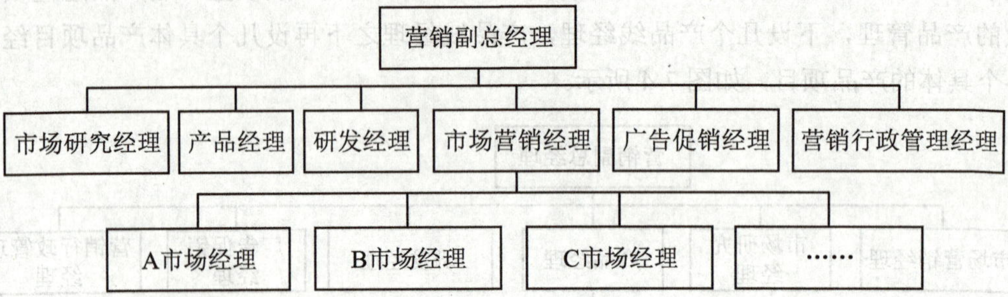

图 7-5　市场型组织

市场型组织的优点在于，市场营销活动可以按照满足各类不同细分市场及消费群体的需求来组织和安排，这有利于企业目标市场的选择、市场定位及市场开拓。其缺点是容易导致部门冲突、多头领导及缺乏整体观念等问题，这与产品型组织类似。

4. 地区型组织

如果一个企业的市场营销活动面向全国，那么它会按照地理区域设置其市场营销机构。地区型组织一般设置一名负责全国销售业务的营销总监、若干大区销售经理、区域销售经理和地方销售经理，如图 7-6 所示。为了使整个市场营销活动更为有效，地区型组织通常都是和其他类型组织结合起来使用。

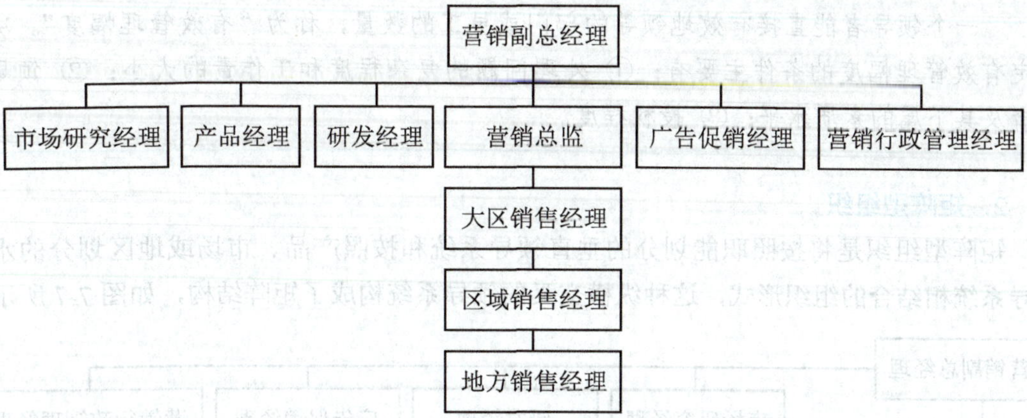

图 7-6　地区型组织

（二）结构型组织

专业化组织只是从不同角度确立了市场营销组织中各个职位的形态，至于如何安排这些职位，还要分析组织结构与职位之间的相互关系。按照其相互关系的不同，结构型组织可以分为金字塔型组织和矩阵型组织。

1．金字塔型组织

金字塔型组织是一种较为常见的组织结构形式，它是一种自上而下的垂直领导系统。按职能专业化设置的组织结构大都是金字塔型组织结构。其优点是上下级权责明确，下级只向自己的上级直接负责，沟通迅速，管理效率较高。不过，这种组织结构管理幅度较宽，对上级的领导技能要求较高，且上级容易陷入实务主义，不能集中精力解决企业市场营销战略决策的重大问题。

营销视野

管理层次和管理幅度

（1）管理层次是指组织的最高领导和作业人员之间所设置的管理职位层级数，这是一个“纵向”的概念。一般情况下，管理层次越多，意味着管理费用越高、沟通难度和复杂性越大、控制难度越大。

（2）管理幅度又称“管理跨度”或“管理宽度”，是指领导者直接领导的部门或员工的数量，这是一个“横向”的概念。

在企业管理职能、范围不变的条件下，一般来说，管理层次与管理幅度之间存在反比例关系。管理幅度越大，管理层次就越少，组织结构越扁平；反之，管理幅度越小，管理层次就越多。

一个领导者能直接有效地领导的部门或员工的数量，称为“有效管理幅度”。决定有效管理幅度的条件主要有：① 处理问题的复杂程度和工作量的大小；② 领导者及其下属的素质水平；③ 授权程度。

2. 矩阵型组织

矩阵型组织是将按照职能划分的垂直领导系统和按照产品、市场或地区划分的水平领导系统相结合的组织形式，这种纵横交叉的领导系统构成了矩阵结构，如图 7-7 所示。

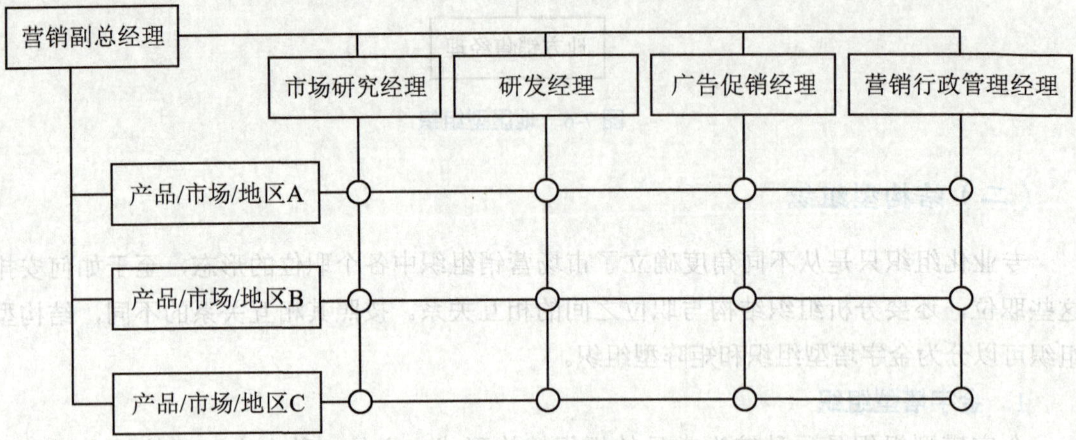

图 7-7　矩阵型组织

矩阵型组织的优点包括：① 能加强企业内各营销职能部门之间的协作；② 可以根据工作需要，集中各种专门人才去完成市场营销活动；③ 机动性强，完成任务后，抽调的小组成员可回原来的部门就职。

矩阵型组织的缺点包括：① 存在明显的双重领导，容易出现意见分歧、协调困难等问题；② 稳定性差，小组的临时性也局限了产品经理、市场营销经理或地区销售经理等对小组成员的控制能力。

课堂讨论

市场营销组织的形式有哪些？各种市场营销组织的形式分别有哪些特点？其分别适用什么情形？

任务实施

调研某企业的市场营销组织的形式

任务要求

调研某企业的市场营销组织的形式，进一步理解市场营销组织的形式。

任务流程

（1）学生分组：全班学生以 5～8 人为一组进行分组，每组选出一名成员担任本组的组长。

（2）展开调研：以小组为单位，选择某一企业，小组成员通过在线搜集资料、实地调研等方式，调研某企业的市场营销组织的形式。

（3）调研总结：每位同学根据调研情况进行总结，并将表 7-2 填写完整。

表 7-2　某企业的市场营销组织的形式

企业名称	
市场营销组织的形式	
选择对应市场营销组织的形式的原因	
对应市场营销组织的形式的优点	
对应市场营销组织的形式的缺点	

（4）展开讨论：以小组为单位，讨论下列问题。

① 本组所选企业的市场营销组织的形式是什么样的？该企业的市场营销组织的形式有什么优缺点？

② 本组所选企业选择对应市场营销组织的形式的原因是什么？你认为该企业选择的市场营销组织的形式是否合理？为什么？

（5）进行分享：以小组为单位整理相关资料并制作 PPT，各组分别派代表在课堂上进行分享。分享结束后，同学们交流讨论，教师点评。

任务三　进行市场营销控制

任务导入

华为战略风险控制

（1）华为的战略风险。

智能时代加速到来，数字技术正在重塑世界。随着5G-A、AI、云计算等新技术的成熟商用，行业数字化、智能化正进入快速发展期。外部环境持续动荡、更趋复杂，全球化秩序面临重大挑战，全球经济未来几年下行压力加大。数字经济已成为全球经济增长的主引擎，绿色低碳成为可持续发展的新动能，行业数字化、智能化与绿色化的融合，将为信息处理和通信行业带来巨大的发展机遇。

华为战略风险控制

华为的发展聚焦将信息通信技术不断延伸到各行各业的数字化、智能化，协同伙伴和开发者，把数字世界带入每个人、每个家庭、每个组织，构建万物互联的智能世界。华为坚决拥抱全球化供应链，与全球伙伴紧密合作，打造全球领先的产品，构建多元化生态。

（2）华为的风险管理体系。

风险要素是指在公司的战略规划、业务运作、外部环境及财务系统中识别出来的，对公司实现其经营目标带来不确定性的关键因素。华为战略风险控制所针对的风险要素均指重大风险要素，即会对整个公司的生存、声誉、财务状况、经营结果和长远发展产生重大影响的风险要素。

华为基于COSO模型，参考ISO 31000风险管理标准，结合自身组织架构和运作模式设计建立了企业风险管理体系，发布了企业风险管理政策及管理流程，持续完善企业风险管理组织和运作机制，推进风险管理与应对。在该体系中，董事会负责批准事关公司的重大风险和重大危机的管理方案，并管理重大突发事件；各业务主管是负责业务领域风险管理的第一责任人，应主动识别和管理风险，将风险控制在可接受范围内。

华为在战略规划和业务计划的制订流程中嵌入风险管理要素，即通过战略规划，系统性识别和管理战略风险；在年度业务计划充分平衡风险与成本，制订风险应对方案，并通过绩效管理循环实现日常运营中的风险监控和报告。在战略决策与业务规划中明确重大风险要素，在运营和执行中控制风险，为华为的持续经营提供了有效保障。

思考

智能时代加速到来，华为面临的战略风险是什么？华为是如何进行战略风险控制的？

一、市场营销控制的概念

市场营销控制是指企业根据营销目标，对营销计划执行情况实施测评、检查，以便及时发现问题和偏差、找出原因，并积极采取改进措施，从而保证营销计划的完成和营销目标的顺利实现。

营销视野

正式控制和非正式控制

（1）正式控制主要是用计划、预算、规章制度及量化的工作任务等来约束营销部门成员的控制方式。按干预时间的先后，正式控制可分为事前控制、过程控制、结果控制 3 种形式。其中，事前控制是在企业营销活动开展之前进行的控制，一般包括战略计划的制订、标准的制订、人员的规划与培训、销售预算的制订等；过程控制是指在企业营销活动实施过程中，对活动中的人和事进行指导与监督；结果控制是指在企业营销活动结束后，对本期营销活动中资源的利用状况及结果进行评价和总结。

（2）非正式控制是指使用不那么成型的规范来约束营销部门成员的控制方式。在企业中，营销部门常常运用道德、信任、群体压力、愿景、企业文化等一类看不见、摸不着却感觉得到的手段来约束其成员。总体上讲，非正式控制常常不是基于契约，而是基于人们的共同意识和认同感。

二、市场营销控制的内容

市场营销控制的内容主要包括以下几个方面。

（一）年度计划控制

年度计划控制的目的在于保证企业实现年度计划中所制订的销售、利润及其他目标。年度计划控制包括确定目标、绩效测评、因果分析、采取行动 4 个步骤，如图 7-8 所示。

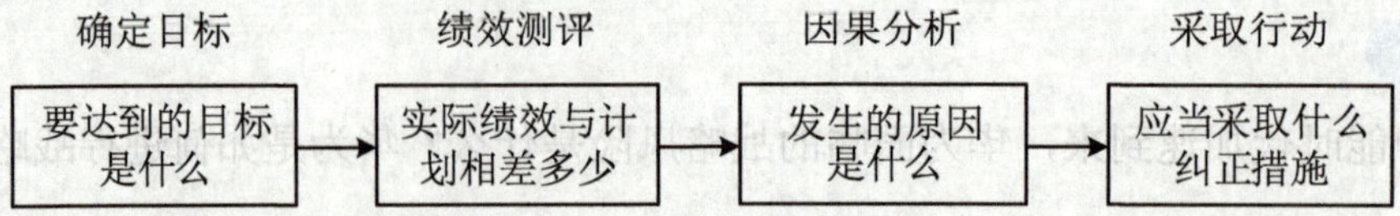

图 7-8　年度计划控制过程

企业可以利用以下 5 种绩效工具分析、评价年度计划的执行情况。

1. 销售分析

销售分析就是分析对比实际销售额与计划销售额之间的差距，并找出产生差距的原因。具体有以下两种方法：

（1）销售差距分析。这种方法是用来衡量不同因素对产生销售差距的影响程度。

典型案例

销售差距的分析

某企业某年的年度计划规定甲产品计划销售量为 9 万件，计划销售单价为 180 元/件，计划销售额为 1 620 万元。该企业同年甲产品实际销售量为 10 万件，实际销售单价为 150 元/件，实际销售额为 1 500 万元。销售差距为 −120 万元。对销售差距进行分析可知，造成销售差距的主要原因有两个，即销售单价的变动和销售数量的变动，具体计算过程如下：

销售单价变动的影响=销售单价差额×计划销售数量=（150−180）×9=−270（万元）。

销售数量变动的影响=实际销售单价×销售数量差额=150×（10−9）=150（万元）。

综合影响结果=销售单价影响额+销售数量影响额=−270+150=−120（万元）。

根据以上计算可以看出，甲产品实际销售单价比计划销售单价下降 30 元/件，使销售收入降低 270 万元；实际销售数量比计划销售数量增加 1 万件，使销售收入增加 150 万元。两项因素共同作用，导致甲产品实际销售收入低于计划销售收入 120 万元。企业计划销售单价与计划销售数量同实际相比均有较大差异，因此，该企业今后应认真做好市场预测，制订合理的计划标准，或努力开发产品，提升产品性能以提高销售价格。

（2）地区销售量分析。这种方法是用来找出导致销售差距的具体地区或产品。例如，某企业在A、B、C三个地区的计划销售量分别为2 000单位、1 500单位和1 000单位，共4 500单位。但实际销售量分别为1 100单位、1 700单位和900单位，与计划销售量的差距分别为−45%、+13.33%和−10%。由此可见，引起销售差距的原因主要是A地区销售量的大幅度减少。因此，企业应进一步查明其减少的原因，并加强对该地区营销工作的管理。

2. 市场占有率分析

在市场上产生销售差异的复杂原因中，竞争是一个十分重要的原因。对市场占有率的分析可以使企业了解自己在市场竞争中所处的地位。一般情况下，市场占有率上升，表明企业市场营销绩效提高，在市场竞争中处于优势地位；反之，表明企业在市场竞争中失利。造成市场占有率波动的原因很多，企业应结合实际情况具体分析。

3. 销售费用分析

年度计划控制要求在保证实现营销目标的前提下，控制销售费用开支和销售费用比率。关键是控制销售费用比率，即销售费用占销售额的比例。

例如，某企业销售费用比率为30%，其中销售人员工资占销售额的15%，广告费占销售额的5%，其他促销费用占销售额的6%，营销调研费用占销售额的1%，销售管理费用占销售额的3%。对于以上各项费用比率，企业往往会规定一个控制范围。如果各项费用比率变化不大，在预计范围内，企业可以不采取任何措施；如果某项费用比率变化幅度过大，超出控制范围时，企业应分析具体原因，并采取有效措施予以纠正。

4. 财务分析

营销绩效最终应体现为一定的财务成果。企业通过财务分析可以寻找提高营销目标的途径，并通过营销控制来实现企业的营销目标。财务分析的主要指标有净资产报酬率、总资产报酬率、资产周转率、销售利润率、成本费用利润率等。

例如，某企业通过财务分析发现利润水平降低，其营销控制的任务就应从销售收入和销售费用两个基本方向来查找原因，并寻求纠正措施。

5. 顾客态度追踪分析

年度计划控制所采用的上述衡量标准及其分析是以财务方面的定量分析为特征的，没有对市场营销活动及变化的定性分析和描述。

顾客态度追踪分析是企业通过顾客的反应态度来评价其自身的营销绩效的方法，这种方法较之企业内部的各种自我分析更有意义。因此，企业应建立专门机构或委托外部的专门机构追踪其顾客、中间商及其他市场营销系统参与者，分析其态度及态度变化情况，找出原因，并寻求调整措施。

（二）盈利能力控制

盈利能力控制旨在测定企业不同产品、不同销售地区、不同细分市场、不同销售渠道等方面的实际盈利能力。盈利能力的控制能帮助企业确定其产品和市场现状，发现其现有营销组合策略存在的问题，并及时调整，为未来营销组合策略的制订提供依据。

（三）效率控制

效率控制是企业对人员推销效率、广告促销效率、营业推广效率、分销效率等方面实施控制和管理。

盈利能力的大小实际上也反映了企业各环节、各区域等的营销工作效率的高低。企业要增强自身的盈利能力，就必须加强管理，提高营销工作效率。效率控制的方面及内容如表 7-3 所示。

表 7-3 效率控制的方面及内容

方 面	内 容
人员推销效率	各级销售经理应掌握本地区推销人员效率的几个关键指标，包括每个推销人员每天的平均推销访问次数、每次推销访问平均所需要的时间、每次推销访问的平均收益和成本、每百次推销访问所获订单的数量、每一期新的顾客数、每一期流失的顾客数、推销人员费用占总费用的百分比等。企业人员推销效率的提高往往能带给企业实质性的提高
广告促销效率	主要分析广告媒体所触及每千位目标顾客的广告费用，顾客对广告内容和有效性的意见，接触广告前后顾客对于产品态度的变化，以及由广告所激发的询问次数等。测量广告受众的指标主要包括广告印象数、曝光数、接触频次、总视听点和目标视听点等，企业可根据上述指标比较不同广告媒体的成本、效益
营业推广效率	企业应分析每一次营业推广活动的成本及其对销售的影响，主要分析优惠券赎回率和赎回成本、优惠券销售额百分比、折扣销售额百分比等指标。通过分析，企业选择出最有效的营业推广措施
分销效率	主要分析企业分销网络的覆盖面、各级各类渠道成员的作用及潜力、分销成本等方面。衡量分销效率的指标主要有产品流通时间、产品流通速度、产品流通费用等。通过分析，企业选择出适当的分销渠道

（四）战略控制

战略控制是更高层次的、较为全面的营销控制管理。由于企业经营目标、战略、策略、计划等都是在一定市场环境条件下提出和制订的，随着市场环境各要素的变化和企业的发展，其适应性就会受到影响。因此，企业应定期利用审计方法对企业的市场环境、经营目标、战略、策略、计划和企业的营销活动进行全面、系统的检查、评价。通过战略控制，确保企业经营目标、战略、策略、计划与市场营销环境相适应，与企业能力相匹配。

任务实施

比较正式控制和非正式控制

任务要求

比较正式控制和非正式控制，进一步理解正式控制和非正式控制各自的特点和适用情形。

任务流程

（1）学生分组：全班学生以 5～8 人为一组进行分组，每组选出一名成员担任本组的组长。

（2）展开讨论：各组小组成员通过学习本任务内容、搜集相关资料，讨论正式控制和非正式控制各自的控制方式、控制效果、特点和适用情形。

（3）进行总结：每位同学根据讨论情况进行总结，并将表 7-4 填写完整。

表 7-4　比较正式控制和非正式控制

项　目	正式控制	非正式控制
控制方式		
控制效果		
特点		
适用情形		

项目实训

实训目标

通过实训练习，学生应进一步了解市场营销计划的概念，理解市场营销计划的内容和执行过程，能够分析企业现有市场营销计划的制订和执行情况，并为其制订适当的市场营销计划。

实训要求

全班学生以5～8人为一组进行分组，每组选择某一企业，小组成员通过在线搜集资料、实地调研等方式，了解该企业现有市场营销计划的制订和执行情况，撰写分析报告（如果现有的市场营销计划的制订和执行情况合理，分析其优势；若不合理，提出改善建议）。然后，各组分别派代表在课堂上分享实训过程及成果。

实训过程

将实训任务的具体完成情况记录在表7-5中。

表7-5　实训过程

时间安排	实训步骤
	（1）选定企业 企业名称：
	（2）展开调研，了解该企业现有市场营销计划的制订和执行情况 现有市场营销计划的制订情况： 现有市场营销计划的执行情况：
	（3）撰写分析报告 完成情况： 分析其优势或提出改善建议：
	（4）进行分享 完成情况：

实训评价

学生、教师根据各组项目实训的完成和分享情况，结合表7-6中的内容进行评价。

表7-6　实训评价

项目名称	评价标准	分　值	评价分数		
			自　评	互　评	师　评
素养评价（20%）	能够积极、认真地参与项目实训	6分			
	具备团队精神，积极与他人合作	6分			
	具备创新思维和自主探究学习的意识	8分			
技能评价（40%）	具有较强的分析能力和洞察能力	10分			
	调研内容详细，分析全面深入	10分			
	能够帮助企业制订适当的市场营销计划	20分			
成果评价（40%）	撰写的分析报告逻辑清晰、内容翔实、分析深入	20分			
	分享效果良好	20分			
合计		100分			
总评	自评（20%）+互评（20%）+师评（60%）=		教师（签名）：		

项目考核

一、选择题

（1）（　　）是市场营销计划的最后部分。

A．内容摘要　　B．营销环境分析

C．营销计划　　D．营销控制

（2）企业如果产品线单一，但是面临着市场上不同偏好的消费群体、不同的分销渠道，那么适合建立（　　）。

A．职能型组织　　B．产品型组织

C．地区型组织　　D．市场型组织

（3）下列属于矩阵型组织的优点的是（　　）。

A．上下级权责明确　　B．沟通迅速

C．管理效率较高　　D．机动性强

（4）（　　）的目的在于保证企业实现年度计划中所制订的销售、利润及其他目标。

A．盈利能力控制　　B．效率控制

C．年度计划控制　　D．战略控制

（5）（　　）结构的主要优点是结构简单，管理方便。

A．职能型组织　　B．产品型组织

C．地区型组织　　D．市场型组织

二、判断题

（1）为了保证营销计划能够落到实处，企业必须设计相应的规章制度。（　　）

（2）效率控制是更高层次的、较为全面的营销控制管理。（　　）

（3）有效而灵活的市场营销组织是现代企业在市场竞争中取胜的关键因素。（　　）

（4）产品型组织结构权责划分清楚，上下级权责明确。（　　）

（5）广告促销效率控制主要分析广告媒体所触及每千位目标顾客的广告费用，顾客对广告内容和有效性的意见，接触广告前后顾客对于产品态度的变化，以及由广告所激发的询问次数等。（　　）

三、思考题

（1）你认为企业制订市场营销计划有什么意义？

（2）市场营销组织的演变过程是什么？你认为未来市场营销组织会有哪些新的形式？

（3）你认为企业应如何更好地进行市场营销控制？

项目八

市场营销实践的新发展

项目导读

随着信息技术的蓬勃发展，新媒体与大数据逐渐渗透至人们的日常生活，为商业领域带来了新的商机。相较于传统营销模式，新媒体营销在话题传播的广泛性、消费者参与讨论的活跃度及内容信息展示的深刻性等方面展现出了显著优势，成为当下极为风靡的一种营销方法。大数据作为数字经济时代的核心基础资源，其重要性不言而喻。借助大数据营销，企业能够精准洞察用户需求，进而主动推送个性化服务，实现营销的精准化与高效化。

学习目标

知识目标

✧ 了解新媒体营销的概念和特点，掌握新媒体营销的方式和流程。

✧ 了解大数据营销的概念和特点，理解大数据营销的流程，掌握大数据营销的应用。

能力目标

✧ 能够运用所学新媒体营销知识开展营销活动。

✧ 能够在传统营销中融入大数据思维。

素质目标

✧ 培养创新意识和创新能力。

✧ 积极利用新媒体，传播正能量。

任务一 认识新媒体营销

任务导入

抖音赋能非遗传承

抖音赋能非遗传承

2024 年 6 月 5 日，抖音发布《2024 非遗数据报告》（以下简称《报告》）。《报告》显示，过去一年，抖音上国家级非遗相关视频累计分享量同比增长 36%；国家级濒危非遗相关视频数量同比增长 33%；00 后和 60 后最爱看国家级非遗相关内容。

（1）95 后、00 后带头传承、传播非遗。

在抖音，非遗老技艺迎来了年轻新匠人。截至 2024 年 6 月，抖音上共有 1 428 名非遗传承人，其中 30 岁以下的有 199 人，同比增长 72%，互联网时代成长起来的 95 后、00 后成为传承、传播非遗的生力军。

近年来，抖音上涌现了大量非遗相关作品，因其直观有趣的表现形式，收获百万次播放或点赞，引起网友们广泛讨论、“种草”及打卡，助力非遗内容走向全民。在抖音，网友们观看和讨论非遗热情高涨。“唢呐一响燃爆全场”“请你看浪漫的打铁花”“马头琴奏出了无奈与遗憾”“当新年遇上非遗”“骨与木拼成了精巧的非遗”等话题登上抖音热搜的非遗话题榜前 5 位。

（2）非遗有了传播新形式，濒危和小众非遗走入大众视野。

短视频、直播平台有着更加丰富多样的非遗内容和非遗人群。由于短视频、直播的创作较为便捷，能够为不同地域的创作者和观众提供直接交流的机会，新媒体也成为各地传播非遗内容的新媒介。抖音上陆续出现了“炫目特效展示国粹”“精美复刻传统非遗”“探访记录背后故事”“街头摆摊宣传解说”“课堂非遗随拍出圈”“老手艺创造新工艺”等多种多样的非遗传播形式。

借助短视频和直播，一些濒危和小众非遗走入了大众视野。“青神竹编”“东北大鼓”“龙骨坡抬工号子”“塔吉克族服饰”“虞山琴派”，上榜国家级濒危非遗播放量同比增长前 5 名。

（3）直播打赏助力文化传承。

在非遗传承过程中，传承人“靠非遗技艺无法养活自己”是一大痛点。直播、短视频平台丰富了传承者实现价值的渠道，调动了大众参与非遗的热情，打赏、直播带货等经济方式进一步释放了非遗传播的活力。抖音生活服务让非遗被更多人近距离体验。过去一年，抖音生活服务非遗类商家数同比增长215%，非遗团购商品订单量同比增长356%，购买非遗团购商品的用户数同比增长328%。其中，90后下单量最多，00后下单量增速最快。

与此同时，抖音直播拓宽了非遗受众，打赏成为传统艺术的“新门票”。在戏曲界，如果一个戏曲剧种全国仅剩一家国办院团传承，这个剧团就会被称为“天下第一团”。近年来，诸多“天下第一团”在抖音直播间唱响濒危戏曲。其中，海丰县白字戏剧团、内乡县宛梆艺术传承保护中心、吉林省戏曲剧院吉剧团、沁阳市怀梆艺术保护传承中心、淳安县睦剧团是过去一年抖音直播场次最多的5个“天下第一团”。

思考

什么是新媒体营销？新媒体营销有哪些方式？抖音是如何赋能非遗传承的？

一、认识新媒体和新媒体营销

（一）新媒体的概念

新媒体是一个相对的概念，与媒介技术的发展紧密相关，其形态是不断发展变化的。相对于报刊、广播、电视等传统媒体而言，新媒体是指在传统媒体之后发展起来的新型媒体形态，涵盖了所有数字化的媒体形态（包括数字化的传统媒体），如网络媒体、移动端媒体、数字电视、数字报纸和数字杂志等。

（二）新媒体营销的概念

新媒体营销是指企业通过新媒体渠道开展的营销活动。具体来讲，新媒体营销是在信息化、网络化、电子化环境下开展的营销活动。

新媒体营销与传统营销之间是互补的关系，而不是对立的关系，两者在传播渠道上互补。新媒体营销为企业增加了一种接近用户的方式，也是目前非常流行的一种营销方式。借助新媒体营销，企业可以以服务消费者为导向，宣传企业形象和文化，强化产品诉求，达到销售产品、宣传品牌的营销效果。

二、新媒体营销的方式

多元化的新媒体传播方式，带来了多种多样的新媒体营销方式，下面介绍几种常见的新媒体营销方式。

（一）微信营销

微信营销是以微信为传播媒介的营销方式，主要目标群体是广大的微信用户。微信营销是数字经济时代企业营销模式的创新，是伴随着微信的火热而兴起的一种新媒体营销方式。

微信不存在距离的限制，用户注册微信后可订阅自己所需要的信息，企业通过提供信息推广自己的产品，从而实现“点对点”营销。微信营销具有受众广、针对性强、定位准等特点，能够节约企业时间成本、加大宣传力度。具体来说，微信营销主要有公众号营销、朋友圈营销、小程序营销、微信群营销等模式。

1. 公众号营销

公众号营销表现为个人或企业通过微信公众号，利用文字、图片、语音、视频等多种形式，实现与特定目标群体的全方位沟通、互动，形成全方位互动的营销效果。

公众号营销主要有两种方式：① 企业与有影响力的微信公众号合作，借助公众号的影响力来达到自己的营销目的，这种方法的好处是节约时间成本、人力成本等，但是营销效果如何，企业无法控制；② 企业创建自己的微信公众号，由专人负责运营，这种方法虽然会增加企业的人力成本，但是可以提升企业在微信平台上的品牌影响力，帮助企业及早进入微信营销领域，抢占市场先机。

2. 朋友圈营销

朋友圈营销主要以朋友圈广告的形式体现，主要有两种形式：① 微信用户个人账号分享的微商广告；② 广告商在微信朋友圈投放的广告，多以视频广告为主。

课堂讨论

请大家说一说，自己的微信朋友圈里有微商吗？如果有，你会购买微商推销的产品吗？为什么？

3. 小程序营销

小程序营销是一种高效、灵活、多元的线上营销方式，可以帮助企业更加快速地实现产品营销、销售促进和品牌推广。

营销视野

小程序

小程序是一种不需要下载安装即可使用的应用，它实现了应用“触手可及”的梦想，用户扫一扫或搜一下即可打开应用。小程序具有无须安装、触手可及、用完即走和无须卸载 4 大特点。小程序的价值主要体现在拉新（增加新用户）、促活（促进用户活跃）、留存（提高用户留存率）和转化（提高用户转化率）等方面。

4. 微信群营销

微信群营销以企业与用户之间的沟通和信任为基础，具体指企业将需求相似的人群汇集在一起，然后通过营造良好的企业及产品形象形成口碑效应，将群聊中的用户变为最终消费者。微信群营销立足于微信的功能与特点，兼具营销和社交的特点与优势。消费者通过微信群社交可以购买到自己满意的产品，同时形成一种轻松愉悦的购物感受。消费者把好产品介绍给身边的亲朋好友，还可以带动更多的人加入群聊或者进行转发，无形中加强了企业的宣传效果。

（二）微博营销

微博营销已是当前较为主流的新媒体营销方法之一，它可以帮助企业宣传推广，并与客户建立起密切的联系，其主要营销方式有话题营销、事件营销、借势营销、活动营销和粉丝营销等。例如，借助微博上明星大V的影响力，加上粉丝的转发，营销信息可以在互联网上快速传播。

（三）视频营销

视频营销是指企业或个人以内容为核心，以创意为导向，利用精心策划的视频内容，实现产品销售与品牌传播的营销方式。视频营销不仅感染力强、形式内容多样、创意新颖，而且互动性强、传播速度快、成本低廉。当前视频营销的呈现形式越来越多样化，有电视广告、宣传片、直播、动态海报、微电影、短视频等多种形式。以下介绍两种最常见的视频营销形式。

1. 短视频营销

短视频一般是指播放时长在5分钟以内的视频短片。在短视频平台上，用户可以观看和分享其他人发布的视频短片，也可以上传自己制作的短片。短视频营销主要借助短视频向目标客户传播有价值的内容，以吸引目标客户了解企业品牌、产品或服务，最终形成交易。

短视频营销有两个明显的优势：第一，具有较强的传播力。短视频融合了文字、语音和视频等多种表现形式，可以轻松植入品牌信息或向用户传递品牌理念。第二，具有较强的互动性。观看短视频时，每个用户都可以点赞、评论、转发，如果企业账号积极回复评论并与用户互动，那么用户评论的积极性就会更高。但是，短视频营销对内容要求较高，短视频内容必须为广大用户所喜爱才能大范围传播。

2. 直播营销

进入移动互联网时代以后，随着智能手机的普及和移动网络速度的大幅提升，网络直播迅猛发展起来，成为新媒体营销中一颗耀眼的“明日之星”。直播营销是以直播平台为载体，主播现场营造营销场景，同时制作和播出节目的视频营销方式。这种营销方式，主播可以

直播电商助力乡村经济腾飞

与用户进行实时互动，通过产品线上展示、咨询答疑和导购销售，让用户有与企业零距离接触的感觉，并能使企业及产品形象深入人心。

（四）社群营销

网络社交平台聚集了大量具有共同兴趣的用户，其信息传播的速度非常迅猛，针对性也非常强。基于此，网络社交平台不仅具备聚集及信息交流的功能，还是一个理想的营销场所。

社群营销是指企业或个人通过网络社交平台来推销产品或服务的一种营销方式。社群营销是一种基于圈子和人际关系的营销方式，它将具有共同兴趣爱好的人聚集起来，打造一个同一主题的社群，社群成员之间快速建立起情感共鸣并完成最终消费。社群营销的本质是通过社群口碑将产品和品牌推广出去，逐渐形成社群模式的商业形态。

三、新媒体营销的特点

（一）交互性

新媒体营销最典型的特点就是交互性，用户可以主动参与、分享、评论、点赞，在这个过程中，用户不仅能了解品牌，还能体验品牌的服务。这种交互性的体验往往更具有感召力，让消费者产生更加亲密的情感纽带，从而提高品牌忠诚度。

（二）高效性

新媒体营销宣传广度非常大，可快速地实现宣传推广，相较于传统营销，新媒体营销更具有高效性的特点。例如，微博、微信、抖音等新媒体平台上的信息传播速度非常快，依靠粉丝和用户分享，产品信息、促销活动等都可以以极快的速度传播。

（三）低成本

借助新媒体营销，企业不需要花费昂贵的广告费用，只需要在新媒体平台上投放具有创意性的广告，做到吸引用户兴趣，用户就会乐于接受和分享，这样营销信息就能迅速广泛传播。

（四）精准客户投放

借助新媒体营销，企业可以根据每个客户不同的客户属性，绘制客户画像，进而轻松地找到目标客户，并通过精准投放广告获取客户，从而实现精准营销。例如，用户如果在百度上搜索过手表，那么他在打开淘宝时就会看到关于手表的推荐信息。因此，新媒体营销能够精准客户投放，有效提高用户转化率，降低成本。此外，企业通过科学整理新媒体平台数据，从而明确客户真正在乎的关键点，这样企业可以有针对性地对产品进行改善，同时对做好市场把控有十分重要的作用。

（五）个性化

新媒体营销改变了信息的接收方式，将其从传统的被动型转换为现在的主动型。通过各大新媒体平台，人们可以主动地选择自己感兴趣的内容，了解内容后还能成为信息的传播者，表达并分享自己的观点，这样又进一步扩大了宣传范围。因此，企业进行新媒体营销时，要强调个性化，这样才能吸引有兴趣的用户，让他们主动成为信息的传播者。

（六）前景广阔

新媒体涵盖了丰富多彩的内容，多样的传播渠道也使得每个人都成了信息的发布者和传播者，同时也使用户对信息的解读和分析达到了前所未有的广度及深度。通过对社交平台上大量数据的分析，企业能越来越精准地了解用户需求，从而获得广阔的未来市场。新媒体改变了以往传统的信息传播模式，新媒体营销模式也促使企业转变以往的营销理念和进行营销理念升级。从长远来看，新媒体营销发展迅猛，必然会被消费者普遍接受。

辉煌中国

用好新媒体，传播正能量

做好网上舆论工作是一项长期任务，要创新改进网上宣传，运用网络传播规律，弘扬主旋律，激发正能量，大力培育和践行社会主义核心价值观，把握好网上舆论引导的时、度、效，使网络空间清朗起来。媒体人应牢记“举旗帜、聚民心、育新人、兴文化、展形象”的责任。

我国的媒体平台技术已经进入到一个高速成长期，主流媒体的进步与发展离不开技术的革新。近年来，我们坚持推进全媒体传播体系建设工作，坚持以新媒体，特别是移动媒体生产和传播为核心，以先进技术为支撑，建立强大的 5G 等新兴技术研发应用能力，以新技术赋能新媒体，建立自主可控、传播力强的新型传播平台。

四、新媒体营销的流程

（一）明确营销目标

明确营销目标能够为整个营销活动提供方向和指引，其具体包括以下内容：

（1）设定营销目标。企业不仅需要设定总体营销目标，还需要设定明确、可量化和可实现的营销目标，如年销售额增长率、市场占有率、点击率、转化率等，以便后续的数据监测和分析。

（2）明确目标受众，并了解其特征、需求和期望。

（二）分析市场营销环境

分析市场营销环境是新媒体营销中至关重要的一环。企业通过分析市场营销环境，确保后续的新媒体营销活动能够精准地触达目标受众。

（三）选择新媒体营销的方式

企业可以综合考虑自身营销目标、竞争环境、目标受众、营销预算及可用的资源等因素，选择一种或多种新媒体营销的方式。

（四）创作和发布内容

企业根据所选择的新媒体营销的方式、目标受众的偏好和需求，进行内容创作，确保内容信息丰富且具有吸引力。然后，企业选择合适的平台和时机发布内容，即开展具体的新媒体营销活动。

（五）监测和评估营销效果

（1）收集新媒体营销数据。使用平台分析工具、社交媒体分析工具收集消费者行为数据及消费数据等。

（2）分析新媒体营销数据。分析收集到的新媒体营销数据，评估新媒体营销活动的效果。

（六）持续优化和调整

新媒体营销活动结束后，企业可以根据新媒体营销活动的效果，对新媒体营销活动的内容及执行过程进行评估、反馈，提炼出影响消费者选择和消费者满意度和忠诚度的关键信息，为下一次的新媒体营销提供经验，实现新媒体营销活动的闭环优化。

此外，根据消费者反馈，企业可以调整、创新产品或服务，以及调整相应的新媒体营销策略。

任务实施

调研某企业开展的新媒体营销活动

任务要求

调研某企业开展的新媒体营销活动，进一步理解新媒体营销的方式、特点和流程。

任务流程

（1）学生分组：全班学生以 5～8 人为一组进行分组，每组选出一名成员担任本组的组长。

（2）展开调研：以小组为单位，选择某一企业，小组成员通过在线搜集资料、实地调研等方式，调研某企业开展的新媒体营销活动。

（3）调研总结：每位同学根据调研情况进行总结，并将表 8-1 填写完整。

表 8-1　某企业开展的新媒体营销活动

企业名称	
开展的新媒体营销活动	
取得的营销效果	

（4）展开讨论：以小组为单位，讨论下列问题。

① 本组所选企业开展了哪些新媒体营销活动？

② 这些新媒体营销活动取得了怎样的营销效果？

（5）进行分享：以小组为单位整理相关资料并制作 PPT，各组分别派代表在课堂上进行分享。分享结束后，同学们交流讨论，教师点评。

任务二　认识大数据营销

任务导入

京东商智——让数据启发你的想象力

京东商智是京东为商家提供的大数据分析工具。它可利用丰富的运营数据提升运营效率，还可提供多维度行业竞争数据，刻画行业趋势，洞察消费特征，辅助运营决策。具体而言，它可以为商家提供以下功能。

（1）即刻洞察实时数据。

显示实时销售数据、流量数据，便于商家精准把握任务进度。显示实时商品明细和实时成交转化率，便于商家拆分细节，发现问题。大促时期，实时分享大屏数据，提升运营士气，烘托大促气氛。

(2) 深度解析流量明细。

细分流量来源去向，全面覆盖付费免费流量，提供丰富的流量数量、质量、转化指标，支持商家评估引流效果。提供搜索排名服务，支持商家获取更准确的原始排名。

(3) 全面分析商品表现。

提供全方位的商品表现数据，如流量、销量、关注、加购和评价等，深度解读单品流量来源、客户画像等内容，助力商品运营。

京东商智——让数据启发你的想象力

(4) 深度挖掘交易转化。

全面汇总订单明细、下单转化漏斗等数据，多维度剖析交易构成，为客户制订营销策略，提供合理的科学理论依据。

(5) 多维解读行业态势。

全面开放类目、品牌、属性、客户数据，实时掌握行业特征，多维解读行业数据，实时了解行业动态，跟踪TOP商家商品的运营进展，洞察行业客户的消费需求，为商家运营决策提供更全面的数据支持。

(6) 全程跟踪竞争对手。

全程跟踪竞店竞品的核心数据，便于商家知己知彼，良性角逐，洞悉流失问题，实现精细化运营。

思考

什么是大数据营销？大数据营销有什么特点？京东商智为商家提供了哪些功能？企业应如何开展大数据营销？

一、大数据营销的概念

大数据营销是指在大数据分析的基础上，描述、预测、分析、引导消费者行为，帮助企业制订精准的营销策略的过程。

二、大数据营销的特点

大数据时代，企业可以借助大数据技术更加全面地了解消费者需求，以便对消费群体进行细分，然后对不同的细分群体采取针对性的营销手段，即进行精准营销。大数据营销的特点如表 8-2 所示。

表 8-2　大数据营销的特点

特　点	具体表现
数据体量巨大	大数据营销的基础是庞大的数据集合，包括消费者行为、购买记录、社交媒体互动等各种类型的数据。多平台采集的海量数据能够帮助企业更全面地了解市场和消费者
价值密度低但商业价值高	大数据营销中的信息往往稀疏且价值密度低，但通过对大量数据的深入挖掘和分析，企业可以发现隐藏在其中的有价值的商业洞察和趋势预测。这些洞察和预测有助于企业了解竞争态势、消费者需求和市场趋势，为产品研发、定价、促销等决策提供科学依据
时效性强	大数据营销能够实时地处理和分析数据，以快速响应市场变化和消费者需求
个性化营销	基于大数据的精准营销能够实现个性化的营销信息推送。通过对消费者的行为数据进行分析，企业可以了解消费者的兴趣、需求和购买行为，从而制订个性化的营销策略，提高营销的针对性，改善营销效果
关联性强	大数据营销能够通过挖掘数据之间重要的关联关系，将若干关联性的可视化数据进行汇总处理，揭示出大量数据中隐含的规律和发展趋势，借以提升大数据对精准营销的预测支持能力
性价比高	大数据营销可以最大限度地提高企业的广告投放精准度，避免营销费用的浪费。同时，根据实时性的效果反馈，企业可以及时对投放策略进行调整，进一步优化营销效果

三、大数据营销的流程

（一）明确营销目标

进行大数据营销，同样也要首先明确营销目标。

（二）数据采集和处理

1. 数据采集

企业须通过不同的渠道（如政府机构及企业等官方网站、权威性的调研报告、自己开展的网络调研、企业内部客户关系管理系统、各大电商平台的消费者行为数据及消费数据等）进行数据采集，才能广泛获取所需要的数据源。数据源的广度决定了数据处理和跨域关联的难度，也决定了大数据营销的效果。

2. 数据处理

基础数据获取之后，下一步就是对数据进行重新审查和校验，其目的在于删除重复信息、纠正可识别的错误，然后建立统一的标准，确保数据的标准化。

（三）数据分析

在大数据营销中，数据分析是关键。首先，要分析企业本身情况、市场同类产品情况及竞争对手的行为；其次，要分析目标受众，了解消费者的消费偏好、消费习惯、购买行为，捕捉潜在的交易机会，明确目标市场选择，制订更精准的营销策略。

数据分析的实现，离不开先进的技术。这些技术可以帮助企业更好地识别目标客户、了解竞争环境，同时还可以通过动态调整和升级，不断优化营销策略。常用的数据分析技术如表 8-3 所示。

表 8-3 常用的数据分析技术

名称	功能
数据仓库（data warehouse, DW）	DW 是面向主题的、集成的、非易失的、时变的数据集合，用以支持管理决策。其目的是构建面向分析的集成化数据环境，为数据分析和数据挖掘提供数据平台
数据挖掘（data mining, DM）	DM 是指通过算法从大量的数据中搜索隐藏于其中的信息的过程。利用数据挖掘进行数据分析常用的方法主要有分类、回归、聚类、关联规则、特征、变化和偏差分析、Web 页挖掘等，它们分别从不同的角度对数据进行挖掘，以便企业进行精准的客户细分
数据可视化	数据可视化是指将大型数据集中的数据以图形图像形式表示，并利用数据分析和开发工具发现其中未知信息的处理过程。它是数据分析最基本的要求，可以直观地展示数据，让数据“自己说话”
语义引擎	语义引擎需要设计足够的人工智能来主动从数据中提取信息。语言处理技术包括机器翻译、情感分析、舆情分析、智能输入、问答系统等
预测性分析	预测性分析可以让分析人员根据可视化分析和数据挖掘的结果做出一些预测性的判断，能够帮助企业分析未来的数据信息，有效规避风险
数据质量和数据管理	高质量的数据和有效的数据管理，才能保证分析结果的真实性和有效性。即通过标准化的流程和工具对数据进行处理，可以保证一个预先定义好的高质量的分析结果

利用数据分析技术可提取有用信息并形成结论，从而为企业提供精准的决策支持。大数据时代，企业利用数据分析技术降低了目标定位的成本，提高了目标分析的准确度，使客户分类更加细致，而精准的客户细分是实现精准营销的关键和基础。例如，利用大数据技术在收集的海量非结构化数据中快速筛选出对企业有价值的数据，对客户的动态行为特征与客户价值进行准确的判断与分析，使企业有机会深入了解“每一个客户”，而不仅是通过“目标客户群”来进行客户洞察和提供营销策略。

（四）设计营销方案

大数据时代，一个好的营销方案可以聚焦到某个目标客户群，在数据分析的基础上甚至精准地为每一个客户提供专属的营销方案，包括针对性的产品组合方案、产品价格方案、渠道设计方案、一对一的沟通促销方案等。例如，根据客户的搜索信息进行定向广告推送及交叉销售，为客户制订专属的产品组合方案，并追踪客户的反应。

大数据营销最大的优点在于“精准”，即在客户细分的基础上，提供个性化的增值服务，增加客户让渡价值。此外，动态的数据追踪可以改善每个客户的客户体验，进而提高客户满意度和忠诚度。例如，企业可以追踪了解客户使用产品的状况，做出适时提醒。

（五）辅助营销过程

大数据营销可以对营销活动中各种实时数据进行跟踪分析，尽可能地促成交易。例如，企业通过精准地定位待付订单客户，并与其进行细致、有效的沟通，从而打消客户顾虑，促成订单转化。

（六）反馈营销结果

营销活动结束后，企业可以对收集到的各种数据进行综合分析，从而对营销活动的构成要素及执行过程的有效性进行评估、反馈，提炼出影响客户满意度和忠诚度的关键信息，为下一次的大数据营销提供经验，实现营销环节的闭环优化。

四、大数据营销的应用

（一）客户画像

客户画像即客户信息标签化，利用这些标签将客户形象具体化，完美地抽象出一个客户的信息全貌。通过客户画像，企业可以更加了解自己的目标客户群体，从而为其提供针对性的服务。客户画像可分为企业客户画像和个人客户画像两类。

企业客户画像是指基于企业客户的基本情况、经营状况、消费决策和对产品或服务的诉求等多维度的企业商业信息数据所刻画出的企业形象。它能辅助企业全面了解企业客户状况，为之后的合作找到切入点。企业客户画像的基本要素如图 8-1 所示。

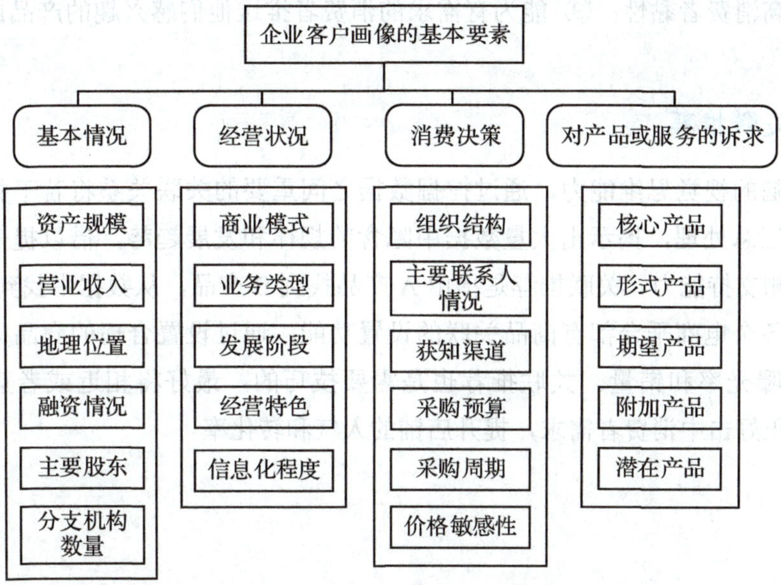

图 8-1　企业客户画像的基本要素

个人客户画像主要从社会属性、行为特征、消费属性和心理特征等维度进行刻画。个人客户画像的基本要素如图 8-2 所示。

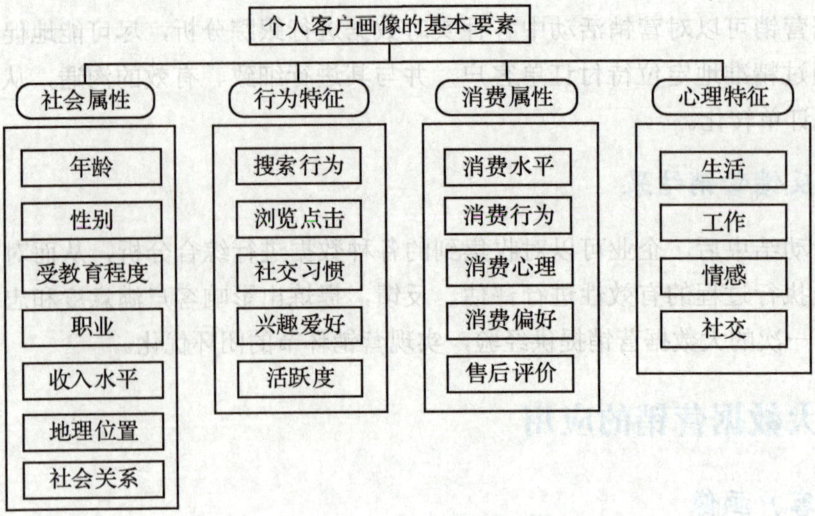

图 8-2　个人客户画像的基本要素

（二）定向广告推送

定向广告推送是指企业利用大数据技术，根据消费者的历史搜索轨迹及消费轨迹，分析消费者的兴趣爱好，从而精准地向消费者推送他们所关注的产品或服务。定向广告推送的优点如下：① 能做到推广的具体定位，降低运营成本；② 能让消费者感受到客户关怀，提高消费者黏性；③ 能为有需求的消费者推送他们感兴趣的产品或服务，从而提高转化率。

（三）关联推荐

借助人脑的视觉思维能力，通过挖掘数据之间重要的关联关系将若干关联性的可视化数据进行汇总处理，揭示出大量数据中隐含的规律和发展趋势，借以提升大数据对精准营销的预测支持能力。关联推荐是指由 A 产品找到 B 产品，从数据中找到关联。

例如，各个电商平台都有商品关联的设置功能，通过设置合理的商品关联可以大大提高商品的曝光率和销量。关联推荐也是需要技巧的，最好将相近或者互补的商品关联，这样能正好击中消费者需求，提升店铺的人气和转化率。

典型案例

"粉丝爆炸器"

市场营销最难的部分是如何在客户首次购买之前建立联系。因为一旦客户购买了商家的产品或服务，商家便可以与客户进行沟通。因此，精明的商家深知找对潜在客户的重要性。从众多潜在客户中快速且低成本地找到忠诚客户是商家制胜的关键。

通常，成为某商家客户的人群具有一定的共性，这些共性往往在商家的已有客户中有所显现。这些已有客户的各种属性和行为与全部潜在客户的差异就能突出这些共性特点。利用这些共性，通过比较全部潜在客户与已有客户之间在这些行为上的相似程度，就可以在真正的消费行为发生之前找到目标潜在客户。

阿里巴巴集团旗下的阿里妈妈构建了一个 lookalike 模型，又称"粉丝爆炸器"，它可以做到"给定一小群人，自动找到 10 倍、20 倍规模的相似人群"。

通过大数据算法在全部潜在客户上应用"粉丝爆炸器"，实际上更像是把全部潜在客户和商家的已有客户之间的关联可能性进行精准排序。商家给定一小部分忠实客户人群后，系统可以给出最像这群人的前 1 万人、前 10 万人、前 100 万人……此时，商家便可根据商业目标来选择合适规模的人群进行营销活动。

与关联推荐不同，"粉丝爆炸器"更注重人的综合行为特性的关联性。这种抓住人的相似性往往会有更好的精准营销效果。

（四）商情监测

商情监测从竞品分析到品牌传播优化，为企业提供了全方位的市场洞察。它帮助企业了解市场动态，优化品牌传播，提升市场竞争力。大数据营销使企业商情监测的能力进一步提升。未来的商情监测不仅可以提供更深入、更全面的市场洞察，还可以提供更快速、更精准的预测。这将使企业在面对市场变化时，能够更快地做出反应，更有效地制订和调整营销策略。

（五）动态调整

动态调整是指企业根据大数据营销的市场反馈情况，动态调整企业的营销策略和计划等。大数据营销帮助企业找到最佳的营销方案，不断调整策略和计划，使企业的营销效率更高、成本更低。例如，企业计划要推出 A 产品，但在实际的场景交互中，数据反馈的结果发现 B 产品更受消费者欢迎，因此企业调整计划，改推 B 产品。

任务实施

调研某企业开展的大数据营销活动

任务要求

调研某企业开展的大数据营销活动，进一步理解大数据营销的特点、流程和应用。

任务流程

（1）学生分组：全班学生以5～8人为一组进行分组，每组选出一名成员担任本组的组长。

（2）展开调研：以小组为单位，选择某一企业，小组成员通过在线搜集资料、实地调研等方式，调研某企业开展的大数据营销活动。

（3）调研总结：每位同学根据调研情况进行总结，并将表8-4填写完整。

表8-4 某企业开展的大数据营销活动

企业名称	
开展的大数据营销活动	
取得的营销效果	

（4）展开讨论：以小组为单位，讨论下列问题。

① 本组所选企业开展了哪些大数据营销活动？

② 这些大数据营销活动取得了怎样的营销效果？

（5）进行分享：以小组为单位整理相关资料并制作PPT，各组分别派代表在课堂上进行分享。分享结束后，同学们交流讨论，教师点评。

项目实训

实训目标

通过实训练习，学生应进一步了解大数据营销和新媒体营销的概念及特点，掌握大数据营销和新媒体营销的方法，能够运用大数据营销和新媒体营销方法开展营销活动。

实训要求

全班学生以5～8人为一组进行分组，每组选择某一企业，小组成员通过在线搜集资料、实地调研等方式，了解该企业现有的营销方法，为企业制订大数据营销或新媒体营销策略，撰写营销策划报告。然后，各组分别派代表在课堂上分享实训过程及成果。

实训过程

将实训任务的具体完成情况记录在表8-5中。

表8-5　实训过程

时间安排	实训步骤
	（1）选定企业 企业名称：
	（2）展开调研，了解该企业现有的营销方法 现有的营销方法：
	（3）制订大数据营销或新媒体营销策略 大数据营销或新媒体营销策略：
	（4）撰写营销策划报告 完成情况：
	（5）进行分享 完成情况：

实训评价

学生、教师根据各组项目实训的完成和分享情况，结合表 8-6 中的内容进行评价。

表 8-6　实训评价

项目名称	评价标准	分　值	评价分数		
			自　评	互　评	师　评
素养评价（20%）	能够积极、认真地参与项目实训	6 分			
	具备团队精神，积极与他人合作	6 分			
	具备创新思维和自主探究学习的意识	8 分			
技能评价（40%）	具有较强的分析能力和洞察能力	10 分			
	调研内容详细，分析全面深入	10 分			
	能够运用大数据营销和新媒体营销方法开展营销活动	20 分			
成果评价（40%）	撰写的营销策划报告逻辑清晰、内容翔实、分析深入	20 分			
	分享效果良好	20 分			
合计		100 分			
总评	自评（20%）+互评（20%）+师评（60%）=		教师（签名）：		

项目考核

一、选择题

（1）（　　）是指企业或个人以内容为核心，以创意为导向，利用精心策划的视频内容，实现产品销售与品牌传播的营销方式。

A．微信营销　　B．微博营销

C．社群营销　　D．视频营销

（2）新媒体营销的特点不包括（　　）。

A．交互性　　B．高效性

C．个性化　　D．高成本

（3）在大数据营销中，（　　）是关键。

A．数据采集　　B．数据处理

C．数据分析　　D．数据跟踪

（4）（　　）是指由A产品找到B产品，从数据中找到关联。

A．客户画像　　B．定向广告推送

C．关联推荐　　D．商情监测

（5）（　　）从竞品分析到品牌传播优化，为企业提供了全方位的市场洞察。

A．客户画像　　B．定向广告推送

C．关联推荐　　D．商情监测

二、判断题

（1）新媒体营销与传统营销之间是对立的关系。（　　）

（2）直播营销让用户有与企业零距离接触的感觉，并能使企业及产品形象深入人心。（　　）

（3）大数据营销具有时效性强、关联性弱和性价比高等特点。（　　）

（4）数据源的广度决定了数据处理和跨域关联的难度，也决定了大数据营销的效果。（　　）

（5）客户画像即客户信息标签化，利用这些标签将客户形象具体化，完美地抽象出一个客户的信息全貌。（　　）

三、思考题

（1）新媒体营销的方式有哪些？各种新媒体营销的方式分别具有什么特点？你认为企业应如何进行新媒体营销方式的选择？

（2）大数据营销有什么特点？你认为企业应如何开展大数据营销活动？

参考文献

[1] 吴健安，聂元昆．市场营销学［M］．7 版．北京：高等教育出版社，2022．
[2] 郭国庆，陈凯．市场营销学［M］．7 版．北京：中国人民大学出版社，2022．
[3] 张启明，杨龙志．市场营销学［M］．北京：机械工业出版社，2020．